박상효의 영단어 콘서트
English Vocabulary Concert

박상효 지음

머리말

　오랫동안 영어 강의와 교재 및 원고 작업을 해 오면서, 단순히 단어들을 많이 담아서 외우라고 하는 책이 아니라, 단어들을 어떻게 바라보고 익혀야 하는지를 알려주는 책을 쓰고 싶었습니다. 중요한 단어들이 무엇인지를 알려 주거나, 하루 또는 며칠 단위로 외워야 할 단어들을 리스트로 정리한 교재는 많습니다. 하지만 정작 이 단어들을 어떻게 익히고, 소화하며, 관리해야 할지에 대해서 알려주는 교재는 찾기 어려웠거든요. '영단어 콘서트(English Vocabulary Concert)'는 제가 오랫동안 영단어 수업을 하면서 학생들에게 들려주었던 노하우로 어휘력을 기르기 위한 단어 학습의 기반을 잡아주고, 영단어 학습의 '눈'을 키워주는, '교재에는 없는 이야기'를 담고 있습니다.

　그러면서 어떤 어휘를 어떻게 익히고 연습하는가에 대한 이론적인 이야기에 그치지 않고, 실제 어휘 학습을 하면서 이를 경험하고 적용할 수 있도록 내용을 구성하였습니다. 실제 학습할 대표 어휘들도 단순히 리스트와 정의만 제시하지 않고, 뉘앙스나 문화적 배경 등 실제 수업에서 제가 전달하는 풍부한 내용을 곁들였습니다. 그래서 이 책을 읽는 것만으로도 어휘가 머릿속에 효과적으로 새겨질 수 있도록 하였습니다. 또한 모든 표제 어휘에는 그 쓰임을 보여주는 예문을 제시하였습니다. 그리고 그 예문은 문법이나 다른 어휘 때문에 핵심 어휘를 익히는 데 지장이 없도록 최대한 복잡하지 않고 단순한 것으로 하되, 일상에서 자주 쓰이거나 관련 주제에서 활용할 만한 실용적인 것을 우선으로 하였습니다. 단, 난이도가 있는 어휘의 경우에는 예문의 난이도도 그에 맞춰 다소 높였습니다. 덧붙여진 우리말 해석은 보조적인 수단으로만 참고해 주세요. 어휘의 의미와 뉘앙스는 한글 해석문에만 의존하기보다 스스로 느끼고 이해할 때 진정한 자신의 것이 되니까요.

제1막에서는 단어를 학습할 때 왜, 무엇을, 어떻게 익혀야 하는지를 이야기했습니다. 무조건 어휘 수만 늘리거나 단편적인 정의만 달달 외우는 것이 아닌, 실질적인 언어 능력으로 이어질 수 있는 슬기로운 학습의 방향을 찾는 데 도움이 되길 바랍니다.

제2막은 이렇게 학습한 단어들을 어떻게 내 것으로 만드냐는 방법에 대한 장(chapter)입니다. 입과 이미지를 이용한 좀 더 입체적이고 효과적인 접근과 함께, 구체적인 나만의 단어장을 만드는 방법까지 제시했습니다. 실제로 제가 한국에서 중·고등학교 생활을 하면서 나름 영어권에서 공부하는 다른 친구들만큼 어휘를 익힐 수 있었던 방법이기도 합니다.

제1막과 제2막이 영단어 학습의 기반을 다지는 단계였다면, 제3막은 이것을 바탕으로 본격적으로 어휘를 늘리는 것과 관련된 장(chapter)입니다. 따라서 풍부한 표현력과 어근을 통해 어휘를 확장시킬 수 있는 욕심을 키워가는 계기가 되길 바랍니다. 또한 재미있는 여러 어휘들의 유래는 어휘 공부가 더 이상 지루하지만은 않다고 느낄 수 있는 계기가 될 것입니다.

'영단어 콘서트'는 앞으로 영어 공부에서 만날 수많은 영단어들을 익히기 위한 발판일 뿐입니다. 여러분의 본격적인 영단어 학습은 이 책을 보고 난 뒤부터 시작됩니다. 이 책이 여러분의 영단어 공부에 의미 있는 첫 단추로서의 쓰임을 다할 수 있기를 바랍니다.

Julien Sanghyo Park
박상효

목차

머리말 ... 2

제1막
What & How to Learn 무엇을 어떻게 익혀야 하나?

Unit 1 왜 어휘력을 길러야 할까? ... 9
- 1-1 동의어의 힘 synonyms ... 10
- 1-2 크다고 BIG만 주구장창? big 대신 쓸 수 있는 동의어 ... 18
- 1-3 작거나 사소한 small 대신 쓸 수 있는 동의어 ... 26
- 1-4 미묘한 차이, 뉘앙스 shade of meaning, nuance ... 32
- 1-5 반의어 antonyms ... 37

Unit 2 단어의 기능과 용법을 알아야 한다 ... 45
- 2-1 단어의 기능, 품사 parts of speech ... 46
- 2-2 MANY와 MUCH '많은'을 의미하는 표현 ... 50
- 2-3 FEW와 LITTLE '적은'을 의미하는 표현 ... 57
- 2-4 어휘의 종류 collocation, phrasal verbs, idioms, etc. ... 60

Unit 3 아는 단어부터 제대로 다져야 한다 ... 95
- 3-1 기본 동사부터 익히기 Common Verbs ... 96
- 3-2 정말 그 동사에 대해 알고 있나? grammar matters:transitive vs. intransitive ... 127

Unit 4 단순 암기보다 문맥 파악 기술이 중요하다 ... 135
- 4-1 독해에서 어려운 단어 공략하기 tackling difficult words in reading ... 136
- 4-2 의미는 하나뿐만이 아니다 double/multiple meaning words ... 161
- 4-3 시험의 기술 test skills ... 185

• contents •

제 2막
What & How to Practice 무엇을 어떻게 연습/훈련해야 하나?

Unit 5 소리와 함께 외워야 더 잘 외워진다 … 195

5-1 소리 내어 읽기의 효과 … 196
5-2 알아두면 좋은 발음과 철자 규칙 phonics … 198
5-3 동음이의어 homophone … 205

Unit 6 시각적 이미지를 활용해서 암기해라 … 211

6-1 초급자는 그림사전 이용하기 pictionary … 212
6-2 전치사는 그림으로 익히기 prepositions … 215
6-3 형용사도 이미지로 기억하기 vivid adjectives … 224

Unit 7 문장과 지문 속에서 어휘를 만나자 … 235

7-1 단어장보다 '읽기'가 먼저다 through reading … 236
7-2 읽기 위한 단어 먼저 익히기 sight words … 237
7-3 문장으로 연습하기 words in sentence … 242
7-4 묶어서 정리하고 복습하기 grouping … 244

Unit 8 슬기로운 어휘 학습 생활 … 247

8-1 나만의 단어장 만들기 my own vocabulary book … 248
8-2 셀프 테스트를 함께 하면 효과백배! self-test … 255
8-3 잘 고르는 것도 실력 select what to learn … 257
8-4 능동적 어휘 vs. 수동적 어휘 active vocabulary vs. passive vocabulary … 259

제 3 막
Build-up Vocabulary 본격적인 어휘 확장/불리기

Unit 9 표현력 업그레이드하기 ... 263

- 9-1 묘사하는 단어, 형용사 adjective ... 264
- 9-2 묘사의 정도가 다르다 gradable/non gradable ... 290
- 9-3 마치 …와 같다 – 비유하기 similes ... 294
- 9-4 소리를 묘사하는 표현 onomatopoeia ... 299
- 9-5 구체적이고 선명한 동사 graphic verb ... 324

Unit 10 어근 학습으로 어휘 열 배로 뻥튀기하기 ... 337

- 10-1 단어의 기능/품사를 정하는 접미사 suffix ... 338
- 10-2 단어의 의미를 바꾸는 접두사 prefix ... 354
- 10-3 여러 가지 어근 word roots ... 373
- 10-4 수를 나타내는 접두사/어근 number prefix ... 390

Unit 11 유래와 함께 하면 더 재미있는 어휘 학습 ... 395

- 11-1 그리스/로마 신화 originating from Greek/Roman mythology ... 396
- 11-2 영어의 외래어 borrowed words ... 408
- 11-3 이름에서 유래된 표현 words from names ... 414
- 11-4 인터넷 시대의 신조어 newly coined words ... 419
- 11-5 '돌려 까기'와 '브로맨스' – 그 외 다양한 합성 신조어 other new words ... 423

제1막

What & How to Learn
무엇을 어떻게 익혀야 하나?

영어 공부에서 단어가 중요하다는 것은 잘 알지만, 막상 단어를 '잘' 공부하는 분들은 의외로 드뭅니다. 제대로 익힌 단어는 영어를 더욱 잘 말하고 이해하는 데 '힘'이 되지요. 이번에는 그냥 닥치는 대로 외우는 것이 아니라 '왜(Why)'를 알고, '어떻게(How)' 써야 하는지를 아는 슬기로운 영단어 학습 방법에 대해 알려 줄게요.

What & How to Learn 무엇을 어떻게 익혀야 하나?

왜 어휘력을 길러야 할까?
Why do we need to build up vocabulary?

1-1 동의어의 힘 synonyms
1-2 크다고 BIG만 주구장창? big 대신 쓸 수 있는 동의어
1-3 작거나 사소한 small 대신 쓸 수 있는 동의어
1-4 미묘한 차이, 뉘앙스 shade of meaning, nuance
1-5 반의어 antonyms

Unit **1** # 왜 어휘력을 길러야 할까?
Why do we need to build up vocabulary?

1-1 동의어의 힘 synonyms

영어는 '반복'을 싫어합니다. 특히 같은 단어의 반복은 말을 지루하고 매력 없게 만드는 일등 공신이지요. 그런데 어떤 주제에 대해 말하다 보면 그에 관련된 단어를 계속 반복할 수 밖에 없어요. 이때 어휘력이 풍부한 사람은 '같은 의미의 여러 가지 다른 표현'을 사용하여 반복을 피합니다. 한마디로 말해서 다양한 표현은 말과 글의 수준을 높입니다.

먼저 다음의 글을 읽어 보세요.

It was a nice day for a beach. My sister Annie and I had on our nice swimsuits. Mom packed a nice lunch for us. I sat down on a nice beach and enjoyed the nice weather. Annie swam in the ocean. After lunch, we played a nice game of beach volleyball.

해석의 도움이 없어도 의미를 쉽게 이해할 수 있는 글입니다. 하지만 다소 단조로운 느낌을 피할 수 없죠. 이해는 하지만 글이 설명하는 내용이 아주 생동감 넘치지도 않습니다. 진하게 표시된 단어에 주목하면서 다음 글을 읽어 보세요.

It was a **pleasant** day for a beach. My sister Annie and I had on our **beautiful** swimsuits. Mom packed a **delicious** lunch for us. I sat down on a **warm** beach and enjoyed the **sunny** weather. Annie swam in the ocean. After lunch, we played a **fun** game of beach volleyball.

해변에서 보내기에 아주 쾌적한 날이었어요. 언니 애니와 나는 멋진 수영복을 입었어요. 엄마는 우리를 위해 맛있는 점심을 싸 주셨어요. 나는 따뜻한 해변에 앉아서 화창한 날씨를 즐겼어요. 애니는 바다에서 수영을 했고요. 점심 식사 후에 우리는 비치발리볼 경기를 재미있게 했어요.

어떤가요? 똑같은 내용인데도 느낌이 많이 다릅니다. 첫 번째 글에서 막연히 긍정적이고 좋은 느낌으로만 다가왔던 수영복이나 날씨, 점심 도시락 등의 이미지가 보다 구체적으로 표현되었습니다. 또한 글에서 전반적으로 느껴졌던 단조로운 분위기도 많이 줄었습니다.

nice 하나만으로도 일단 글의 의미는 통하지만, 좀 더 구체적인 단어들을 사용하니까 전달하려는 메시지의 느낌과 깊이가 달라지지요? 풍부한 어휘는 이렇게 말의 수준을 한 번에 바꿔 놓습니다.

풍부한 어휘, 다양한 동의어 표현을 아는 것은 직접적으로 공인 영어 시험의 점수에도 강력한 영향을 끼칩니다. 그중 대표적인 것이 아이엘츠(IELTS) 시험이죠. 아이엘츠 시험은 들려주거나 보여준 지문의 내용에 대해 묻는 문제나 제시된 보기에서 절대로 같은 표현을 그대로 반복하지 않습니다. 그럼에도 불구하고 응시자는 이 문제가 바로 그 내용에 대해 말하고 있음을 알아채야 합니다.

예를 들어 독해 지문에서 **No treatment on the market today has been proved to slow human aging.** (오늘날 시장에 나와 있는 치료법 중에서 인간의 노화를 늦춘다고 증명된 것은 없다.)이라고 한 것을 문제나 보기에서는 **No drugs available today can delay the process of growing old.** (오늘날 늙어가는 과정을 지연시킬 수 있는

구매 가능한 약물은 없다.)라고 할 수 있습니다. 의미는 같지만 treatment는 drug로, on the market은 available로, slow는 delay로, aging은 growing old로 다르게 표현했습니다.

뿐만 아니라 작문(writing section)에서도 주어진 과제(task)의 질문을 서론에서 같은 의미의 다른 문장으로 다시 표현하는 것(paraphrase, 패러프레이즈)은 가장 처음에 익히는 기본 skill 중 하나지요. 실제 아이엘츠 시험의 작문 과제와 이를 paraphrase한 예를 한번 살펴보죠.

▪ IELTS Writing Task 1
The chart below shows the changes in three different areas of crime in Birmingham from 2010 to 2019.
아래 도표는 2010년부터 2019년까지 버밍엄의 세 가지 범죄 부문의 변화를 보여준다.

⇒ Paraphrase:
The line graph displays alterations for burglary, car theft and robbery in Birmingham between 2010 and 2019.
이 선 그래프는 2010년과 2019년 사이의 버밍엄의 빈집털이, 차량절도, 강도 사건의 변동 상황을 보여준다.

문제에 제시된 표현이 paraphrase된 답안에서 어떻게 다르게 표현되었는지를 정리하면 다음과 같습니다.

- chart ➜ line graph
- changes ➜ alterations
- crime ➜ burglary, car theft and robbery
- from 2010 to 2019 ➜ between 2010 and 2019

도표(chart)는 구체적으로 선 그래프(line graph)로, 변화를 의미하는 **change**는 **alteration**으로, 범죄(crime)의 세 가지 부문은 각각 빈집털이(burglary), 차량절도(car theft), 강도(robbery)로 하나하나 풀어서 명시했습니다. 또한 2010년부터 2019년까지(from 2010 to 2019)라는 시간 표현도 2010년부터 2019년 사이(between 2010 and 2019)로 다르게 말했고요.

두루두루 넓은 의미로 쓰이는 단어가 보다 구체적인 표현으로 바뀌기도 하고, 다소 일반적인 표현이 좀 더 전문적이거나 격식 있는 표현으로 바뀌었죠? 또한 여러 단어를 사용하여 한 단어를 언급한 것처럼 동의어 표현은 반드시 한 단어 대(vs.) 한 단어가 아님에도 주목하세요.

아이엘츠뿐만 아니라 토플(TOEFL)이나 토익(TOEIC) 등의 스피킹(speaking section) 시험에서도 시험관은 응시자가 어떤 주제에 대해 말하면서 얼마나 풍부한 표현을 적절하게 동원하는지를 주의 깊게 관찰합니다.

일반적으로 의미가 같은 동의어라도 문맥과 상황에 따라 조금씩 다른 뉘앙스를 가질 수 있습니다. 이를 살려 보다 효과적으로 말의 의도와 의미를 좀 더 정확하게 전달할 수 있지요. **표현력이 좋다는 것은 단순히 알고 있는 어휘가 많다는 것이 아니라 그 어휘들을 얼마나 효과적으로 써 먹을 줄 아느냐에 달려 있습니다.**

다음 두 개의 간단한 말을 비교해 보세요.

I was already full, but after I had the cake, I was really full.

I was already full, but after I had the cake, I felt really stuffed.

" 전 이미 배가 불렀었지만, 그 케이크를 먹고 나자 진짜 배가 불렀어요. "

" 전 이미 배가 불렀었지만, 그 케이크를 먹고 나자 **뱃속이 꽉 차버린** 것만 같았어요. "

속을 꽉꽉 채운 stuffed doll
(봉제인형)

케이크를 먹기 전의 배부름과 먹고 난 후의 배부름을 이야기하는데, 후자 쪽이 훨씬 더 정도가 심합니다. 실제 말을 할 때에도 후자의 배부름이 좀 더 강조되고 억양도 더욱 드라마틱하게 고조될 겁니다. 그만큼 어휘도 좀 더 '세게' 배부른 느낌을 전달하는 것이 보다 효과적이겠고요. stuffed는 그야말로 '속이 꽉꽉 찬'이란 의미입니다. 속에 솜을 빵빵하게 채운 봉제인형을 stuffed doll이라고 하죠. 그냥 full이라고 말하는 것과 stuffed를 써서 그냥 배부른 정도가 아닌 목구멍까지 음식이 차오르는 것 같은 배부름을 표현하는 것, 어느 쪽이 더 '말하는 맛'이 있는지는 두말할 필요가 없겠죠?

초급 단계에서 배우는, 소위 기본 단어들은 두루두루 무난하게 쓸 수 있어 편리합니다. 기본적인 의사소통을 위해서는 이런 단어들을 익히는 것이 필수이지만, 그만큼 반복해서 많이 쓰게 됩니다. 반복을 피하고 이 단계를 넘어 좀 더 구체적이고 효과적으로 의미를 표현하고 싶다면 이러한 기본 단어들을 확장해서 익힐 필요가 있습니다.

이 Unit에 나온 단어 복습하기

각 단어에 대한 내용을 모두 익히기보다 Unit에서 접한 품사와 의미부터 간단히 되새겨 보세요.

- **pleasant** ['pleznt] 형 쾌적한, 즐거운, 기분 좋은
  Everybody had a very **pleasant** evening. 모두 아주 즐거운 저녁 시간을 보냈다.

- **delicious** [dɪˈlɪʃəs] 형 아주 맛있는
  It was a **delicious** meal. 아주 맛있는 식사였다.

- **warm** [wɔːrm] 형 따뜻한, 따스한
  The room was **warm** and clean. 그 방은 따뜻하고 깨끗했다.

- **fun** [fʌn] 형 재미있는, 즐거운
  There are lots of **fun** things to do here. 여기에는 할 수 있는 재미있는 것들이 많다.

- **treatment** ['triːtmənt] 명 치료, 처치
  Is he receiving **treatment** for the flu? 그는 독감 치료를 받고 있나요?

- **drug** [drʌg] 명 의약품, 약
  They are developing a new **drug** for lung cancer.
  그들은 폐암 신약을 개발 중이다.

- **available** [əˈveɪləbl] 형 구하거나 이용할 수 있는
  Is the information **available** on the Internet?
  그 정보는 인터넷에서 구할 수 있는 건가요?

- **on the market** 시장에 내놓은, 구매 가능한
  Their house is **on the market**. 그들의 집은 시장에 나와 있다.

- **aging** [éidʒiŋ] 명 노화
  It's a common sign of **aging**. 그것은 노화의 일반적인 징후이다.

- **grow old** 나이 들다, 늙어 가다
  Growing old is not a negative experience.
  나이가 드는 것은 부정적인 경험이 아니다.

- **slow** [sloʊ] 동 늦추다, (속도나 활동을) 둔화시키다
  Exercise can **slow** the spread of cancer. 운동이 암이 퍼지는 것을 늦출 수 있다.

- **delay** [dɪˈleɪ] 동 지연시키다, 지체하게 하다
  Rain **delayed** the start of the game. 비 때문에 경기 시작이 지연되었다.

- **line graph** 명 선 그래프
  Line graphs are usually used to show change over a period of time.
  선 그래프는 보통 일정 기간의 변화를 보여주는 데 사용된다.

- **display** [dɪˈspleɪ] 동 보여주다, 내보이다
  The screen will **display** the title. 화면에 제목이 보일 것이다.

- **alteration** [ˌɔːltəˈreɪʃn] 명 변화, 변경
  Some **alterations** are necessary. 몇몇 변화가 필요하다.

- **crime** [kraɪm] 명 범죄
  The **crime** rate is rising in this neighborhood. 이 동네의 범죄율이 증가하고 있다.

- **burglary** [ˈbɜːɡləri] 명 빈집털이, 절도
  If you have any information about the **burglary**, please contact us.
  그 절도사건에 대해 어떤 정보라도 갖고 있으면 저희에게 연락해 주세요.

- **theft** [θeft] 명 절도
  There have been several **thefts** in the office.
  사무실에서 여러 건의 절도 사건이 있었다.

- **robbery** [ˈrɑːbəri] 명 강도
  The man was arrested for **robbery** last night.
  그 남자는 어젯밤 강도 혐의로 체포되었다.

- **stuffed** [stʌft] 형 잔뜩 먹어서 배가 부른, 속을 가득 채운
  I can't eat anymore. I'm so **stuffed**. 더 이상은 못 먹겠어. 너무 배가 불러.

그럼 다음 Unit에서 우리가 일상적으로 흔히 쓰는 단어들을 동의어를 통해 확장하면서 실제 표현력을 늘려 봅시다.

1-2 크다고 BIG만 주구장창?
big 대신 쓸 수 있는 동의어

• **big** 형 (크기, 정도, 양, 수치, 중요도 등이) 큰, 대단한

big은 단순히 물리적인 크기뿐만 아니라 정도, 양, 수치, 중요도 등 다양한 경우에서 공통적으로 어떤 정도가 크거나 상당하다는 의미로 두루 쓰입니다. 먼저 예문을 통해 big의 의미를 폭넓게 이해해 보세요.

The house was really big. 그 집은 정말 컸다.

He's my big brother. 그는 나의 형(오빠)이다.

It's a big match for both teams. 그것은 두 팀 모두에게 중요한 경기이다.

Reggae is big in Hawaii. 레게음악은 하와이에서 인기 있다.

I'm a big fan of Beyonce. 나는 비욘세의 열성팬이에요.

I'm not a big drinker. 나는 술고래가 아니에요.

> **요것도 알아 두세요!**
>
> **biggie** ['bɪgi] 는 big에서 온 표현으로, 중요한 일이나 사람 등을 의미하는 구어체 표현입니다. 미드나 영화 등에서 종종 들을 수 있는데, 보통 다음 예문처럼 쓰입니다.
>
> **My sunglasses got broken, but (it's) no biggie. They're cheap.** 내 선글래스가 깨져 버렸지만 별일 아니야. 싸구려거든.
>
>

• large [lɑːrdʒ] 형

large는 big과 함께 일상적으로 가장 널리 쓰이는 단어입니다. big보다 아주 약간 더 격식 있는(formal) 느낌을 주지만, 일반적으로 큰 차이가 나지는 않습니다.

I had a large/big bowl of noodles for lunch.
나는 점심으로 국수 한 대접을 먹었다.

문어체에서는 보통 big보다 large를 씁니다.

Large areas of the forest have been destroyed.
숲의 여러 지역이 파괴되었다.

The amusement park attracts a large number of visitors.
놀이공원에 수많은 방문객들이 찾아왔다.

• great [greɪt] 형

great는 주로 명사 앞에 올 때 크기가 크거나 양이 많음을 나타낼 수 있어요. great는 **워낙 뜻이 다양**하기 때문에 문장에서의 위치에 따라서도 의미를 구분해서 보아야 합니다.

My college offers a great number of courses.
우리 대학은 매우 많은 코스를 제공한다.

숫자나 양을 비교할 때에도 great를 사용하므로 수학이나 경제 관련 문장에서 자주 만날 수 있어요.

1 is greater than 0. 1은 0보다 크다.

정도나 양이 매우 대단하거나 엄청나다는 의미로도 쓰입니다.

She achieved great success in America.
그녀는 미국에서 큰 성공을 이루었다.

- **huge** [hjuːdʒ] 형

  huge는 크기, 양, 정도가 엄청나다는 의미로 쓸 수 있습니다.

  Canada is a huge country, but most of it is unfit for living.
  캐나다는 거대한 나라지만 대부분의 지역은 살기에 적합하지 않다.

  The party was a huge success. 파티는 엄청나게 성공적이었다.

  구어체에서 huge는 인기가 대단하거나 유명하다는 의미로도 쓰입니다.

  BTS is huge in the U.S. 방탄소년단은 미국에서 인기가 대단하다.

- **enormous** [ɪˈnɔːrməs] 형

  enormous는 매우 크거나 양이 아주 많을 때 쓸 수 있는 표현입니다. 그야말로 '거대한' 느낌을 나타낼 때 효과적이죠.

  I have an enormous amount of work to do.
  나는 할 일이 엄청나게 많다.

  It was an enormous dog. 그건 아주 거대한 개였다.

  She earns an enormous salary. 그녀는 어마어마한 급여를 받는다.

- **massive** [mæsɪv] 형

  massive는 특히 중량감이 큰 것을 묘사할 때 많이 쓰입니다.

The rock is massive, weighing over 2 tons. 그 돌은 거대해서 2톤이 넘는다.

크기도 크기지만 아무래도 묵직한 것이 그렇지 않은 것보다는 더 세고 파괴력이 크겠죠? massive는 그런 **강력한 영향력 또는 파괴력을 암시**하는 뉘앙스를 줄 수 있답니다.

My phone bill was massive last month.
지난 달 내 전화요금 청구서는 엄청났다.

A massive typhoon left 10 people dead in eastern China on Wednesday.
지난 수요일에 거대한 태풍 때문에 중국 동부에서 10명의 사망자가 발생했다.

• vast [væst] 형

vast는 특히 **면적이나 거리, 숫자나 양이 아주 크거나 많음을 나타낼 때** 쓰입니다.

Vast areas of the Amazon rainforest have been destroyed.
아마존 열대 우림의 광활한 면적이 파괴되었다.

A vast number of children visit Disneyland every year.
매년 엄청난 수의 어린이들이 디즈니랜드를 방문한다.

• colossal [kəˈlɑːsl] 형

colossal은 **사물의 크기나 양이 엄청난 것을 강조**할 때 쓸 수 있습니다. '거대한' 로봇이 서울에 나타난다는 스토리의 헐리웃 배우 앤 해서웨이(Anne Hathaway) 주연의 영화 제목으로도 쓰였어요.

Bill received a colossal phone bill.
빌은 어마어마한 전화요금 청구서를 받았다.

There was a colossal statue of the King in the middle of the square.
광장 한가운데에는 거대한 왕의 동상이 있었다.

- **major** [meɪdʒə(r)] 형

major는 '주요한'이라는 판에 박힌 의미로만 기억하다 보니 학생들이 의외로 잘 활용하지 못하는 단어 중의 하나입니다. **큰 문제, 큰 변화라고 말할 때의 그 '큰'의 의미가 바로 '주요한'**입니다. 영어로 설명하자면 **big and important** 라고 할 수 있습니다. 구어체에서는 가볍게 big으로도 종종 말할 수 있지만, 좀 더 격식 있는(formal) 뉘앙스를 전달하고 싶을 때에는 major를 씁니다. 다음 예문을 통해 big과 major로 말할 때의 느낌 차이를 비교해 보세요.

Pollution is a big/major problem. 공해는 큰/주요한 문제이다.

There has been a big/major change in the industry.
업계에 큰/주요한 변화가 있었다.

중급에서 고급으로

좀 더 난이도 있는 단어들에 도전해 보고 싶다면 다음 표현도 익혀 보세요. 독해 및 각종 시험에서도 자주 등장하는 핵심 어휘들이에요. 단순한 사물의 크기보다는 **수량이나 정도가 매우 큼을 나타내고, 이 때문에 상당한 영향이 있을 수 있음을 암시하는 뉘앙스**를 줄 때 많이 쓰입니다. 우리말로는 '상당한'과 비슷한 느낌이라고 할 수 있어요.

• **considerable** [kənˈsɪdərəbl] 형

The couple have saved a considerable amount of money.
그 부부는 상당한 양의 돈을 저축했다.

Migraine can have a considerable impact on the lives of individuals.
편두통은 개인의 삶에 상당한 영향을 끼칠 수 있다.

• **significant** [sɪɡˈnɪfɪkənt] 형

There is a significant difference between the two.
그 둘 사이에는 큰 차이가 있다.

She has shown significant improvement in her grades.
그녀는 성적이 크게 향상되었다.

• tremendous [trə'mendəs] 형

His new job will be a tremendous challenge.
그의 새 일은 상당한(힘든) 도전이 될 것이다.

The machines were making a tremendous amount of noise.
그 기계들은 엄청난(시끄러운) 소음을 일으키고 있었다.

• substantial [səb'stænʃl] 형

A substantial amount of heat is lost through the windows.
상당한 양의 열이 창문을 통해 손실된다.

The document requires substantial changes.
그 서류는 상당한 변화(수정)를 요구한다.

요것도 알아두세요!

숫자나 양, 정도가 큰 것을 강조하는 '상당한'의 의미로 considerable이나 substantial과 같이 어려운 단어만 쓰는 게 아니라 good을 사용하기도 해요. 단, 명사 앞에 올 때만 그렇고 문맥을 통해 의미를 알아챌 수 있어야 합니다.

I spent a good deal of time on the project.
나는 그 프로젝트에 상당한 시간을 보냈다.

특히 다음 예문의 There's a good chance (that) …는 학생들이 시험 등에서 많이 당황하는 표현 중의 하나예요. 어떤 일이 일어날 확률이 상당히 크다는 의미입니다.

There's a good chance that you'll get promoted.
당신이 승진할 가능성이 꽤 커요.

기본적으로는 크다(big)와 같은 의미를 갖고 있기 때문에 각 예문에는 서로 다른 동의어 표현이 들어갈 수도 있습니다.

예를 들어 상당히 많은 숫자를 나타내는 a **large** number of와 같은 표현은 a **vast** number of로도 말할 수 있지요. 하지만 Migraine can have a **considerable** impact on the lives of individuals.와 같이 다소 학술적이거나 딱딱한 문장에서 considerable 대신 big을 쓴다면 의미는 통해도 잘 어울리지는 않습니다.

또한 an enormous dog처럼 동물이나 사물이 엄청 크다고 할 때 enormous는 쓸 수 있지만, major나 considerable은 쓰지 않습니다. 추상적인 의미에서 주로 쓰이는 major나 considerable은 의미도 제대로 전달되지 못하고요.

각 단어들을 그냥 동의어로 묶어서 달달달 외우기만 하는 것은 바람직하지 않고 효과적이지도 않습니다. 기본적인 의미가 같더라도 각각 어떤 경우나 맥락에서 쓰이는지를 꼭 함께 익혀야 합니다. 그러기 위해서는 실제로 그 표현이 쓰인 문장들을 많이 보는 것이 필요하고요.

편의를 위해 예문에 추가한 해석은 어디까지나 참고입니다. 문장과 그 안에 쓰인 표현의 의미를 스스로 이해하고 느끼도록 하세요.

그럼 **big**의 의미를 다양하게 표현해 보았으니 이번에는 **small**을 보다 다양하게 말해 볼까요?

1-3 작거나 사소한 small 대신 쓸 수 있는 동의어

• **small** 형 (크기, 정도, 양, 수치, 중요도 등이) 작거나 적은

small도 단순히 물리적인 크기가 작은 것만을 묘사하는 것이 아니라, 양이 적거나 수치, 중요도 등이 낮다는 의미 등으로도 폭넓게 쓰입니다. 먼저 small이 다양하게 쓰인 사례부터 살펴볼게요.

I'd rather live in a small town than a big city.
나는 대도시보다 소도시에서 살고 싶다.

Even a small change can make a big difference.
작은 변화라고 해도 큰 차이를 낳을 수 있다.

Are you a big eater or a small eater? 당신은 대식가인가요, 소식가인가요?

It's just a small problem. 그건 그저 작은 문제일 뿐이다.

> **요것도 알아두세요!**
>
> little은 small과 같이 크기가 작거나, 나이가 어리거나, 거리나 시간이 짧거나, 중요도나 심각성이 적다는 의미를 나타낼 때 쓸 수 있습니다.
>
> **There was a little house on the hill.** 언덕 위에 작은 집이 있었다.
> **This is my little sister Molly.** 얘가 내 여동생 몰리야.
> **It's the little things that matter.** 중요한 건 사소한 것들이다.
>
> 다른 형용사 뒤에 쓰이면서 그 의미를 강조하기도 합니다.
>
> **You poor little thing!** 이 불쌍한 것 같으니라고!

> 그러나 small과 달리 little은 비교급이나 최상급으로는 잘 쓰지 않습니다.
> His house is ~~littler~~ smaller than mine. 그의 집이 우리집보다 작다.

• tiny [taɪni] 형

tiny는 사물의 크기나 수/양이 '매우 작거나 적은(very small)'의 의미로, 아주 많이 쓰이는 형용사입니다.

We found a tiny kitten in our garden.
우리는 정원에서 쬐끄만 아기고양이를 발견했다.

You only need to use a tiny amount of sugar.
아주 적은 양의 설탕만 사용해야 해요.

He lives in a tiny little one-bedroom apartment.
그는 아주 작은 방 하나짜리 아파트에 산다.

• miniature [mɪnətʃə(r)] 형

miniature는 명사 앞에서 '소형의' 또는 '축소된'의 의미로 쓰입니다. 평균보다 훨씬 작다는 뉘앙스를 줍니다.

She bought some miniature furniture for her daughter's doll's house.
그녀는 딸의 인형의 집에 넣을 미니 가구를 좀 샀다.

• compact [kəm'pækt] 형

compact는 여성들의 휴대용 분첩(콤팩트)이란 의미도 있지만, 어떤 제한된 공간에 딱 맞게 들어갈 만큼 작거나, 일반적인 경우보다 작다는 의미로 쓰이는 형용사입니다.

The compact design of the machine allows it to be stored easily.
그 기계의 소형 디자인 덕분에 쉽게 보관할 수 있다.

The dormitory room was very compact, with a bed and closet built in.
그 기숙사 방은 소형이라 침대와 옷장이 빌트인되어 있었다.

사람이나 동물한테 쓰이면 작지만 다부진 몸을 의미해요.

He is compact and strong. 그는 몸집이 작고, 다부지며, 힘이 세다.

• minute [maɪ'njuːt] 형

형용사로서의 minute는 매우 작거나 미세한 것을 말할 때 쓰입니다. 발음이 시간 단위의 '분(minute [mɪnɪt])'으로 쓰일 때와 다르다는 것도 함께 알아 두세요.

They found minute traces of poison in his body.
그들은 그의 몸 안에서 독약의 미세한 흔적을 찾았다.

The differences are minute. 차이는 아주 미미하다.

매우 작은 것에도 신경을 쓰는, 즉 세심하거나 상세하다는 의미로도 쓰여요. 문맥에 따라 '꼼꼼한' 또는 '철저한'으로 해석할 수도 있겠죠?

The committee made an exact and minute report on the project.
위원회는 그 프로젝트에 대해 정확하고도 꼼꼼한 보고서를 작성했다.

A minute investigation will reveal the cause of the crash.
철저한 조사가 충돌사고의 원인을 밝힐 것이다.

• slight [slaɪt] 형

slight는 어떤 양이나 정도가 매우 작다는 의미로 쓸 수 있습니다. 그렇기 때문에 별로 중요하지 않거나 크게 눈에 띄지 않는다는 뉘앙스를 줄 수도 있어요.

There has been a slight change of plan.
계획에 살짝 변화가 있었다.

I've got a headache and a slight fever.
나는 두통과 경미한 열이 좀 있어요.

slight는 종종 부정문에서 최상급인 slightest 형태로 쓰이면서, '**최소한의 양/정도도 못 되는**'이란 의미를 나타내곤 합니다.

It didn't make the slightest difference in the situation.
그것은 상황에 최소한의 변화도 주지 못했다.

I haven't got the slightest idea where it is.
나는 그게 어디 있는지 조금도 모르겠는걸.

- **minor** [maɪnə(r)] 형

minor는 사물의 크기보다는, 차지하는 **비중이 적거나 중요도나 심각성이 낮은** 것을 묘사할 때 쓰이는 표현입니다.

We've made some minor changes to the program.
우리는 프로그램에 약간의 작은 변화를 주었다.

The boy escaped with only minor injuries.
그 소년은 작은 부상만 입고 탈출했다.

- **short** [ʃɔːrt] 형

시간이나 길이, 거리가 짧을 때에는 short를 쓸 수 있습니다.

I'm looking for a short course on business English.
나는 비즈니스 영어 단기 코스를 찾고 있다.

It's a short drive to the airport.
공항까지 짧게 운전해서 갈 수 있는 거리이다.

He's a bit shorter than me. 그는 나보다 키가 조금 작다.

- **narrow** [neroʊ] 형

폭이 좁은 것에는 보통 narrow를 씁니다.

The farm was at the end of a long narrow road.
그 농장은 길고 좁은 길의 끝에 있었다.

사물뿐만 아니라 관심사나 활동, 생각의 폭 등이 좁다고 할 때에도 narrow를 써서 말할 수 있어요.

She's got a very narrow view of life.
그녀는 아주 편협한 인생관을 갖고 있다.

He is narrow-minded and selfish. 그는 속이 좁고 이기적이다.

우리말에서도 '간발의 차'로 이기거나 졌다고 하듯이, narrow는 아주 아슬아슬한 것에 대해서도 쓸 수 있습니다.

He won a narrow victory in the election.
그는 선거에서 아슬아슬한 승리를 거두었다.

> **요것도 알아두세요!**
>
> 앞에서 언급한 narrow를 써서 narrow victory와 같은 '아슬아슬한 승리' 또는 '패배'를 표현할 수 있습니다. 그런데 이런 표현은 보통은 글(문어체)에서 많이 보이고 말(구어체)로는 보통 동사 표현인 barely won/lost를 써서 '아슬아슬하게/가까스로 이겼다/졌다'라고 합니다.
>
> **He won a narrow victory in the election. I mean, he barely won.**
> 그는 선거에서 아슬아슬한 승리를 거두었어. 내 말은 겨우 이겼단 얘기야.

1-4 미묘한 차이, 뉘앙스 shade of meaning, nuance

앞에서 익힌 단어 large와 huge 중 하나씩을 골라 다음 두 문장을 완성해 보세요. 이미 익힌 내용을 바탕으로 각 단어가 들어갈 가장 적합한 문장을 골라 보세요.

The boat was smashed by a _____ wave.

Don't forget to buy _____ eggs, not medium or small.

> 상품의 사이즈를 나타내는 표현은 보통 large-medium-small을 사용합니다.

어느 단어를 넣어도 대략의 의미는 통하겠지만, 첫 번째 문장은 huge, 두 번째 문장은 large가 더 자연스럽게 들립니다. 둘 다 '큰'이라는 의미를 가진 동의어지만, 보트를 강타할 정도의 파도는 그냥 큰 정도가 아니라 '엄청 큰' 것이라고 하는 게 더 실감납니다. 우리가 구매하는 달걀은 일반적으로 크기에 따라 대란, 중란, 소란 등이 있는데, 이런 경우의 큰 것은 large라고 표현합니다. huge egg라고 하면 무슨 동화 속에라도 나오는 바위만 한 거대한 알 같은 것이 연상되므로, 이런 걸 사오라고 하기는 좀 우습죠?

large와 huge뿐만 아니라 앞에서 익힌 내용을 살펴보면 동의어라고 완전히 똑같지는 않습니다. 뉘앙스나 세부적인 의미에서 미묘한 차이가 있을 때가 있죠. 따라서 무조건 단어와 간단한 뜻만 익히는 것은 바람직하지 않습니다. 배우고 익힌 단어를 제대로 쓰려면 각 표현 간의 미묘한 차이인 뉘앙스에 대해서도 잘 알고 있어야 합니다.

얼핏 같아 보여도 미묘한 차이가 있는 단어들을 다음 문장들을 통해 구분해 보죠. 주어진 두 개의 단어를 가장 적당한 문장에 넣어 주세요.

• grab – take

Don't _____ more than one sandwich, please.

I tried to _____ the balloon, but it floated away.

둘 다 손을 뻗어 '잡다'라는 의미가 있어요. 하지만 take는 보다 일반적이고, grab은 순간적으로 놓치지 않도록 꽉 붙잡는다는 뉘앙스가 있어요.

> **Answer Key**
>
> Don't **take** more than one sandwich, please.
> 하나 이상의 샌드위치는 가져가지 마세요.
>
> I tried to **grab** the balloon, but it floated away.
> 나는 풍선을 잡으려고 했지만 날아가버렸다.

• hop – leap

The rabbits were _____ing around in the garden.

Spiderman can _____ tall buildings with a single bound.

둘 다 '뛰어오르다'라는 의미가 있어요. 하지만 hop은 다소 좁은 간격을 깡총깡총 뛰는 느낌이라면, leap은 넓은 간격이나 거리를 껑충 뛰어넘는 느낌입니다. 아이들이 제자리에서 깡총깡총 뛰면서 부르는 노래 가사가 '모두가 hop hop hop 뛰어라. 모두가 훨훨훨 날아라. …'지요? leap은 크게 뛰어오르기 때문에 우리말로 '도약하다'에 가까워요. 그래서 인류 역사상 최초로 달에 발을 디딘 우주인 루이 암스트롱(Louis Armstrong)이 이렇게 말했죠.

That's one small step for a man, one giant leap for mankind.
한 사람에게는 작은 한 발자국이지만, 인류 전체에게는 큰 도약이다.

The rabbits were hopping around in the garden.
토끼들이 정원에서 여기저기 깡충깡충 뛰어다니고 있었다.

Spiderman can leap tall buildings with a single bound.
스파이더맨은 한 번에 고층빌딩들을 뛰어오를 수 있다.

• group – mob

The angry _____ burst through the barriers.

He's a member of a debate _____.

둘 다 사람들의 '무리'를 말해요. group은 일반적인 모임을, mob은 약간 소란스럽거나 화난 군중을 암시합니다.

The angry mob burst through the barriers.
성난 군중들은 장애물을 뚫고 나갔다.

He's a member of a debate group.
그는 토론 모임의 회원이다.

• moist – soggy

If you have a fever, put a _____, cool washcloth on your forehead.

I don't want to sit on the _____ ground.

둘 다 '젖은'이란 의미지만, moist는 보통 부정적인 느낌보다는 긍정적인 느낌에 가깝습니다. soggy는 똑같이 젖었어도 부정적인 느낌이에요. 두 번째 문장은 축축한 땅에 앉고 싶지 않다는 의미인데, 이때의 '축축한'은 부정적인 느낌이죠? soggy는 음식 등이 젖거나 습기가 차서 별로인 느낌에도 쓰여요.

The bread was soggy from the dressing.
빵은 드레싱으로 인해 축축했다.

If you have a fever, put a **moist**, cool washcloth on your forehead.
열이 있다면 차가운 젖은 수건을 이마에 얹으세요.

I don't want to sit on the **soggy** ground.
나는 축축한 바닥에 앉고 싶지 않아요.

• idea – hunch

"How did you know the answer?"
"I just had a _____ about it."

He worked for a long time on the _____ for a new series.

일반적인 생각, 즉 머리로 고안하는 것은 idea이지만, hunch는 '육감' 또는 '예감'입니다.

"How did you know the answer?" "답을 어떻게 알았니?"
"I just had a **hunch** about it." "그냥 감이 왔어."

He worked for a long time on the **idea** for a new series.
그는 새 시리즈에 대해 오랫동안 구상했다.

• look – inspect

_____ both ways when you cross the street.

_____ your dog's fur for fleas.

둘 다 '보다'라는 의미입니다. 하지만 look은 일반적인 의미의 시선을 둔다는 뉘앙스이고, inspect는 주의 깊게 관찰한다는 의미입니다.

Look both ways when you cross the street.
길을 건너기 전에 양쪽을 보세요.

Inspect your dog's fur for fleas.
개의 털에 벼룩이 있나 잘 살펴보세요.

• break – smash

The burglar _____ed the window.

I'll _____ the cookie in half and share with her.

'무언가를 깨거나 부수다'라는 의미로 break과 smash를 모두 쓸 수 있지만, smash쪽이 좀 더 산산조각 나는 느낌이 강한 뉘앙스예요. 따라서 반으로 쪼개는 것에는 smash가 어울리지 않아요.

The burglar **smashed** the window. (break도 가능)
강도는 창문을 때려 부쉈다.

I'll **break** the cookie in half and share with her.
나는 쿠키를 반으로 쪼개서 그녀와 나눠먹을 거야.

1-5 반의어 antonyms

big과 small은 서로 상반된 의미의 반의어(antonym)입니다. 동의어가 표현력을 풍부하게 해 주듯, 반의어도 좀 더 구체적이고 명확한 의미를 전해주어 말과 글의 품질을 높여 줍니다. 또한 단어의 반복을 피하는 데에도 매우 효과적입니다.

사물의 굳은 정도를 표현하는 hard와 soft는 서로 반의어입니다. 예를 들어 The pillow isn't hard.(그 베개는 딱딱하지 않다.)라고 말하는 것보다 The pillow is soft.(그 베개는 푹신하다.)라고 말하는 것이 좀 더 베개의 느낌이 또렷하게 다가올 수 있지요. 싸구려 물건을 It's not expensive.(비싸지 않아요.)라고 하면 무언가 좀 부족합니다. It's cheap.(싸구려예요.)쪽이 훨씬 더 느낌이 확실하죠.

우선 자주 쓰이는 반의어 묶음부터 몇 가지 살펴보죠. 왼쪽과 오른쪽의 단어들을 반의어끼리 연결해 보세요. 낯익은 단어인데 반의어는 몰랐다면 이번에 익혀 두어야겠죠?

accept •	• decline
ancient •	• defeat
artificial •	• modern
conceal •	• natural
separate •	• reveal
valuable •	• united
victory •	• worthless

· 받아들이다 – 거절하다
· 고대의 – 현대의
· 인공적인 – 자연스러운
· 감추다, 숨기다 – 드러내다
· 분리하다 – 합치다
· 귀한 – 가치 없는
· 승리 – 패배

Answer Key: accept - decline, ancient - modern, artificial - natural, conceal - reveal, separate - united, valuable - worthless, victory - defeat

특히 상반된 두 가지를 비교할 때 반의어는 매우 유용합니다. 다음 다섯 쌍의 문장에서는 앞에서 나온 단어의 반대 의미를 그 단어의 부정 형태로 표현한 첫 번째 문장과 반의어를 사용하여 표현한 두 번째 문장의 느낌과 의미가 어떻게 다른지 비교해 보세요.

I expected a happy ending, but instead it was a not-happy ending.
나는 해피엔딩을 기대했지만, 대신 그것은 해피엔딩이 아니었다.

I expected a happy ending, but instead it was a sad ending.
나는 해피엔딩을 기대했지만, 대신 그것은 새드엔딩이었다.

This is a genuine Picasso, but that painting is not genuine.
이건 진짜 피카소 작품이에요. 하지만 저 그림은 진짜가 아니에요.

This is a genuine Picasso, but that painting is fake.
이건 진짜 피카소 작품이에요. 하지만 저 그림은 가짜지요.

She came early while the others didn't arrive early.
다른 사람들이 일찍 도착하지 않은 반면, 그녀는 일찍 왔다.

She came early while the others arrived late.
다른 사람들이 늦게 도착한 반면, 그녀는 일찍 왔다.

Everybody was asleep except John. He wasn't asleep.
존을 빼고 모두 잠들어 있었다. 그는 잠들어 있지 않았다.

Everybody was asleep except John. He was awake.
존을 빼고 모두 잠들어 있었다. 그는 깨어 있었다.

While my brother has a very stormy temper, I have a <u>not-stormy</u> character.

우리 오빠(형)는 아주 격렬한 기질을 가진 반면, 나는 격렬하지 않은 성격이다.

While my brother has a very stormy temper, I have a <u>calm</u> character.

우리 오빠(형)는 아주 격렬한 기질을 가진 반면, 나는 차분한 성격이다.

이번에는 주어진 한 쌍의 반의어를 빈 칸에 넣어 문장을 완성해 보세요. 반의어는 이렇게 상반된 의미의 문맥과 함께 익히면 보다 효과적입니다.

- **opponent – partner**

  My _____ and I defeated our _____ to win the race.

  나와 내 동료는 경주에서 우리의 상대를 이겼다.

- **ridiculous – sensible**

  What a _____ thing to say. No _____ person would think it's possible.

  그런 어처구니없는 말을 하다니. 합리적인 사람이라면 그게 가능할 거라 생각하지 않을 거야.

- **courteous – rude**

  Before the race, the hare was very _____, but after the race, it treated the tortoise in a _____ way.

  경주 전에 토끼는 매우 무례했지만, 경주가 끝난 뒤에는 거북이를 예의 바르게 대우했다.

- **plentiful – scarce**

    Life is _____ in wintertime but _____ in spring.
    겨울에는 생명이 드물지만, 봄에는 풍부하다.

    My **partner** and I defeated our **opponent** to win the race.

    What a **ridiculous** thing to say. No **sensible** person would think it's possible.

    Before the race, the hare was very **rude**, but after the race, it treated the tortoise in a **courteous** way.

    Life is **scarce** in wintertime but **plentiful** in spring.

한 단어의 뜻이 한 가지만 있는 것은 아닙니다. 따라서 문장에서 쓰인 의미에 따라 동의어나 반의어도 달라질 수 있습니다. 예를 들어 dull은 여러 단어의 반의어가 될 수 있어요. 다음 예문을 통해 dull이 가진 다양한 의미와 함께 어떤 표현의 반의어가 되는지를 확인해 보세요.

It's such a <u>dull</u> movie, not <u>interesting</u> at all.
정말 따분한 영화였고, 전혀 흥미롭지 않았어.

I like to wear <u>bright</u>-colored clothes, but my sister prefers <u>dull</u> brown or gray ones.
나는 환한 색깔의 옷을 입을 것을 좋아하지만, 우리 언니/누나는 칙칙한 갈색이나 회색 옷을 더 좋아한다.

Use this <u>sharp</u> knife. That one is <u>dull</u>.
이 날카로운 칼을 쓰세요. 저건 날이 무뎌요.

이 Unit에 나온 단어 복습하기

각 단어에 대한 내용은 모두 익히기보다 Unit에서 접한 품사와 의미부터 간단히 되새겨 보세요. 일부 단어에는 여기에 약간의 내용을 추가했습니다. 언뜻 쉽거나 이미 알고 있다고 생각한 단어여도 기존에 알고 있던 것과 다른 새로운 내용이 있는지 확인해 보세요.

- **accept** [ək'sept] 동 (다양한 문맥에서) '받아들이다'라는 의미로 사용

  Do you **accept** credit cards? 신용카드 받으시죠? (계산할 때)

  She wouldn't **accept** his apology. 그녀는 그의 사과를 받아들이려고 하지 않았다.

  I was **accepted** by four colleges.
  나는 네 군데 대학으로부터 입학이 받아들여졌다(합격했다).

  Sometimes you have to **accept** you can't win all the time. – Lionel Messi
  때때로 당신이 항상 이길 수는 없다는 것을 받아들여야만(인정해야만) 한다. – 리오넬 메시

  It was hard to **accept** his death. 그의 죽음을 받아들이는 것은 (믿기) 어려웠다.

- **decline** [dɪ'klaɪn] 동 거절하다, 사양하다 / 줄어들다, 감소하다

  I **declined** their offer. 난 그들의 제안을 거절했다.

  The number of students **declined** by 5% last year. 작년에 학생 수가 5% 감소했다.

- **ancient** [eɪnʃənt] 형 고대의, 아주 오래된

  I'm learning about **ancient** civilizations now. 나는 지금 고대 문명에 대해 배우는 중이다.

  My phone is **ancient**. 내 전화기는 아주 오래되었다.

- **modern** [mɑ:dərn] 형 현대의, 근대의

  She's studying **modern** ballet. 그녀는 현대 발레를 공부하고 있다.

- **artificial** [ɑːtrˈfɪʃl] 형 인공의, 인조의, 인위적인

  The house was decorated with **artificial** flowers. 그 집은 조화로 장식되어 있었다.

- **natural** [nætʃrəl] 형 천연의, 자연의
  Floods and earthquakes are **natural** disasters. 홍수와 지진은 자연재해이다.

- **conceal** [kən'si:l] 동 숨기다, 감추다
  Is there something you're **concealing** from me? 너 나한테 숨기는 거 있니?

- **reveal** [rɪ'vi:l] 동 드러내다, 밝히다, 폭로하다
  The journalist **revealed** the secret. 기자가 비밀을 폭로했다.

- **separate** [sepəreɪt] 형 분리된, 따로 떨어진, 독립된
  They flew into London on **separate** places. 그들은 서로 다른 비행기로 런던에 들어왔다.

- **united** [ju'naɪtɪd] 형 통합된, 단결한
  On that issue, they're **united**. 그 문제에 대해서 그들은 일치단결했다.

- **valuable** [væljuəbl] 형 소중한, 귀중한
  The coin is rare and **valuable**. 그 동전은 희귀하고 가치가 있다.

- **worthless** [wɜː θləs] 형 가치 없는, 쓸모없는
  The neckless was **worthless**. 그 목걸이는 가치가 없었다.

- **victory** [vɪktəri] 명 승리
  We're hoping for a **victory**. 우리는 승리를 바라고 있다.

- **defeat** [dɪ'fi:t] 명 패배 / 동 (상대방을) 패배시키다, 이기다, 물리치다
  We hoped the other team would meet with **defeat**.
  우리는 상대팀이 패배를 맛보기를 바랐다.

- **genuine** [dʒenjuɪn] 형 진짜의, 진품의
  Is this made of **genuine** leather? 이거 진짜 가죽으로 만든 건가요?

- **fake** [feɪk] 형 가짜의, 거짓된
  I never wear **fake** designer clothing. 나는 가짜 명품을 절대 안 입어.

- **asleep** [əˈsliːp] 형 잠든 상태인, 자고 있는 (명사 앞에는 쓰지 않음)
  Sorry, what did you say? I was half **asleep**. 미안, 뭐라고 했니? 반은 잠들어 있었지 뭐니.

- **awake** [əˈweɪk] 형 깨어 있는 (명사 앞에는 쓰지 않음)
  It's hard to stay **awake** during boring lectures. 지루한 강의 중에 깨어 있기는 힘들다.

- **stormy** [ˈstɔːrmi] 형 격렬한, 격하고 화를 잘 내는
  Their marriage ended after 10 **stormy** years.
  그들의 결혼은 격하고 언쟁 많은 10년의 세월 끝에 끝나버렸다.

- **temper** [ˈtempə(r)] 명 성질, 성미
  You need to learn to control your **temper**.
  너는 네 성질 좀 조절하는 걸 배울 필요가 있어.

- **character** [ˈkærəktə(r)] 명 성격, 기질
  She has a very cheerful **character**. 그녀는 아주 발랄한 성격이다.

- **calm** [kɑːm] 형 침착한, 차분한
  How do you keep **calm** in stressful situations?
  스트레스받는 상황에서 어떻게 침착함을 유지하죠?

- **opponent** [əˈpəʊnənt] 명 (경기, 논쟁 등에서의) 상대
  Target the **opponent**'s weak spots. 상대의 약점을 공략하라.

- **ridiculous** [rɪˈdɪkjələs] 형 말도 안 되는, 터무니없는, 어처구니없는
  Do I look **ridiculous** in this shirt? 내가 이 셔츠 입은 거 웃겨 보이니?

- **sensible** [ˈsensəbl] 형 분별 있는, 합리적인
  You can rely on Laura. She's quite **sensible**.
  로라는 믿어도 돼. 그 애는 분별력이 좀 있어.

- **courteous** [ˈkɜːtiəs] 형 공손한, 정중한
  The server was **courteous** and helpful. 종업원은 정중하고 협조적이었다.

- **rude** [ru:d] ⑱ 무례한, 예의 없는, 버릇없는

  It's **rude** not to say "Thank you!" when you are given help.

  도움을 받았을 때 "고맙다!"라고 말하지 않는 것은 버릇없다.

- **plentiful** [pléntɪfl] ⑱ 풍부한(충분히 넉넉히 많음)

  Jobs were **plentiful** in 1990s. 1990년대에는 일자리가 풍부했다.

- **scarce** [skers] ⑱ 부족한, 드문

  Clean water is becoming **scarce**. 깨끗한 물이 부족해지고 있다.

- **dull** [dʌl] ⑱ 따분한, 재미 없는, 칙칙한, 윤기 없는, 둔한

  My job is **dull** and boring. 내 일은 따분하고 지루해.

  The floor was **dull** and dirty. 바닥은 탁하고 더러웠다.

  Don't cut your hair with **dull** scissors. 날이 무딘 가위로 머리를 자르지 마시오.

- **bright** [braɪt] ⑱ 밝은, 빛나는

  The room was large and **bright**. 방은 크고 밝았다.

- **sharp** [ʃɑ:rp] ⑱ 날카로운, 뾰족한, 예리한

  The goblin shark has long, **sharp** teeth in the front of its mouth.

  마귀상어는 입의 앞쪽에 길고 날카로운 이빨을 갖고 있다.

What & How to Learn 무엇을 어떻게 익혀야 하나?

Unit 2 단어의 기능과 용법을 알아야 한다
Function and usage matters

2-1 단어의 기능, 품사 parts of speech

2-2 MANY와 MUCH '많은'을 의미하는 표현

2-3 FEW와 LITTLE '적은'을 의미하는 표현

2-4 어휘의 종류 collocation, phrasal verbs, idioms, etc.

　　A. 콜로케이션 collocation

　　B. 구동사 phrasal verbs

　　C. 이디엄 idioms, 관용표현

　　D. 클리셰 cliché

　　E. 슬랭 slang, 속어, 은어

unit 2 단어의 기능과 용법을 알아야 한다
Function and usage matters

2-1 단어의 기능, 품사 parts of speech

품사는 보통 문법에서 많이 이야기하지만, 어휘 학습에서도 필요합니다. 명사(noun)의 경우 셀 수 있는 것인지, 아닌지를 알 필요가 있습니다. 사전에서 C(countable noun, 셀 수 있는 명사) 또는 U(uncounable noun, 셀 수 없는 명사)라고 된 것이 바로 정보입니다. 그래야 실제 문장에서 어떻게 써야 할지를 알 수 있죠. 예를 들어 셀 수 있는 명사라면 단수형이나 복수형으로 형태를 구분해야 하고, 이에 따라 동사의 형태도 달라질 수 있습니다.

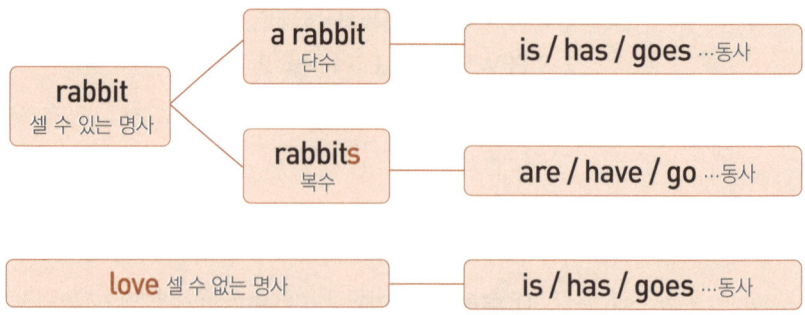

The <u>cute</u> <u>rabbit</u>!
　형용사　명사

The <u>rabbit</u> <u>is</u> <u>cute</u>.
　　명사　동사 형용사

형용사(adjective)는 명사를 꾸며주는, 다시 말해서 명사가 어떠하다고 말해주는 표현입니다. 형용사는 명사 앞에 오거나 be 동사나 일부 동사의 뒤에 오기도 합니다.

부사(adverb)는 대부분 형용사에 ly를 더한 형태로, 아닌 것들은 예외적으로 기억해 두어야 하지요. 이런 경우가 아니거나 부사 형태가 훨씬 더 많이 쓰이는 경우를 제외하면, 대개는 형용사를 기준 모양으로 익히고, 부사로 써야 할 때 형태를 변형하면 됩니다.

형용사 adjective ＋ **ly** ＝ **부사** adverb

예

quick ＋ **ly** ＝ **quickly**

전치사(preposition)는 명사를 이어주는 연결 표현이라고 할 수 있습니다. 보통 문법이나 구동사(phrasal verbs) 수업에서 많이 이야기하는데, 말의 의미를 보다 명확하게 표현하고, 문장의 의미를 풍성하게 하기 때문에 별도로 다루어지는 편입니다.

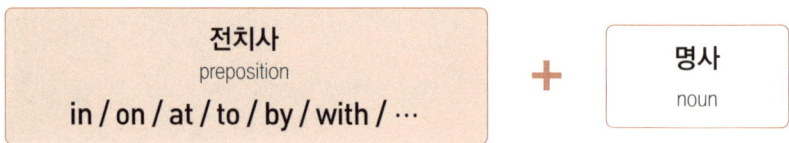

접속사(conjunction)는 문장과 문장의 연결과 흐름을 말해주는 표현입니다. 따라서 말을 계속 이어서 해야 하는 중급 이상의 스피킹이나 글과 글이 이어지는 작문 시간에 많이 이야기합니다.

감탄사(interjection)는 Hey! Oh!와 같은 단어나 표현을 말합니다.

단어 또는 어휘를 중심으로 한 어휘 학습에서는 명사와 형용사, 동사를 주로 말합니다.

형용사의 동의어는 형용사입니다. 의미가 비슷해도 기능이 다르면 동의어라고 할 수 없습니다. '예쁜'과 '예쁘게'는 다른 거죠. '예쁜'이 들어갈 자리에 '예쁘게'가 들어갈 수는 없습니다. 따라서 동의어는 기능/품사도 동일하다는 것을 기억해 주세요. 반의어도 마찬가지입니다.

나는 방금 그 책의 마지막 챕터를 읽었다.

I've just read the last chapter of the book.
　　　　　　　　└ (형)

⬇

I've just read the final chapter of the book. (○)
　　　　　　　　　└ (명)

I've just read the ~~finally~~ chapter of the book. (×)
　　　　　　　　└ (부)

다만, 한 단어에 다양한 의미가 있을 수 있듯이 품사도 여러 개가 될 수 있음에 유의하세요.

함께 쓰이는 단어에 따라 선택이 달라지는 대표적인 경우가 수량 표현입니다. 명사가 셀 수 있느냐, 아니냐에 따라 우리말 해석은 같아도 서로 다른 표현으로 쓰이지요. 그럼 우리말로 '많은'에 해당하면서 수량을 나타내는 다양한 표현을 살펴볼까요?

2-2 MANY와 MUCH '많은'을 의미하는 표현

• **many** ⑱ (셀 수 있는 명사가) 많은, 다수인

many는 book, person, house 등 셀 수 있는 명사에 쓸 수 있습니다. 주로 부정문과 의문문에 자주 쓰이며, so, too, as 등과 많이 쓰입니다.

There aren't many books in that library.
저 도서관에는 책이 많지 않다.

How many students in your class?
너희 반에는 학생이 몇 명이니? (얼마나 많니?)

So many nights I sit by my window …
(Debby Boone의 노래 'You light up my light' 가사) 정말 많은 밤을 나는 내 방 창가에 앉아…

There are too many cars on the road. 도로에 차가 너무 많다.

You can ask as many questions as you want.
원하는 만큼 많이 질문해도 된다.

• **much** ⑱ (셀 수 없는 명사가) 많은, 다량의

much는 water, sand, information과 같이 액체, 가루, 형태가 고정적이지 않거나 추상적인 개념을 나타내는 셀 수 없는 명사의 '많음'을 나타낼 때 쓸 수 있습니다. 보통 긍정문에서는 잘 쓰이지 않으며, 부정문과 의문문에서 주로 쓰입니다. 또한 many와 마찬가지로 so, too, as 등과 많이 쓰입니다.

He didn't have much money. 그는 돈이 많지 않았다.

Was there much traffic? 교통량이 많았어? (길이 많이 막혔어?)

There was so much traffic on the way.
오는 길에 교통량이 매우 많았어. (오는 길이 너무 많이 막혔어.)

much는 동사나 형용사, 같은 부사, 문장 전체를 꾸며주는 '부사'로도 쓰입니다. 이때에는 '매우', '너무', '많이' 등 정도가 크거나 많음을 나타내는 의미입니다.

Thank you very much. 대단히 감사합니다.

She worries too much. 그녀는 걱정을 너무 많이 한다.

교통 체증을 표현할 때 같은 의미라도 셀 수 있는 명사인 car(자동차)를 써서 말하느냐, 셀 수 없는 명사인 traffic(교통량)을 써서 말하느냐에 따라 many와 much가 다르게 쓰입니다. 또한 문장에서의 동사도 달라집니다. 명사 car도 복수형으로 쓰입니다.

There <u>are</u> too many cars on the road. 도로에 차가 너무 많다.
There <u>is</u> too much traffic on the road. 도로에 교통량이 너무 많다.

• a lot of / lots of

셀 수 있는 명사와 셀 수 없는 명사 앞에 모두 쓸 수 있지만, many나 much보다 비격식적(informal)입니다.

I've got a lot of things to do. 나는 할 일이 많다.

She earns a lot of money. 그녀는 돈을 많이 번다.

We've invited lots of people. 우리가 사람들을 많이 초대했어요.

a lot은 부사로, very much(매우 많이) 또는 very often(매우 자주)의 뜻으로 쓰입니다.

I used to go out a lot. 나는 예전에 자주 외출하곤 했었다.

비교급 앞에서 '훨씬'의 의미로도 쓰입니다.

I'm feeling a lot/much better now. 이제 훨씬 더 기분이 좋아졌어요.

단, 부정문에서는 much만 쓰입니다.

I don't like him very much. (~~I don't like him a lot.~~)
나는 그를 그리 많이 좋아하지 않는다.

> **요것도 알아두세요!**
>
> a lot과 very much는 동의어 표현이지만, 고맙다고 할 때 Thanks와 Thank you 뒤에 쓸 수 있는 표현이 각각 다릅니다.
>
> **Thanks a lot.**
> **Thank you very much.**

• dozens / hundreds / thousands / millions of

many의 의미도 '수십 개의', '수백 개의', '수천 개의', '수백만 개의' 등으로 보다 구체적으로 표현할 수 있습니다.

Dozens of people were injured in the earthquake.
수십 명의 사람들이 지진에서 부상당했다.

There are **hundreds of** seals living on the island.
그 섬에는 수백 마리의 물개가 산다.

She received **thousands of** letters from all over the world.
그녀는 전 세계로부터 수천 통의 편지를 받았다.

• tons / loads of

many의 동의어지만, 매우 비격식적인(informal) 표현입니다.

She's got **tons of** books. 그녀는 책이 엄청 많아요.

There were **loads of** people in the store. 가게에 사람들이 엄청 많았다.

• a (large/great) number of

many의 동의어로, large나 great를 넣어 강조할 수 있습니다.

China plans to build **a large number of** nuclear power plants.
중국은 다수의 핵발전소를 건설할 계획이다.

• numerous [nuːmərəs] 형

numerous는 many의 의미를 가진 격식 있는(formal) 형용사입니다. 특히 무엇인가가 여러 번 일어난 것에 대해 말할 때 자주 사용합니다.

We've contacted him on numerous occasions.
우리는 그에게 여러 번 연락했다.

Numerous studies have shown a link between smoking and lung cancer.
여러 연구가 흡연과 폐암 간의 관계를 보여주고 있다.

• countless [ˈkaʊntləs]

우리말로도 '많다'라는 의미를 '셀 수 없다'고 표현하듯이 영어에서도 같은 방식의 표현이 있습니다. 숫자를 '셈' 또는 '세다'라는 의미를 가진 단어 count 의 뒤에 '없는'이란 의미를 나타내는 접미사(suffix) less를 더하면 '셀 수 없이 많은'이란 뜻의 countless가 됩니다.

She spent countless hours in the gym.
그녀는 체육관에서 수없이 많은 시간을 보냈다.

좀 더 어려운 단어로는 innumerable [ɪˈnjuːmərəbl]이 있습니다. 앞에서 설명한 numerous와 같은 어근(word root)으로, '숫자', '셈' 등의 의미를 가진 numer 에 '할 수 있는'이란 의미의 접미사 able이 붙고, 여기에 다시 부정의 의미를 주는 접두사 in이 더해진 형태예요. 이러한 어근과 접두사, 접미사에 관련된 내용은 이후에 다시 자세하게 이야기하므로 여기서는 일단 단어만 짚고 넘어가세요.

They had been given innumerable warnings.
그들은 수없이 많은 경고를 받았었다.

• quite a few

quite a few는 우리말의 '꽤나 많은' 또는 '상당히 많은'과 비슷한 뉘앙스로 구어체, 즉 대화에서 특히 많이 쓰이는 표현입니다.

> '셀 수 있는 명사' 앞에서만 쓸 수 있습니다.

We've had quite a few problems with the software.
소프트웨어에 상당히 많은 문제가 있다.

I've met quite a few of his friends.
나는 그의 친구들을 꽤 많이 만나봤다.

• plenty of

plenty of는 셀 수 있는 명사와 셀 수 없는 명사 앞에 모두 올 수 있는 표현으로, 필요하거나 충분한 것 이상으로 많다는 뉘앙스를 줍니다.

Make sure she gets plenty of fresh air.
그녀가 신선한 공기를 실컷 마실 수 있도록 하세요.

No need to hurry – you've got plenty of time.
서두를 필요 없어요. 당신에게 시간은 충분하니까요.

plenty는 풍부하고 넉넉하게 있음을 나타내는 명사입니다.

There's plenty to do and see in New York.
뉴욕에는 할 거리와 볼거리가 많다.

There are plenty more chairs in the next room.
옆 방에는 훨씬 많은 의자들이 있다.

• abundant [əˈbʌndənt] / plentiful

넉넉하고 풍부하다라는 의미로, 셀 수 있는 명사와 셀 수 없는 명사에 모두 쓸 수 있습니다.

We were lucky to have an abundant / plentiful supply of fresh water.
우리는 신선한 물을 풍부하게 공급받을 수 있어서 운이 좋았다.

The course will offer abundant / plentiful opportunities for students to engage in conversations.
그 코스는 학생들이 대화에 참여할 수 있는 기회를 풍부하게 제공할 것이다.

2-3 FEW와 LITTLE '적은'을 의미하는 표현

'많은'을 의미하는 표현을 살펴보았으니 '적은'을 의미하는 표현에 대해서도 이야기해 볼까요?

• (a) few

a few는 셀 수 있는 명사 앞에 쓰입니다. 즉, 명사의 수가 적다는 의미지요.

I have to buy a few things at the supermarket.
슈퍼마켓에서 몇 가지 물건을 사야만 해.

Liz called to say she's going to be a few minutes late.
리즈가 몇 분 정도 늦을 거라고 전화했어.

그러나 앞에 a를 쓰지 않으면 의미가 달라집니다. 적은 정도가 아니라 아예 없는, 0이나 0과 같을 정도로 적다는 의미가 되지요. 이를 더 강조하기 위해 very를 추가하기도 합니다.

Very few of the staff come from the local area.
현지 출신의 직원이 거의 없다.

• (a) little

a little은 셀 수 없는 명사의 '양'이 적음을 나타냅니다.

Luckily I had a little time to spare. 운좋게도 나는 약간의 여가시간이 있었다.

few와 마찬가지로 a 없이 little만 쓰면 양이 적다 못해 0 또는 0과 같을 만큼 적다는 의미가 됩니다.

I paid little attention to what the others were saying.
나는 다른 사람들이 말하고 있는 것에 거의 신경을 쓰지 않았다.

Little is known about the causes of the problem.
그 문제의 원인에 대해서는 알려진 것이 없다.

> **요건도 알아두세요!**
>
> 일상 대화에서는 a little보다 보통 not much로 표현합니다.
>
> **There is not much chance of success.**
> 성공의 기회는 많지 않다.
>
> **He does not have much money.**
> 그는 돈이 적다.

● **scarce** [skers]

scarce도 '적은'을 나타낼 수 있습니다. 부족하고 드물다는 것은 그만큼 수량이 적어서겠지요?

Rhinoceros are scarce. 코뿔소는 드물다.

After the war, food and clothing were scarce.
전쟁 후에는 음식과 의복이 귀했다.

The competition for scarce resources is becoming severe.
부족한 자원을 두고 경쟁이 치열해지고 있다.

• rare [rer]

rare도 드물다는 의미로 쓰입니다. scarce가 수량이 적어서 부족하다는 뉘앙스라면, rare는 수량이 적어서 그만큼 희귀하고 드물다는 뉘앙스이죠.

The law prevents the export of rare birds.
그 법은 희귀조의 수출을 막고 있다.

This species of plant is becoming increasingly rare.
이 식물 종은 점점 더 희귀해지고 있다.

I only saw Helen on the rare occasions when I went into her shop.
나는 그녀의 가게에 가는 드문 경우에나 헬렌을 보았다.

It is very rare for her to miss a day at school.
그녀가 학교 가는 날을 빼먹는 것은 아주 희귀한 일이다.

2-4 어휘의 종류 collocation, phrasal verbs, idioms, etc.

보통 어휘(vocabulary)라고 하면 **large**나 **run** 같은 '한 단어'로 된 표현을 떠올립니다. 하지만 실제로 영어에는 두 단어 이상이 더해져서 하나의 의미를 나타내거나 자주 쓰이는 '덩어리 표현'이 매우 많습니다. '어휘'라는 '한 단어' 표현뿐만 아니라 이런 덩어리 표현을 모두 포함하는 표현 전체를 말합니다. 따라서 어휘력을 기른다는 것은 한 단어로 된 낱말뿐만 아니라 영어에서 사용하는 표현 전체를 전반적으로 익히는 것을 의미합니다.

영어의 덩어리 표현에는 여러 종류가 있습니다. 이에 대해 하나씩 알아보고, 대표적이거나 자주 쓰이는 표현도 익혀 보지요.

A. 콜로케이션 collocation

자연스럽게 함께 많이 쓰이는 단어들의 쌍이나 묶음을 '콜로케이션(collocation)'이라고 합니다. 우리말로는 종종 '연어'라고 해석되기도 합니다. 몇 가지 예를 들어 보지요.

앞에서 살펴보았던 **big**과 **large**는 서로 동의어입니다. 하지만 구어체로 형이나 오빠를 **big brother**라고 하지, **large**를 써서 말하지는 않습니다.

finish와 **end**도 서로 동의어입니다. 하지만 '숙제를 마치다'라고 할 때 **finish one's homework**라고 하지 않고 **end one's homework**라고 하면 대략의 의미는 알아 듣겠지만 원어민에게는 매우 어색하게 들립니다.

'실수를 하다'라는 의미는 make a mistake라는 표현을 씁니다. 우리말 해석으로는 do를 쓸 것 같지만 그렇지 않습니다.

이렇게 단어마다 짝꿍이 되는 단어가 있고, 그렇지 않은 단어가 있습니다. 따라서 자연스러운 표현을 위해서는 원어민들이 쓰는 이런 일반적인 조합을 구사할 필요가 있겠죠?

콜로케이션의 형태는 매우 다양합니다. 콜로케이션의 여러 패턴과 함께 자주 쓰이는 표현도 익혀 보는 시간을 가져 보죠. 이미 앞에서 익힌 어휘들의 예문에서 나왔던 표현도 있습니다.

- **부사(adverb) + 형용사(adjective)**

    Bill Gates is a highly successful businessperson.
    빌 게이츠는 대단히 성공한 사업가이다.

    Jake and Cindy are happily married.
    제이크와 신디는 행복한 부부이다. (행복한 결혼 생활을 하고 있다.)

    I'm fully aware of the problem. 나는 그 문제에 대해 완전히 인식하고 있다.

- **형용사(adjective) + 명사(noun)**

    Pollution is a major problem. 공해는 주요한 문제이다.

    The interview is a big deal for me. 그 면접은 내게 아주 중요한 것이다.

- **명사(noun) + 명사(noun)**

    Mr. Kim is the head teacher of the school.
    김 선생님은 그 학교의 교장이다.

The <u>forest fire</u> was started by lightening.
산불은 번개에 의해 시작되었다.

- 명사(noun) + 동사(verb)

The <u>lion roared</u> in pain. 사자는 고통으로 포효했다.

The <u>company has grown</u> and now employs over 50 people.
그 회사는 성장하여 이제 50명도 넘는 직원들을 고용하고 있다.

- 동사(verb) + 명사(noun)

I <u>do exercise</u> every day. 나는 매일 운동을 한다.

Nuclear weapons <u>pose a threat</u> to everyone.
핵무기는 모든 사람들에게 위협이 되고 있다.

- 동사(verb) + 부사(adverb) / 부사(adverb) + 동사(verb)

The little girl <u>whispered softly</u> to her friend.
소녀는 친구에게 부드럽게 속삭였다.

I <u>firmly believe</u> that it is true. 나는 그것이 사실이라고 굳게 믿는다.

I <u>distinctly remember</u> putting it there. 난 그걸 거기에 둔 걸 분명히 기억해.

- 동사(verb) + 전치사(preposition)

What are you <u>looking for</u>? 당신은 무엇을 찾고 있나요?

She <u>burst into</u> tears. 그녀는 왈칵 눈물이 터졌다.

- 명사(noun) + 전치사(preposition)

She has only a limited <u>understanding of</u> German.
그녀는 독일어를 제한적으로만 이해할 뿐이다.

My <u>memory of</u> traveling in Hawaii will stay with me forever.
하와이 여행의 기억은 영원히 내게 머물 거예요.

It was a <u>check for</u> $100. 그것은 100달러짜리 수표였다.

- 형용사(adjective) + 전치사(preposition)

He's <u>married to</u> a nurse. 그는 간호사와 결혼했다.

We're <u>interested in</u> working with you.
우리는 귀하와 일하는 것에 관심이 있습니다.

I'm fully <u>aware of</u> the problem. 나는 그 문제에 대해 완전히 인식하고 있다.

앞으로도 많은 예문에서 더욱 다양한 콜로케이션들을 만나게 될 것입니다. 예문의 핵심 단어뿐만 아니라 그 단어와 함께 쓰인 다른 단어들을 주의 깊게 살펴보면서 전체적인 표현 덩어리와 문맥을 의식하세요. 그러면 보다 효과적으로 어휘력을 키우는 습관을 갖게 됩니다.

B. 구동사 phrasal verbs

구동사는 한마디로 '덩어리'로 된 동사라고 할 수 있습니다. 보통 go, have 등과 같은 '기본/핵심' 동사(verb)에 on, out 등과 같은 전치사나 부사(particle)가 추가된 형태입니다.

구동사(phrasal verbs)는 특히 대화에서 많이 쓰입니다. 대체로 구동사는 한 단어로 된 동사 표현보다 일상적이지요. 언뜻 원어민들의 대화를 들어보면 무언가 어려운 단어는 별로 없고 다 아는 단어들인 것 같은데, 의미는 굉장히 풍부한 것 같다고 느껴지는 것은 바로 구동사 표현을 많이 썼기 때문입니다. 따라서 자연스러운 대화를 위해서 구동사는 필수입니다. 시험 등을 위한 학술/전문적인 독해나 작문 등이 아닌 자연스러운 일상 대화를 위한 표현력을 늘리려면 구동사를 중점적으로 익히세요.

구동사는 '덩어리'라는 점을 빼면 기본적으로 '동사'와 기능이 동일합니다. 동사 뒤에 '대상(목적어)'이 필요한 '타동사'와 그렇지 않은 '자동사' 개념이 구동사에도 그대로 적용되지요. 때문에 동사와 같이 용법을 함께 익혀야만 제대로 정확하게 구사할 수 있습니다.

그럼 먼저 뒤에 '대상'이 오지 않는 '자동사'로서의 대표적인 구동사 몇 가지를 살펴보죠.

• find out

무엇인가에 대해 '알아내다' 또는 '알게 되다'라는 의미의 구동사입니다.

A: Do you know where I can rent a wheelchair?
어디서 휠체어를 빌릴 수 있는지 아시나요?

B: I'll find out for you. 제가 알아봐 드리죠.

find out은 타동사로도 쓰입니다.

Can you find out the answer? 답을 알아낼 수 있겠니?
I found out that she was born in New York.
나는 그녀가 뉴욕에서 태어났다는 것을 알게 되었다.

• show up

예정된 곳에 '나타나다'의 의미로, 약속 장소에 '도착하다'라는 뜻으로도 이해할 수 있습니다.

They showed up at the party 3 hours late.
그들은 파티에 3시간이나 늦게 나타났다.

I waited for Ryan for 2 hours but he never showed up.
나는 라이언을 2시간이나 기다렸지만, 그는 나타나지 않았다.

> **요것도 알아 두세요!**
>
> turn up/pop up도 '나타나다'의 의미이지만, 예상치 못하게 나타난다는 뉘앙스가 있어요.
>
> **Lori turned up at our house yesterday.**
> 어제 불쑥 로리가 우리집에 왔지 뭐니.
>
> **He popped up out of nowhere.**
> 그가 갑자기 난데없이 나타났다.
>
> pop up은 형용사로, '그림 등이 입체적으로 만들어지는'과 '이벤트 성으로 한시적으로 운영하는 임시 매장의'라는 의미도 갖습니다.
>
> **The pop up store will be open until Christmas.**
> 이벤트 임시 매장은 성탄절까지 운영될 것이다.

• break down

기계나 특히 자동차가 '고장 나다'의 의미로 쓰이는 표현입니다.

My car has broken down. 내 차가 퍼져 버렸어.

어떤 시스템이나 관계, 협상 등이 주어가 되면 '실패하다' 또는 '결렬되다'라는 뜻으로 이해할 수 있습니다.

Their marriage finally broke down. 그들의 결혼은 결국 실패했다.

사람에 쓰이면 감정을 주체하지 못하게 되는 것을 의미합니다.

Mom broke down and cried when I told her the truth.
내가 사실을 말하자 엄마는 감정을 주체하지 못하고 울었다.

위의 의미는 무엇인가 일맥상통하는 면이 있는 반면, 여러 조각/부분으로 '나뉘거나 분해되다'라는 의미도 있습니다.

The job breaks down into four parts.
이 일은 네 부분으로 나뉘어진다.

Plastic doesn't break down easily.
플라스틱은 쉽게 분해되지 않는다.

• drop by/in

미리 약속을 하고 정식으로 방문하는 것이 아니라 불시에 또는 잠깐 '들르다'라는 의미로 쓰이는 표현입니다.

Could I drop by and see the house? 잠깐 들러서 집을 좀 봐도 될까요?

> 요것도 알아 두세요!
>
> stop by도 '들르다'라는 의미로 쓸 수 있는 표현입니다. 특히 어디를 가는 길에 잠깐 들르는 경우에 잘 쓰여요.
>
> **I'll stop by the shop on my way home.** 집에 가는 길에 가게에 들를게.

이번에는 뒤에 대상이 필요한 '타동사' 기능의 구동사입니다. 그런데 뒤에 대상이 필요한 타동사 구동사의 경우 대상이 동사 바로 다음, 즉 동사와 전치사/부사 사이에 올 수도 있어요.

Put on this coat. = Put this coat on. 이 코트를 입으렴.

Take off your shoes. = Take your shoes off. 신발을 벗으세요.

대상이 it, them, this, those, you와 같은 대명사일 때는 반드시 동사의 바로 다음에 온다는 것에 주의하세요.

I don't want to put this on. (○) 이거 입고 싶지 않아.

I don't want to put on this. (×)

그럼 많이 사용하는 타동사 구동사를 좀 살펴볼까요?

예문을 통해 단순히 구동사의 의미뿐만 아니라 실제 문장에서의 대상(목적어)의 위치 등 용법도 주의해서 익히세요.

• put on

의복, 신발, 모자, 액세서리 등을 '입거나 몸에 착용하다'라는 의미로, 화장품이나 향수를 바르는 경우에도 쓸 수 있습니다.

Why don't you put on a jacket? It's cold outside.
재킷을 입지 그러니? 바깥은 춥단다.

Do you put on makeup every day?
매일 화장을 하나요?

요것도 알아 두세요!

의복 등을 '입다'라는 의미의 표현은 종종 헷갈립니다. put on은 입거나 착용하는 '동작'을 암시합니다. 그리고 뒤에 항상 입거나 착용하는 '대상'이 옵니다.

Wait! I'm putting on my shirt. 기다려! 나 지금 셔츠 입고 있는 중이야.

옷을 이미 입고 있는 '상태'일 때는 동사 wear를 사용해서 표현합니다.

Look! Jane's wearing a beautiful dress.
봐봐. 제인이 아주 아름다운 옷을 입고 있어.

굳이 또는 일일이 입거나 착용하는 '대상'을 쓸 필요가 없다면 get dressed라는 표현을 쓸 수 있습니다.

I get dressed quickly and left the house.
나는 재빨리 옷을 입고 집을 나섰다.

• put off

'미루다', '연기하다'라는 의미의 구동사입니다.

He always puts off his English homework.
그는 항상 영어 숙제를 미룬다.

I think we should put the meeting off until next week.
다음 주까지 회의를 미뤄야 할 것 같은데요.

Have you done your homework? You shouldn't put it off.
숙제는 했니? 미루면 안 돼.

• throw away

'버리다' 또는 '없애다'라는 의미의 구동사입니다.

I think I should throw away that old desk.
저 오래된 책상은 버려야겠어.

It's still in good condition. You shouldn't throw it away.
그거 여전히 상태 좋아. 버리면 안 돼.

throw out이라고 해도 됩니다.

Can you throw out those old shoes please?
저 오래된 신발들 좀 버려줄래?

I'm going to throw those books out. 저 책들은 버릴 거예요.

• pick up

사람이 대상으로 오는 경우 '차에 태우러 혹은 데리러 가다'라는 의미가 있습니다.

I'm going to pick up my kids from school.
학교에서 애들을 데리러 갈 거예요.

Who's going to the airport to pick up Mom?
누가 엄마를 픽업하러 공항에 갈 거니?

물건을 집어 들거나 사람을 들어 올린다는 의미도 있지요. 어떤 물건을 찾으러 간다는 의미로도 쓰입니다.

Can you **pick up** my jacket from the dry cleaners?
세탁소에서 내 재킷 좀 찾아다 줄래?

I have to **pick** a parcel **up** from the post office.
우체국에서 소포를 찾아야만 한다.

실제 물품이나 사람을 대상으로 한 물리적인 의미를 추상적으로 확장해 보면 어떤 정보를 입수하거나, 습관이나 재주 등을 익히거나, 심지어 바이러스 등에 감염되는 것에도 pick up을 쓸 수 있습니다.

I **picked up** a few Italian words when I was there on vacation.
나는 이탈리아로 휴가 갔을 때 현지 말을 몇 마디 익혔다.

People often **pick up** bad habits in their younger years.
사람들은 젊을 때 종종 나쁜 버릇이 든다.

You can **pick up** a virus from an email.
너는 이메일에서 바이러스에 감염될 수도 있다.

• look up

사전이나 인터넷 등에서 '정보를 찾아보다', '검색하다'라는 의미가 있습니다.

I often **look up** photos of cats on the Internet.
나는 종종 인터넷에서 고양이 사진을 찾아보곤 한다.

A: Are there any good restaurants in this area?
이 지역에 좋은 식당 있나요?

B: I'm not sure. You can **look** it **up** on the Internet.
잘 모르겠는데. 인터넷에서 한번 찾아보렴.

Did you look up that word in the dictionary?
사전에서 그 단어 찾아봤니?

단, 일부 구동사는 '대상'이 동사와 전치사/부사 사이에 오지 않습니다.

• look for

무엇인가를 '찾다'라는 의미로 매우 많이 쓰이는 표현입니다.

What are you looking for? 무엇을 찾고 있습니까?

Michael has been looking for you. 마이클이 너를 내내 찾고 있었어.

• burst into

갑작스럽게 '…를 터뜨리다/내뿜다' 등의 의미를 가진 표현입니다.

She burst into tears. 그녀가 왈칵 눈물을 터뜨렸다.

구동사의 전치사/부사가 하나가 아닌 둘이 오는 경우도 있습니다. 이때에는 대상이 언제나 맨 뒤에 오지요.

• get on/along with …

'…와 사이좋게 잘 지내다'라는 의미입니다.

Do you get on with your sister?
넌 언니랑 사이좋게 지내니?

My brother and I really get on with each other.
우리 오빠와 나는 서로 잘 지낸다.

Teresa doesn't get on with Tom. They argue all the time.
테레사는 톰이랑 잘 지내지 못한다. 그들은 늘 다툰다.

get on with는 '무엇인가를 시작하거나 계속해서 해 나가다'라는 의미로도 쓰입니다. 특히 일, 업무와 관련된 문맥에서 많이 쓰여요.

OK, we've wasted enough time. Let's get on with this project.
그래, 이제 시간을 충분히 낭비했어. 이제 프로젝트를 시작하자고.

I have a lot of work to do. I'd better get on with it.
할 일이 많다. 이제 시작해야겠어.

• put up with

'견디다', '참다'라는 의미로 쓰이는 표현입니다.

I cannot put up with his bad attitude.
난 그의 나쁜 태도를 견딜 수가 없어.

'참다'라는 의미로 stand도 자주 쓰입니다. 보통 '못 참는다'라는 의미의 부정문으로 쓰이죠. 대화에서 종종 endure를 쓰는 경우가 있는데, 많이 어색합니다. endure는 문어체적인 표현이나 학술적인 문맥 등에서 쓰이는 표현이에요. 예문을 통해 차이를 느껴 보세요.

I can't stand her bad breath. 그녀의 입냄새를 못 참겠어.

Love endures all things and never fails.
사랑은 모든 것을 인내하며 결코 굴하지 않는다.

일상적으로는 주로 stand를 쓰지만, bear를 써도 의미를 표현할 수 있습니다.

The pain was more than he could bear.
그 고통은 그가 견딜 수 있는 이상이었다.

• look forward to

'…를 기대하다' 또는 '고대하다'라는 의미입니다. to 뒤에 명사 또는 ~ing 가 오는 형태에 대해 시험에서 자주 묻는 표현이기도 하지요.

We're looking forward to the weekend. 우리는 주말을 고대하고 있다.

I'm looking forward to hearing from you.
나는 귀하로부터 소식 듣기를 바랍니다.

앞에서 한 단어가 여러 의미를 가질 수 있다고 했었죠? 구동사도 다양한 의미를 가질 수 있습니다. 위의 look up의 경우 말 그대로 '올려보다'라는 의미일 때에는 자동사이지만, '검색하다'라는 의미일 때에는 타동사입니다. take off도 '비행기가 이륙하다'라는 의미일 때에는 자동사이지만, 의복이나 신발 등을 벗는다는 의미일 때에는 타동사입니다. 다양한 의미의 구동사들을 살펴보고 헷갈리지 마세요.

• take off

뒤에 대상이 오지 않는다면 '비행기가 이륙하다'라는 의미를 갖습니다.

The plane took off fifteen minutes late.
그 비행기는 15분 늦게 이륙했다.

구어체 표현으로 서둘러서 '떠나다/출발하다'라는 의미도 있습니다. 비행기가 떠나듯 사람도 휙~ 떠난다고 생각하면 쉽게 기억할 수 있겠죠?

Harry took off when he saw the detective.
해리는 형사를 보자 서둘러 떠났다.

비행기가 이륙하는 이미지를 어떤 아이디어나 상품, 커리어나 사업 등에 적용하면 무슨 느낌이 드나요? 하늘로 오른다는 느낌은 굉장히 긍정적이죠? 따라서 **take off**는 갑작스럽게 성공하거나 인기를 얻는다는 의미를 갖습니다.

His new series really took off. 그의 새 시리즈는 정말로 대인기였다.

Her career took off after her TV appearance.
그녀의 커리어는 TV 출연 후에 급격히 성공의 길로 들어섰다.

• check out

무엇인가를 '확인하거나 조사하다' 또는 '(살펴)보다'라는 의미의 표현입니다. 후자의 경우 구어체에서 특히 자주 쓰이지요.

I'm not sure how much it costs to rent a house in L.A. I'll check it out.
L.A.에서 집을 빌리는 데 돈이 얼마나 들지 잘 모르겠네. 알아봐야겠어.

Wow! Check out that building. 우와! 저 건물 좀 봐.

호텔 등에서 '체크아웃하다'라는 표현은 많이 접해 보았을 거예요. 이때에는 자동사가 됩니다.

I checked out at 10:00.
(나는 10시에 체크아웃했어요.)

Let's go and check that new department store out.
저기 새 백화점 좀 가서 보자.

도서관에서 '책을 대출하다'라는 의미도 있어요.

You can't check out more than three books at a time.
한 번에 세 권 이상의 책을 대출할 수 없다.

• give up

I can't get this computer program to work. I'm giving up.
이 컴퓨터 프로그램을 작동시킬 수가 없네. 난 포기야.

보통 '포기하다'라는 의미로만 암기하는데, 담배나 술 등을 끊는다는 의미로도 많이 쓰입니다.

He has decided to give up alcohol. 그는 알코올(술)을 끊기로 결심했다.

이 외에도 '일이나 취미 등을 중단하다'라는 의미가 있어요.

He gave up his job last week. 그는 지난 주에 일을 그만두었다.

She played the piano for many years but she decided to give it up when she turned 20.
그녀는 여러 해 동안 피아노를 연주했으나, 20세가 되었을 때 그만두기로 결심했다.

• work out

'일이 잘 풀리다', '잘 진행되다'의 의미일 때에는 뒤에 대상이 오지 않는 자동사입니다.

I really hope your marriage works out for you.
나는 당신의 결혼 생활이 원만하기를 정말 바랍니다.

They tried to start a cleaning business but it didn't work out.
그들은 청소 사업을 시작하려고 했으나 일이 잘 풀리지 않았다.

'무엇인가를 고안하거나 생각해 내다' 또는 '어떤 문제 등을 해결하다'라고 할 때에는 대상이 필요하지요.

We'll work out a solution. 우리는 해결책을 생각해 낼 것이다.

I'll work out what to do about this problem later.
나는 나중에 이 문제에 대해 어떻게 할지를 생각할 것이다.

Look! Surely we can work this problem out between us.
이봐! 분명 우리는 우리 사이의 문제를 해결할 수 있어.

같은 의미로 sort out도 자주 쓰입니다.

Can you help me sort out my finance?
내 재정 문제를 해결하는 데 도움 좀 줄 수 있니?

Don't worry. We'll sort out this issue as soon as possible.
걱정 마라. 우리는 가능한 빨리 이 문제를 풀 거야.

자동사와 타동사의 구분과 개념에 대해서는 '3-2 정말 그 동사에 대해 알고 있나?'에서 좀 더 자세히 알아보겠습니다. 여기서는 일단 구동사를 익힐 때 단순히 의미가 아닌 기능과 용법도 익혀야 한다는 것에 중점을 두면 됩니다.

구동사에 쓰이는 기본 동사의 개념과 전치사/부사의 개념을 이해하면 구동사를 훨씬 더 잘 이해할 수 있습니다. 그리고 'Unit 3 아는 단어부터 제대로 익혀야 한다'에서 각 동사들의 개념을 좀 더 자세히 익힐 것입니다.

C. 이디엄 idioms, 관용표현

다음 밑줄 친 표현의 뜻은 무엇일까요?

He's <u>my cup of tea</u>.

이 표현은 그 남자가 딱 내 타입이란 의미입니다. my cup of tea는 '이상형', '마음에 딱 드는'이란 뜻으로, '차 한 잔'과는 아무런 관련이 없습니다. 이 표현은 사람뿐만 아니라 사물 등에도 쓸 수 있죠. 다음 문장처럼요.

I really like Mucha's paintings. They're just <u>my cup of tea</u>.
난 무하의 그림을 정말 좋아해요. 그의 그림은 딱 내 취향이에요.

이렇게 둘 이상의 단어가 모여 단어의 원래 뜻과 전혀 다른 새로운 의미를 갖게 된 표현을 이디엄(idiom)이라고 합니다.

이디엄은 원어민들의 대화에서 많이 쓰이며, 종종 대화의 묘미와 활력을 더합니다. 어떤 표현은 재미뿐만 아니라 원어민의 사고방식이나 문화적 배경 등을 이해하는 데에도 도움이 되죠. 그럼 다음 문장의 밑줄 친 이디엄이 의미하는 것을 골라 보세요.

① When Ryan came home from school, he went to his room to hit the books.

(throw books on the floor / study)

② "This podcast is for the birds," said Jean as she clicked off the page.

(all about birds / terrible)

③ Amanda's garden is always beautiful. I think she has a green thumb.

(wears green gloves / is a good gardener)

④ Please drop me a line during vacation so I will know how you're doing.

(go fishing / write a note)

⑤ "You're not the only one who thinks we have too much homework," said Tony. "We are all in the same boat."

(in a canoe / in the same situation)

⑥ I really want to go to the party tonight, but I have tons of homework to finish by tomorrow. If I go, I'll get a bad grade. I'm between a rock and a hard place.

(in a very difficult situation / badly hurt)

⑦ I've told him a million times before not to be late, but look, he hasn't showed up for an hour. <u>A leopard can't change its spots</u>.

(a person cannot change their character / it takes a long time to change one's clothes)

⑧ Hey, it's a secret. Try not to <u>let the cat out of the bag</u>.

(reveal a secret or a surprise, usually by accident / let your cat roam freely out of your house)

⑨ I feel terrible. I definitely <u>got up on the wrong side of the bed today</u>.

(be in a bad mood from morning / had a bad sleeping habit)

그럼 이 문제들의 정답과 함께 각 표현에 대해 좀 더 이야기해 볼까요?

① When Ryan came home from school, he went to his room to <u>hit the books</u>.

라이언은 학교에서 집으로 돌아오자, 공부하러 자기 방으로 갔다.

우리말로도 무언가 하자고 할 때 한 판 때리자고 하듯이 영어에서도 hit를 쓰는 표현이 있습니다. hit the books는 '공부하다(study)'라는 의미예요. 그럼 hit the road는 무슨 뜻일까요? 길을 한 판 때린다고요? 이것은 '길을 나서거나 여행을 떠나다'라는 의미예요.

Hey, it's time to hit the road. 이봐, 이제 떠날 시간이라고.

② "This podcast is for the birds," said Jean as she clicked off the page.
"이 팟캐스트는 형편없어."라고 진이 페이지를 클릭하여 닫으며 말했다.

형편없거나 쓸데없는 물건 등에 대해 우리는 '개나 주라'고 하잖아요? 영어에서는 개가 아닌 새에게 준답니다. 어떤 것이 새를 위한(for the birds)것이라면 그건 아주 형편없거나(terrible) 쓸모 없는 걸 말해요.

③ Amanda's garden is always beautiful. I think she has a green thumb.
아만다의 정원은 항상 아름다워요. 저는 그녀가 식물 기르기에 재능이 있다고 생각해요.

유난히 식물을 잘 기르는 사람들이 있는데, 이들을 영어에서는 녹색 엄지손가락을 가졌다고(have a green thumb) 합니다. 그럼 반대로 식물을 기르는 데 영 소질이 없는 사람은 무엇이라고 할까요? 녹색 식물이 말라 죽으면 갈색이 되죠? 그래서 have a brown thumb이라고 하면 됩니다. 식물에게는 공포의 대상이겠네요.

I have a brown thumb. I can't grow anything.
나는 식물 기르기에는 영 소질이 없어. 아무 것도 기르지를 못해.

④ Please drop me a line during vacation so I will know how you're doing.
휴가 동안에 어떻게 지내는지 내가 알 수 있게 연락 주렴.

drop somebody a line은 누군가에게 몇 마디 간단하게 적어 보내는 거예요. 예전에는 편지나 엽서였지만, 요즘은 이메일이나 메시지 같은 것이 되겠죠?

⑤ "You're not the only one who thinks we have too much homework," said Tony. "We are all in the same boat."

"우리에게 숙제가 너무 많다고 생각하는 건 너뿐이 아냐."라고 토니가 말했다. "우리는 모두 다 같은 처지라고."

우리말로도 '한 배를 탄 운명' 같은 말을 들어 봤거나 써 보았을 거예요. 영어에서도 같은 처지에 놓인 것은 in the same boat, 즉 같은 배를 탄 것으로 표현합니다.

⑥ I really want to go to the party tonight, but I have tons of homework to finish by tomorrow. If I go, I'll get a bad grade. I'm between a rock and a hard place.

나는 오늘 밤 파티에 정말 가고 싶지만 내일까지 마쳐야 할 숙제가 엄청 많아. 만약 내가 파티에 가면 성적이 나쁘게 나올 거야. 나는 이러지도 저러지도 못하겠어.

이러지도 저러지도 못하는 진퇴양난의 상황을 나타내는 표현이에요. 곤란한 것 사이에 끼어 있는 모양새가 연상되죠?

⑦ I've told him a million times before not to be late, but look, he hasn't showed up for an hour. A leopard can't change its spots.

나는 전에 그에게 늦지 말라고 수없이 말했어. 하지만 보라고. 그는 한 시간째 나타나지 않잖아. 제 버릇 남 주겠어?

다소 속되긴 해도 우리말에서 종종 쓰는 표현이 영어에서도 비슷한 방식으로 나타나는 경우가 제법 있어요. 우리말에서 '제 버릇 남 주나?' 혹은 '개가 똥을 끊을까?'라고 한다면, 영어에서는 '표범이 점박이 무늬를 바꿀 수 없다!'라고 해요. 표범의 발음이 '레오파드'가 아닌 '레퍼드 [lepəd]'에 가깝다는 것도 함께 알아두세요.

⑧ **Hey, it's a secret. Try not to <u>let the cat out of the bag</u>.**

이봐, 그건 비밀이라고. 무심코 누설하지 않도록 해.

무심코 비밀을 누설하면 안 되겠죠? 이를 영어에서는 고양이를 주머니에서 꺼내지 말라는 표현을 써서 말합니다.

⑨ **I feel terrible. I definitely <u>got up on the wrong side of the bed</u> today.** 기분이 안 좋아. 오늘은 확실히 이유 없이 불쾌하네.

아침부터 영 기분이 별로이면 꿈자리가 사나웠다고도 합니다. 그러면 아무래도 이리저리 뒤척이다가 원래 내가 일어나지 않는 자리에서 깰 수도 있겠죠? 영어는 이것을 그대로 말로 옮겨서 아침부터 이유 없이 불쾌하거나 언짢음을 표현합니다. 영국 영어에서는 **get up** 대신 **get out of**를 쓰기도 해요.

위의 예문을 통해 알 수 있듯이 이디엄은 원래의 단어가 가진 뜻으로 의미를 유추하기 어려운 경우가 많아서 안타깝게도 익히기가 쉽지 않죠. 따라서 실제 대화 등에서 새로운 표현을 접할 때마다 문맥을 통해 의미를 파악하고 그때그때 익혀 두는 것이 좋습니다.

그럼 미국인들의 일상 대화에서 자주 사용하는 몇 가지 이디엄을 더 익혀 볼까요? 영화나 TV 드라마 등에서도 쉽게 접할 수 있는 표현입니다.

• call it a day

'오늘은 이만 하자' 정도의 의미로, 그날 일이나 공부 등을 마칠 때 쓸 수 있는 말입니다. day 대신 week 등으로 응용하여 표현하기도 하고요.

Oh, it's almost six o'clock. Let's call it a day and come back tomorrow when we are fresh.
이런, 벌써 여섯 시군. 오늘은 이만 하고 내일 생생해져서 다시 하자고.

It's time to call it a week. 이번 주 업무는 이만 마칠 때가 되었다.

• hang in there

어려움 등에도 굴하지 않고 '꿋꿋하게 버티다'라는 의미의 표현입니다.

Hang in there and you never know what you might achieve.
힘들어도 버티라고. 네가 뭘 성취하게 될지 모를 일이잖아.

If you want to be the best, you have to hang in there and not give up! 최고가 되고 싶다면 버티고 포기하지 말아야 해.

• pull someone's leg

누군가를 '놀리다'라는 뜻으로 쓸 수 있는 표현입니다. 다리와는 전혀 상관없어요.

Did you really win the lottery or are you just pulling my leg?
너 정말 복권에 당첨된 거야? 아니면 그냥 나 놀리는 거야?

• under the weather

'몸 컨디션이 좀 안 좋은'이란 의미입니다.

I'm sorry but I can't come to work today. I'm a bit under the weather.
제가 오늘 출근을 못 하게 되어 죄송합니다. 몸이 좀 안 좋아서요.

• break the ice

'회의, 파티, 모임 등에서 처음의 서먹하거나 어색한 분위기를 전환하다'라는 뜻으로, 명사형인 ice-breaking도 종종 쓰입니다.

I always break the ice by making a funny joke before giving a speech in front of a large audience.
나는 많은 청중들 앞에서 연설하기 전에 항상 재미있는 농담을 해서 분위기를 전환한다.

She developed her ice-breaking techniques as a way to build her own successful business.
그녀는 자신의 성공적인 사업을 키우기 위한 방법으로서 분위기 전환 기술을 개발했다.

• a piece of cake

무언가 굉장히 쉽게 할 수 있는 것을 우리는 '식은 죽 먹기'라고 하는데, 영어권에서는 '케이크 한 조각'에 비유합니다.

The test was a piece of cake because I had been studying for weeks.
시험은 식은 죽 먹기였어. 몇 주 동안이나 시험공부를 했었거든.

• down to earth

'실용적'이거나, 사람이 '매우 소박하고 현실적'이거나, '잘난 체하지 않고 합리적인'이라는 의미로 쓰입니다.

Your idea seems to be quite down to earth and sensible.
네 생각은 매우 실용적이고 합리적인 것 같다.

The millionaire is actually a very down to earth person.
그 백만장자는 사실 매우 소박한 사람이다.

• It's raining cats and dogs.

'비가 억수같이 오고 있다'라는 의미의 표현입니다.

• take a rain check

야구 경기가 비 때문에 취소되었거나 중단된 경우 관중들에게 나중에 다시 경기를 볼 수 있는 표(rain check)를 발행한 데에서 유래한 표현으로, '다음을 기약하다'라는 의미로 자주 쓰입니다. '누군가에게 다음 번으로 기회를 미룰 수 있게 해 준다'라고 할 때에는 **give somebody a rain check**로 말하면 됩니다.

I would really love to go to the movies but I'm busy on Saturday. Can we take a rain check?
정말 영화 보러 가고 싶은데, 토요일은 바빠서 말이야. 다음을 기약할 수 있을까?

Can you give me a rain check on that?
그건 다음 기회로 미룰 수 있을까?

D. 클리셰 cliché

클리셰(cliché)는 일종의 이디엄으로, 상투적인 문구를 말합니다. 우리가 예쁜 목소리를 흔히 '옥구슬' 같다고 하는 것과 같은 표현이죠. 그런데 우리말로도 영 신선하진 않죠? 너무 많이 사용하다 보니 식상하여 진부한 느낌도 주지만, 그만큼 많이 사용된다는 의미이므로 알아둘 필요가 있습니다. 속담 같은 것은 오래되기도 하고 어설프게 사용하면 거부감만 주지만, 어떤 클리셰는 적절하게 사용하면 말의 묘미를 주기도 합니다. 일상적으로 자주 쓰이는 몇 가지 클리셰를 살펴보죠.

- **as seen on TV**

'TV에 나왔던 바로 그 상품'이란 의미로, 광고 등에서 흔히 쓰여요.

Shop for as seen on TV in household essentials!
필수 가정용품 코너에서 TV에서 본 바로 그 상품들을 구매하세요!

- **There's no place like home.**

'집만 한 곳이 없다', 즉 '집이 최고'라는 의미예요. 먼 곳으로 다녀온 뒤에 쓸 만한 표현이죠.

After all the traveling, I realized that there's no place like home.
실컷 여행을 하고 난 뒤 나는 집만 한 곳이 없다는 것을 깨달았다.

• crystal clear

clear는 '맑고 투명한'을 의미하죠. 여기에 '수정'이 더해져서 더욱 그렇다는 것을 나타내는데, 실제 어떤 사물의 투명함을 나타내기보다 clear의 추상적인 뜻인 '명확한', '분명한'을 강조하는 표현이에요. 영화 등에서도 종종 접할 수 있는 표현이죠.

The rules are crystal clear. 규정은 아주 명확했다.

아래와 같이 익살맞게 대화하기도 해요.

A: Is that clear? 명확합니까? (확실하게 이해했습니까?)
B: Crystal. 아주 분명하게요.

• Only time will tell.

'오로지 시간만이 말해줄 것이다.' 즉, 시간이 지나봐야 알 수 있거나 증명될 것이라는 의미로 쓰는 표현이에요. 도널드 트럼프(Donald Trump) 대통령이 북한 문제에 대해 조심스럽게 낙관하는 트위터(Twitter) 메시지를 써서 화제가 된 표현이죠.

After a furious year of missile launches and Nuclear testing, a historic meeting between North and South Korea is now taking place. Good things are happening, but only time will tell!

미사일 발사와 핵 실험에 대한 분노의 세월이 지나 남한과 북한 사이의 역사적인 만남이 지금 이루어지고 있습니다. 좋은 일이 벌어지고 있지만, 오로지 시간만이 증명해 줄 것입니다.

• been there, (seen that), done that

'거기 가 보았고 해 보았다.' 즉, 이미 (경험으로) 잘 알고 있다라는 의미로 쓰이는 표현입니다.

When it comes to weight loss, I've been there, done that, and believe me, nothing has really changed.
체중 감량에 대해서라면 내가 이미 경험으로 잘 알고 있으니, 내 말을 믿어. 아무것도 진짜로 변한 건 없어.

• Better safe than sorry.

'나중에 후회하는(sorry) 것보다 조심하는(safe) 것이 낫다.'라는 의미로, 우리말의 '유비무환(有備無患)'과 비슷한 표현이에요.

Set the alarm clock. I know you're a morning person, but, better safe than sorry.
알람 맞춰 놔. 네가 아침형 인간이란 건 알고 있지만, 유비무환이잖아.

• Money doesn't grow on trees.

우리가 돈을 함부로 쓰는 사람에게 '땅 판다고 돈이 나오냐?'라고 하듯이 영어에서는 '돈이 나무에서 자라지 않는다.'라고 합니다. 돈이 공짜로 생기는 것이 아니니 열심히 벌고 신중하게 쓰라는 메시지를 전할 때 쓰는 말이에요.

• Rise and shine.

아이들을 깨울 때 '둥근 해가 떴습니다. 자리에서 일어나~'라는 노래를 불러 본 적이 있나요? 영어권에서는 아침에 '일어나서 정신차려라.'라는 의미로 이 표현을 쓴답니다.

Wakey wakey. Rise and shine. 일어나요, 일어나, 일어나서 정신차려요.

E. 슬랭 slang, 속어, 은어

슬랭은 속어 또는 은어를 말합니다. 격식 있는 표현이 아니므로 점잖은 자리나 손윗사람에게 사용하기에는 적합하지 않습니다. 하지만 친한 친구나 특정 커뮤니티에서는 보다 친밀하고 효과적인 대화를 위해 슬랭을 즐겨 사용합니다. 특히 10대나 젊은이들이 사용하는 슬랭은 자주 바뀌고 새로운 표현도 계속 등장합니다. 따라서 슬랭은 먼 미래를 위해 미리 익히기보다는 실제 상황에서 접하면서 익히는 것을 권장합니다. 여기서는 널리 아주 흔하게 쓰이는 몇 가지 슬랭을 살펴보지요.

• buck(s)

buck(s)는 dollar를 의미하는 슬랭으로, 영화 등에서 흔히 접할 수 있죠. pound를 쓰는 영국에서는 quid를 사용합니다.

It costs ten bucks to buy the ticket. 그 표를 사는 데 10달러가 들어.

It cost me four hundred quid. 그거 나한테 400파운드 들었어.

• cram

cram은 우리말의 '벼락치기하다'에 해당하는 표현이에요.

My little brother is cramming for his exam.
내 남동생은 시험 공부를 벼락치기하는 중이다.

• awesome

awesome은 미국에서 very good의 의미로, 구어체에서 자주 쓰이는 표현이에요.

A: What did you think of *Infinity War*? 영화 '인피니티 워' 어땠어?
B: It was awesome! I loved it! 끝내줬어. 정말 맘에 들었어.

• hang out

우리말로 '놀다'라고 하면 대개 play를 떠올립니다. 하지만 어린 아이들이 노는 경우가 아니라면, 구체적인 운동이나 게임이 뒤에 오지 않는 한 play는 적절하지 않습니다. 이 경우에는 청소년이나 성인들이 모여서 대화를 나누고 함께 즐거운 시간을 보낸다는 의미의 '논다'라는 hang out을 쓰세요.

Do you wanna hang out with us at the club?
우리랑 클럽에서 놀고 싶니?

• chill out

chill과 relax를 아예 합쳐서 chilax라는 구어체 표현도 있어요.

한마디로 relax와 동의어라고 보면 됩니다. 하지만 훨씬 더 격식이 없는 표현으로, out 없이도 쓰입니다.

A: **What are you doing?** 뭐 하고 있어?
B: **I'm just chilling (out).** 그냥 쉬고 있어.

누군가가 너무 오버하면 진정하라고 하죠? 그럴 때에도 chill out을 쓸 수 있어요.

A: **I'm going to fail the test and not be able to go on vacation.**
난 시험에도 떨어질 거고, 휴가도 못 가게 될 거야.

B: **Hey, you need to chill out and stop thinking too much. I'm sure you'll be fine.**
이봐, 진정하고 너무 생각을 많이 하지 마. 넌 괜찮을 거야.

• bust – busted

유령 잡는 사냥꾼들에 대한 영화 'Ghost Busters(고스트 버스터즈)'를 떠올려 보세요. bust… 는 …가 '무언가 하면 안 되는 말이나 행동 등의 숨겨진 것을 잡아내다'라는 의미가 됩니다. 보통 경찰이 법을 위반하거나 범죄를 저지른 사람들을 bust합니다. 또한 bust 뒤에 장소가 오면 그곳을 '단속하다', 즉 '급습하여 무언가 숨겨둔 것을 찾다'라는 의미가 되지요.

The police busted the bar last night.
어젯밤 경찰이 그 술집을 단속했다.

Have you heard that Kyle got busted speeding?
카일이 속도 위반하다가 경찰에 잡혔다는 얘기 들었니?

Ben got busted cheating in his exams.
벤은 시험에서 부정행위를 하다가 걸렸다.

• (have a) blast

blast는 원래 폭발을 의미하는 단어예요. 하지만 미국 영어에서는 무언가 굉장한 것이나 엄청 즐겁게 보낸 시간 및 경험 등을 의미합니다.

The concert was great. We had a blast.
그 콘서트는 훌륭했다. 우리는 정말 즐거운 시간을 보냈다.

• in

요즘 '인싸', '아싸'라는 말을 많이 하는데, 사회의 주류에 속하는 사람이라는 의미로 '인사이더(insider)'를 줄여 '인싸', 반대를 '아싸'라고 합니다. 영어에서 in을 형용사로 쓰면 '유행하는', '굉장히 인기가 있는'이란 의미가 됩니다. '인싸'에 해당하는 사람은 in한 것들에 많이 밝겠죠?

What's in at the moment? 현재는 뭐가 유행이지?

That kind of music is not in anymore.
그런 종류의 음악은 더 이상 인기가 없어. (인싸템이 아냐.)

> 실제 영어의 insider는 조직 내 정보나 지식에 능통한 '내부자'라는 의미입니다.
> 우리가 말하는 '인싸'의 의미는 a social butterfly라고 하거나, 형용사 sociable(사교적인)을 써서 표현할 수 있습니다.
> '아싸'는 형용사 unsociable(비사교적인)을 쓰거나, 주변 환경과 잘 어울리지 못한다는 맥락으로 a fish out of water라고 할 수 있습니다.

• foodie

'먹방'이 유행하는 건 그만큼 음식에 열광하는 사람들이 많아서인 것 같습니다. 그런 사람들을 foodie라고 하는데 요즘에 잘 쓸만한 표현이죠?

You're eating out again? You are such a foodie!
또 외식하러 나가니? 너 정말 먹는 거 좋아하는구나!

What & How to Learn 무엇을 어떻게 익혀야 하나?

Unit 3 — 아는 단어부터 제대로 다져야 한다
From square one

3-1 기본 동사부터 익히기 common verbs

3-2 정말 그 동사에 대해 알고 있나? grammar matters: transitive vs. intransitive

Unit 3 아는 단어부터 제대로 다져야 한다
From square one

3-1 기본 동사부터 익히기 common verbs

우리가 어휘를 공부하는 것은 결국 문장을 보다 잘 이해하고 구사하기 위해서입니다. 그리고 문장에서 동사는 가장 중요한 요소라고 해도 과언이 아닙니다. 동사는 우선 문장 구조를 결정하지요. 동사의 기능에 따라 뒤에 오는 문장의 구성 요소가 달라집니다. 그런데 이런 중요한 역할을 하는 동사 중에 압도적으로 많이 쓰이는 동사들이 있습니다. 이 동사들만 잘 활용해도 상당히 많은 의미를 이해하고 표현할 수 있어요.

수백 수천 개의 단어를 줄줄 외우는 학생들도 정작 매일매일 거의 모든 문장에서 한 번씩은 등장하는 기본 동사에 대해서는 제대로 모르는 경우가 많습니다. 기본 동사는 쉽다는 의미가 아니라 그만큼 많이 쓰이며, 영어 문장의 기본이 될 정도로 중요하다는 의미입니다. 다만, 기본 동사들이 좀 더 격식 있거나 학술적인 문맥에서 보다 구체적인 단어들로 대체될 뿐이며, 언어 발달 단계에서도 기본 표현에서부터 시작해서 보다 구체적이고 전문적인 표현으로 발전해 나가는 것입니다. 영어 실력을 제대로 갖추기 위해서는 주춧돌과도 같은 기본 동사들부터 제대로 다질 필요가 있습니다.

64쪽의 'B. 구동사(phrasal verb)'에서는 쉬운 동사만으로도 수많은 표현이 가능하다는 것을 살짝 맛보았습니다. 이러한 기본 동사들은 매우 폭넓은 의미를 가졌지만, 뒤에 오는 전치사/부사에 의해 좀 더 구체적인 의미로 폭이 좁아집니다. 기본 동사들은 단독으로 또는 구동사나 콜로케이션(collocation) 등에서 아주 많이 쓰입니다. 따라서 이 기본 동사들만 잘 써도 굉장히 많은 것들을 표현할 수 있어요.

이번에는 영어에서 가장 많이 쓰이는 기본 동사들의 다양한 의미와 쓰임에 대해 익힐 것입니다. 잘 알고 있는 단어들이지만, 이미 알고 있는 것 이상을 발견하게 될 거예요.

각 동사들의 표면적인 의미 외의 개념과 활용법뿐만 아니라 함께 잘 쓰이는 콜로케이션 표현까지 알아볼게요.

• do

do는 어떤 동작이나 활동을 나타내는 대표적인 동사지요. 딱히 지정된 한 가지 동작만 있는 게 아니거나, 이것저것 구체적인 동작이 더해져서 한 가지 활동을 나타내는 경우 등에서 두루두루 쓰여요.

예를 들어 '무엇인가에 대해 조치를 취하다'라고 할 때 여기에 딱히 무슨 동작이 따로 있는 게 아니죠. 이때 **do something about** …이라고 할 수 있어요.

The company should do something about the fake news.
그 회사는 가짜 뉴스에 대해 무언가 조치를 취해야 한다.

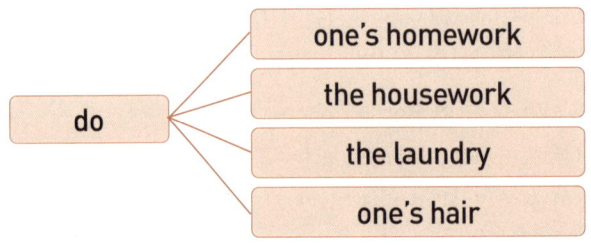

숙제를 한다는 것은 책을 읽어 오라는 것일 수도 있고, 문제를 풀어 오라는 것일 수도 있으며, 무언가에 대해 써 오라는 것일 수도 있습니다. 두 가지 이상이 복합된 것일 수도 있고요. 그래서 그때그때 다를 수 있거나 여러 가지 합쳐진 숙제에 대한 동작을 do로 대표하여 **do one's homework**라고 하지요.

My little brother usually does his homework before dinner.
내 남동생은 보통 저녁식사 전에 숙제를 한다.

마찬가지로 집안일을 하거나 빨래를 하는 것도 do를 씁니다. 이와 같이 세세한 동작이 묶여서 하나의 '활동'이 되는 것입니다.

I do the housework every day. 나는 매일 집안일을 한다.

He did the laundry and hung it out in the sun.
그는 빨래를 하고 햇볕에 널었다.

머리를 손질하는 것도 구체적으로는 빗질, 드라이 등 여러 가지 동작이 포함되지만, 이것을 모두 뭉뚱그려서 **do one's hair**라고 합니다.

Ryan did his hair before his big date.
라이언은 대망의 데이트 전에 머리를 손질했다.

무언가가 만족스럽다고 할 때에도 do를 쓸 수 있습니다.

Will this room do or would you prefer one with a shower?
이 방이면 되겠어요? 아니면 샤워실이 있는 방을 더 선호하나요?

A: Is that enough wine, or would you like some more?
와인이 그 정도면 충분한가요? 아니면 더 드릴까요?

B: That'll do me, thanks.
그 정도면 됐습니다, 감사합니다.

어떤 성과가 있는지, 즉 잘하거나 못 하는 것에 대해서도 do를 써서 표현합니다. 이번에도 뒤에 오는 표현과 함께 익혀야겠지요?

Are you doing all right? 잘 해 나가고 있나요?

Many small businesses are doing badly because of the economic situation. 많은 소 사업체들이 경제 상황 때문에 잘 나가지 못하고 있다.

이미 사용된 다른 동사를 대신해서 쓰이기도 합니다.

A: You take sugar in your coffee, don't you? 커피에 설탕 넣지, 그렇지?
B: I do, thanks. 넣어, 고마워.

동사 앞에 쓰여서 그 동사를 강조하기도 하고요.

I do love you! 당신을 사랑한다고!

우리말은 거의 모든 동작과 활동, 사건에 대해 '하다'를 써서 말하지만, 영어의 do 표현이 언제나 우리말로 '하다'로만 해석되지는 않습니다. 반대로 우리말의 '~하다'로 된 표현이 영어 표현에서는 언제나 do가 들어가지는 않는 다는 점에 유의하세요.

• make

이런저런 동작이나 활동 등을 거쳐 없었던 것이 생기거나 어떤 결과가 나오는 경우에 make를 써서 표현합니다. 대개 '만들다'로 해석되지요.

He has made numerous movies. 그는 수없이 많은 영화를 제작했다.

Mom made a fantastic dinner last night.
엄마가 어젯밤에 끝내주는 저녁식사를 해 주셨어.

하지만 '만들다'로 해석되지 않는 표현도 많지요. 중요한 건 중간의 동작이나 활동이 아니라 그로 인해 생겨난 '결과물'이나 결과입니다.

You didn't make your bed this morning.
너 오늘 아침에 이불 정리를 안 했구나.

Everyone can make a mistake. 누구나 실수를 할 수 있다.

I need to make a quick phone call. 나는 잠깐 전화를 해야 해.

She made no attempt to apologize.
그녀는 사과하려는 시도를 전혀 하지 않았다.

I felt so ashamed of myself for making such a fuss.
나는 그런 소란을 피운 것에 대해 스스로 부끄러움을 느꼈다.

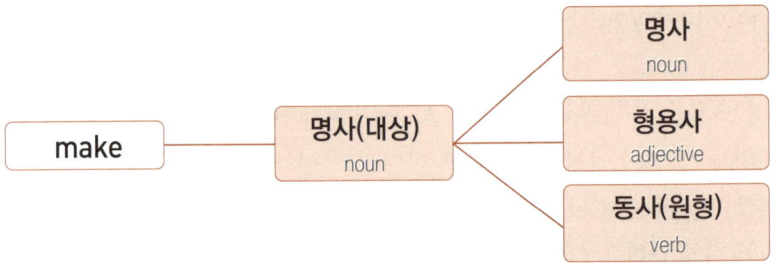

'누군가를 무엇(명사)이 되도록 하거나 어떤 상태(형용사)나 어떤 동작을 하도록(동사) 만들다'라는 의미로도 쓰입니다. 문장 구조(어순)에 주목해서 예문을 살펴보세요.

The movie made him a star. 그 영화가 그를 스타로 만들었다.

His attitude made him very unpopular with colleagues.
그는 태도 때문에 동료들에게 인기가 없었다. (그의 태도가 그를 동료들에게 인기 없게 만들었다.)

The photograph makes me look about 70!
그 사진은 나를 70살쯤으로 보이게 해!

What made you change your mind? 뭐가 네 마음을 바꾸게 한 거니?

대상이 명사가 아닌 경우에는 다음과 같은 구조로도 쓰입니다.

The use of computer has made it possible for more people to work from home.
컴퓨터의 사용 덕분에 더 많은 사람들이 재택근무할 수 있게 되었다.

The president has made it clear that she is not going to change her mind.
사장은 자신이 마음을 바꾸지 않을 것임을 분명히 했다.

대상의 의지와 관계없이 다소 강제적으로 이루어지는 경우를 말할 때에도 make가 쓰입니다.

My mother always makes me do my homework before I go out. 엄마는 항상 내가 외출 전에 숙제를 하게 만든다.

I was made to wait two hours before I was examined by a doctor.
나는 의사에게 진찰을 받기 전에 두 시간이나 기다려야만 했다. (강제적으로 기다리게 되었다.)

make 뒤에 어떤 성공이나 목표 등의 결과가 와서 그것을 이루거나 해냄을 나타내기도 합니다.

Come on! You can make it. 힘내! 넌 할 수 있어.

I don't think we'll make the deadline.
나는 우리가 마감 시간을 맞추지 못할 것 같아.

I'm sure you will make a very good actor.
난 네가 아주 훌륭한 배우가 될 거라 확신해.

The hall would make an ideal venue for a wedding reception.
그 홀은 결혼 리셉션을 위한 이상적인 장소가 될 것이다.

• get

내 손 안에 무언가가 들어오는 것을 연상하세요. 가만히 있어도 이미 그럴 준비가 되어 있거나, 그러기로 해서 자연스럽게 내게 오거나 생긴 것에 대해 get으로 표현할 수 있습니다.

Did you get my email? 내 이메일은 받았니?

I got this baseball cap from my brother. 형한테 이 야구모자를 얻었어.

그렇게 할 수 있는 기회가 생긴 것에 대해서도 get을 씁니다. 뒤에 동사가 와야 하므로 get to ~의 형태가 되겠죠?

We never get to see him now that he works somewhere else.
그가 이제는 다른 곳에서 일하기 때문에 우리는 그를 볼 기회가 전혀 없다.

I never got to test drive the car before we bought it.
차를 구매하기 전에 내가 시운전할 기회가 전혀 주어지지 않았다.

추상적으로 어떤 내용이 내 머릿속에 자연스럽게 들어온다면 그건 '이해를 했다'라는 의미겠죠?

I told that joke to Mike, but he didn't get it.
나는 마이크에게 농담했지만, 그는 이해하지 못했다.

혹은 원치 않는데 자꾸 내게 오거나 생기면 신경질이 나거나 화가 날 거예요.

It really gets to me the way we're expected to actually laugh at his pathetic jokes!
그의 비루한 농담에 우리가 웃을 거라 기대한다는 것이 기분 나쁘다.

다른 사람이나 대상에 대해서 무언가를 갖게/생기게 하거나, 어떠한 상태가 되게 하거나, 무언가를 하게 하는 것도 get을 씁니다. have가 쓰이는 경우와도 비슷하지만, get이 대화에서 좀 더 많이 쓰여요.

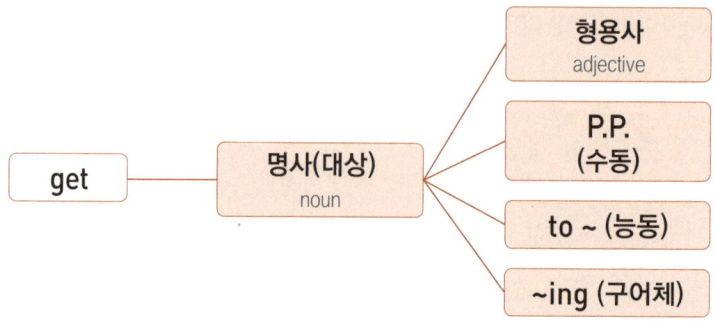

She had to get her children ready for school.
그녀는 아이들이 등교 준비를 하도록 시켜야만 했다.

We get our groceries delivered. 우리는 식료품을 배달시킨다.

I can't get my computer to work! 내 컴퓨터를 도저히 작동시킬 수 없어!

Why don't you get Nicole to come to the seminar?
니콜을 세미나에 오게 하지 그러니?

Were you able to get the copy machine working?
복사기를 작동시킬 수 있었니?

주어가 원치 않아도 무언가에 대해서 그렇게 된, 우발적이거나 사고로 그렇게 되는 것도 get으로 표현할 수 있습니다.

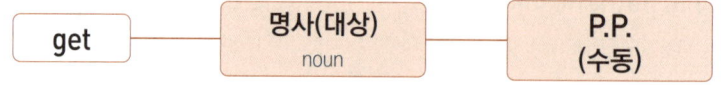

He got his bag caught in the elevator doors as they were closing.
그는 엘리베이터 문이 닫히면서 가방이 문에 끼었다.

I always **get** the two youngest sisters' names confused.
나는 두 명의 막내 여동생 이름이 항상 헷갈린다.

교통 수단에 탑승하거나 하차하는 것도 get입니다. 버스, 기차, 비행기 등을 타는 것은 get on, 내리는 것은 get off입니다. 그러나 택시나 승용차를 타는 것은 get in 또는 get into이고, 내리는 것은 get out (of)을 쓰지요.

A: Excuse me. How do I **get to** the City Hall?
실례합니다. 시청에는 어떻게 가나요?

B: **Get on** the bus 16 at the Milton Hotel and get off at Park Avenue.
밀튼호텔에서 16번 버스를 타시고 파크애비뉴에서 내리세요.

She **got out of** the car and locked the door.
그녀는 차에서 내린 뒤 문을 잠갔다.

• take

가만히 있어도 내 손에 들어오는 get과 달리 take는 일부러 손을 뻗어 내 것으로 만드는 이미지를 떠올리세요. 먼저 내 의지로 그것을 취하거나 받아들이는 의미부터 예문으로 살펴보죠.

Do you **take** credit cards? 신용카드 받으시죠?

Do you **take** milk in your coffee? 커피에 우유 타죠?

Take it or leave it. 받거나 말거나. (싫으면 관둬.)

I'll **take** it.
그걸로 하겠어요. (쇼핑하면서 물건을 사기로 결정하면서 쓸 수 있는 표현)

I take your point, but I still don't think you should have done that.
당신의 요지는 알겠어요. 하지만 전 여전히 당신이 그러지 않았어야 한다고 봐요.

무언가 예를 들 때에도 쓸 수 있습니다. 예로 들면서 이것을 취해 보자는 의미로 이해할 수 있어요.

I've been very busy recently. Take last week, I had meetings every night after work.
저는 최근에 아주 바빴어요. 지난 주를 예로 들자면, 업무 후 밤마다 회의를 했어요.

손을 뻗어 취한다는 건 '잡는다'라는 것이지요.

He took my arm and led me outside.
그는 내 팔을 잡고 밖으로 나를 이끌었다.

손을 뻗어 취하려는 건 그게 필요하니까 그럴 테고요. 따라서 요구되거나 소요되는 것에 대해서도 take를 씁니다.

Bungee jumping takes a lot of nerve.
번지점프는 엄청난 용기가 필요하다.

It took me all day to drive home.
집까지 운전해서 오는 데 하루 종일 걸렸다.

I'm just going to the shops. I won't take long.
나 가게 간다. 오래 걸리진 않을 거야.

Learning a new language takes time.
새 언어를 익힌다는 것은 시간이 걸린다.

무언가 수치를 측정하는 것도 take입니다. 그것에 대한 정보를 취하는 것이니까요.

A nurse took my temperature and blood pressure.
간호사가 내 체온과 혈압을 쟀다.

그냥 저절로 혹은 자연스럽게 이루어지는 것이 아니라 내 의지가 있어야 내 것이 되기 때문에 약을 복용하는 것에도 일반적으로 먹고 마시는 표현이 아닌 take를 씁니다.

Take this medicine twice a day. 이 약을 하루에 두 번 복용하시오.

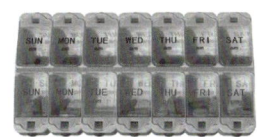

손을 뻗어 집어서 가져가거나 옮기는 것도 take입니다.

Take an umbrella with you when you go out. 나갈 때 우산을 가져가렴.

I took some food from the fridge. 냉장고에서 음식을 좀 꺼냈다.

누군가가 내 것을 가져간다면 '도난'을 암시할 수 있겠죠?

Has anything been taken? 뭐 없어진 것 있니?

Did you take any money out of my wallet?
너 내 지갑에서 돈 꺼내갔어?

take의 대상이 사물이 아니라 사람이라면 그를 데리고 어디로 가는 것이 되겠죠.

I'm taking the kids to the zoo on Saturday.
저는 토요일에 아이들을 동물원에 데려갈 거예요.

원치 않는데 데려갈 수도 있겠죠? 그럼 유괴나 납치가 되겠군요. 그래서 납치된 딸을 구하는 멋진 아빠가 나오는 영화 제목이 '*TAKEN*(테이큰)'이었죠.

The kid was taken by a creepy ice cream man in the movie.
그 영화에서 꼬마아이는 으스스한 아이스크림 장수에게 납치되었다.

• have

get이거나, take이거나 그렇게 내 것이 된 그 이후의 상태는 have입니다. 즉, 갖고 있다는 소유의 의미이죠. 영어는 이렇게 순간과 그 이후를 나타내는 표현이 구분되는 경우가 많습니다.

I've had my car for five years.
내 차를 산지 5년 되었다. (5년 동안 내 차를 소유해 왔다.)

'가지다'라는 기본 의미 외에 어떤 대상에게 무언가를 하도록 시키거나 어떤 상태가 되게 하는 것에도 have를 사용합니다. 그러나 make처럼 강제적인 느낌이 강하지 않고 자연스러운 활동으로서 그렇게 되는 정도의 느낌이 have입니다. 구어체에서는 get이 좀 더 많이 쓰이는 경향이 있습니다.

Janice likes to have the window open.
제니스는 창문을 열어놓는 것을 좋아한다.

누군가를 시킨다는 의미로도 쓸 수 있어요.

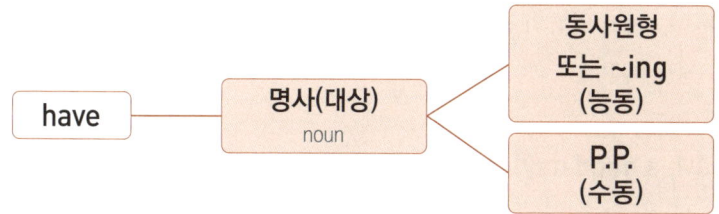

I'll have Hudson show you to your room.
허드슨을 시켜서 당신의 방을 보여주도록 하겠다.

We're having the house painted next week.
우리는 다음 주에 집을 도색할 거예요.

Within minutes he had the whole audience laughing and clapping. 몇 분 안에 그는 관객 전체를 웃고 손뼉치게 만들었다.

She had me doing all kinds of jobs for her.
그녀는 내게 그녀를 위한 온갖 뒤치다꺼리를 하게 했다.

get과 마찬가지로 우발적으로 대상에 대해 어쩔 수 없이 겪게 되는 안 좋은 사건이나 상황에 대해서도 쓸 수 있습니다.

She had her car stolen (= it was stolen) last week.
그녀는 차를 도난당했다.

누군가를 꽉 잡는다는 의미일 때는 다소 강제적입니다.

The man had him by the throat.
그 남자는 그의 목을 움켜쥐었다.

have는 어떤 일련의 활동이 포함된 과정이나 시간을 겪거나 보내는 경우에도 쓰입니다.

Have a good day! 좋은 하루 보내.

아기와 관련되어 겪는 경험은 '출산'이죠. 그래서 have a baby는 '아기를 낳다'라는 의미입니다.

Cathy insisted on having the baby at home.
캐시는 집에서 아이를 낳겠다고 고집했다.

> **요것도 알아 두세요!**
>
> have a baby가 '아기를 낳다'이면, 자녀가 있다는 의미로 '아기가 있다'는 어떻게 표현할까요? '자녀', 즉 가족 관계에 해당하는 단어를 써서 말하면 됩니다. baby는 특별히 가족 관계를 암시하지는 않습니다. 그냥 매우 어린 연령의 아이죠. 그래서 갓 출산을 했을 때 "아들이에요!", "딸이에요!"라는 의미로 "It's a boy!" 또는 "It's a girl!"이라고 하는 것을 미드 등에서 볼 수 있습니다. son이나 daughter의 경우 일상 대화에서는 보통 boy나 girl을 쓰지요. 어린 아기라는 의미는 little을 더해서 표현하면 됩니다.
>
> **She has two boys and a girl.**
> 그녀는 두 명의 아들과 한 명의 딸을 두고 있다.
>
> **Do they have children?**
> 그들에게 자녀가 있나요?

• find

보통 find를 '찾다'라는 의미로만 알고 있는 학생들이 독해나 다른 상황에서 종종 당황하게 됩니다. 우선 단순히 숨겨져 있거나 보이지 않던 어떤 사람이나 사물을 찾는 것이 아닌, 그것이 어떠한 상태나 동작을 하고 있었음을 발견하게 되는 것에 대해서도 find를 씁니다.

He tried the door and found it unlocked.
그는 문을 한 번 열어 보고 잠겨있지 않음을 알았다.

Often he found her quietly weeping alone.
그는 종종 그녀가 홀로 조용히 훌쩍이는 것을 발견하곤 했다.

We came home to find that the dog had had puppies.
우리는 집에 와서 개가 강아지를 낳았다는 것을 알았다.

추상적으로 몰랐던 사실을 알게 되는 것도 find를 써서 표현할 수 있습니다.

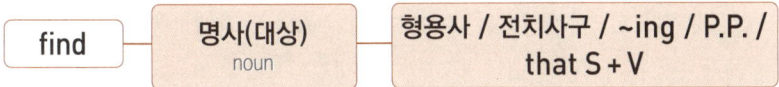

We fell asleep on the train and woke up to find ourselves in Moscow.
우리는 기차에서 잠이 들었다가 깨서야 모스크바에 와 있는 것을 알았다.

She tried to concentrate, but found her mind drifting back to Richard.
그녀는 집중하려고 애를 썼으나 마음이 리처드에게 쏠리는 것을 알았다.

He found that he was shivering.
그는 자신이 몸을 떨고 있음을 알았다.

보거나 만지는 등의 계기를 통해 알게 됨, 즉 인지하게 되는 것 외에도 무언가에 대해서 그렇게 생각하거나 느끼는 것에 대해서도 find를 씁니다. 독해를 할 때 학생들이 가장 당황해 하는 동사이자, 문형이기도 하지요.

She found the work very enjoyable. 그녀는 그 작품이 아주 좋다고 생각했다.

'~하는 것이 …라고 생각하다/느끼다'는 다음과 같은 형태로 말할 수 있어요.

Hyperactive children find it difficult to concentrate.
활동과잉인 아이들은 집중하는 것을 어려워한다.

같은 문형으로, 재판정에서 공식적으로 유죄와 무죄에 대한 배심원의 판단에 대해서도 find가 쓰입니다.

We find the defendant guilty. 우리는 피고가 유죄라고 판단한다.

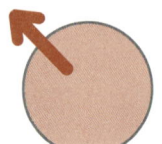

• **go**

영어에서 '장소'와 '이동'의 개념은 매우 중요합니다. 같은 장소라도 거기에 머물러 있느냐, 그 장소로부터 또는 그 장소로 이동하느냐에 따라 표현이 달라집니다. 예를 들어 서울에 산다고 할 때에는 live in Seoul이지만, 서울로 간다고 할 때에는 go to Seoul이지요. 이동에 대해 말할 때 출발지와 목적지 중 어디를 기준으로 두느냐에 따라서도 동사의 선택이 달라질 수 있습니다.

go는 '이동'을 표현하는 대표적인 동사로, 기준 장소에서 벗어나 이동하는 것을 의미하지요. 보통 출발과 떠남, 또는 이동하는 과정을 나타낼 때 쓰입니다.

Let's go. 가자.

Please, don't go. 제발 가지 말아요.

I go to work by bus. 나는 버스로 출근한다.

안정적인 현재의 상태를 떠나 다른 상태로 간다는 것은 다소 부정적인 이미지를 떠올릴 수도 있겠죠. 그래서 go는 안 좋게 되는 것에 대해서도 말할 수 있어요.

He's going bald. 그는 머리가 벗겨지고 있다.

They've gone all bad. 그것들은 모두 상했어.

• come

come은 go와 반대로 문장의 기준이 출발지가 아닌 목적지에 있습니다. 즉, 기준 장소로 들어가거나 가까워지는 이동에 대해서 써요. 우리말로는 '오다'인데, 경우에 따라 여전히 '가다'로 해석되기 때문에 학생들이 많이 헷갈려 합니다. 그러므로 항상 머릿속에 기준 장소를 의식하도록 하세요.

Are you coming with me? 너도 나 따라올래?

Here comes Paul. 폴이 등장하는군.

A: Are you ready? 준비됐니?
B: Coming. 응, 갈게.

I'll come and pick you up in the car if you like.
원하면 내가 너를 차로 데리러 갈게.

I might come and visit you in London next year, if I can save enough money.
돈만 충분히 저축할 수 있다면, 내년엔 너를 보러 런던에 갈 수도 있어.

장소를 추상적인 상태 개념으로 보면, 도착지가 '변한' 상태나 상황이기 때문에 그렇게 '되다'라는 의미로 이해할 수 있습니다.

Those pictures will have to come down (=be removed from the wall). 저 그림들을 내려야겠어요.

He pulled the knob and it just came off (in his hand).
그가 문고리를 당기자 문고리가 떨어져 나왔다.

Two of his teeth came out after he got hit in the face.
그는 얼굴을 맞고 난 뒤 치아가 두 개 떨어져 나왔다.

come은 어떤 동사를 하게 '되다'로도 쓸 수 있어요. 문법적으로는 동사이지만, 어떤 구체적인 활동이라기보다 상태를 말하는 것에 해당하는 동사들이 많이 옵니다. 문법적 구조만 그럴 뿐, 결국 의미는 '그렇게 되다', '변했다'인 거죠.

I've come to like her over the months.
나는 여러 달에 걸쳐 그녀를 좋아하게 되었다.

How did that phrase come to mean that?
그 표현이 어떻게 그걸 의미하게 되었나요?

어떤 제품이나 사물 등이 최종적으로 도달하여 나온 상태에 대해서도 말할 수 있습니다. 우리말로는 보통 그렇게 생산되다, 즉 '나오다'로 해석할 수 있어요.

Does this skirt come in any other color?
이 치마는 다른 색으로 안 나오나요?

Runners come in all shapes and sizes – fat and thin, short and tall.
달리기 선수는 어떤 체형이나 사이즈도 될 수 있어요. 뚱뚱하건, 마르건, 키가 작건, 크건요.

The camera comes with its own carrying case.
그 카메라는 전용 케이스랑 함께 나온다.

• leave

이동에 관하여 가장 많이 쓰이는 동사 중에서 초급 학생들이 자주 헷갈리는 동사 중의 하나가 leave입니다. 기본적으로 보통 '떠나다'로 알고 있지요.

[liːv] 발음도 신경써 주세요. live와 달리 긴 장모음이 들어 있어서 '리이브'에 가깝게 발음됩니다.

What time is he going to leave? 그는 몇 시에 떠나니?

그러나 동사 뒤에 전치사가 오면 헷갈릴 수 있습니다. leave 바로 뒤에 장소가 나오면 '그 장소를 떠나다'가 되지만, for을 쓰면 떠나는 목적지를 말하게 되지요.

Leave the building immediately. 즉시 건물에서 나가세요.

I'm leaving for Canada tomorrow. 나는 내일 캐나다로 떠난다.

사람이 오는 경우에는 그 사람을 떠나는 이별을 의미합니다.

Please, don't leave me. 부디 절 떠나지 말아주세요.

떠난다는 것은 무엇인가를 두고 가는 것일 수도 있죠. leave 뒤에 사물이 오면 그것을 두고 간 것이 됩니다. 보통 잊어버린 것을 암시하지요.

I think I left my umbrella on the bus.
우산을 버스에 두고 내린 것 같아.

다음과 같은 경우도 있겠고요.

I left my heart in San Francisco.
내 마음을 샌프란시스코에 두고 왔네.

사람이나 사물을 어떤 상태로 두고 떠나는 것은 그대로 놔둔다는 의미가 되겠죠?

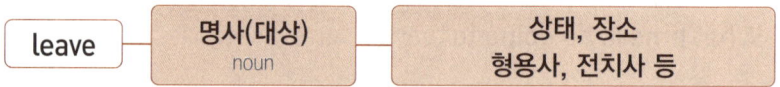

Don't leave the door open. 문을 열어 두지 마세요.

Leave me alone. 나 좀 내버려 둬.

P.P. 또는 수동태로 '남아 있음'을 나타낼 때에도 자주 쓰입니다.

Is there any coffee left? 커피 남은 거 있어요?

There's only five minutes left. 5분밖에 안 남았다.

• be

be는 영어 문장 구조를 공부할 때 가장 먼저 다루는 동사이자, 가장 대표적인 기본 동사지요. 그만큼 굉장히 폭넓게 쓰이고 의미도 다양하게 해석되기 때문에 중요합니다.

일단 be 동사는 문장을 완성합니다. 문장은 '~다'로 끝나야 한다고 보면 간단해요. '~다'로 못 끝나는 경우 be 동사가 그 '~다'를 더해준다고 보면 돼요. 그래서 '~이다', '~있다' 등으로 해석할 수 있습니다.

I'm a student. 저는 학생이에요.

She's in the kitchen. 그녀는 부엌에 있어요.

좀 더 복잡한 문장에서도 '동사'의 자리에 동사가 없을 경우에는 be가 자리를 메꿔 준다고 생각하면 됩니다.

I want to be free. 저는 자유로워지고 싶어요.

이제 가장 기본적인 경우 외에 우리를 헷갈리게 하는 경우의 be를 살펴봅시다. go와 come을 통해 '이동'에 대한 개념을 가볍게 살펴보았는데, 이동을 하건, 어떤 상태로 변하건/되건 우리말 해석과 관계 없이 그 이후가 be입니다. 우리말 해석은 여전히 '가다'나 '오다'가 될 수 있어서 종종 헷갈립니다.

I've been to Paris twice. 저는 파리에 두 번 가 봤어요.

I'll be back in an hour. 한 시간 뒤에 돌아올게.

영어에서는 종종 어떤 상태가 되게 하는 동사와 그렇게 된 상태를 나타내는 동사가 구분됩니다. be는 바로 후자에 해당하지요.

He became king in 1714. 그는 1714년에 왕이 되었다.

← 왕이 '되었음'에 초점

He was a king in 1714. 1714년에 그는 왕이었다.

← 왕이었던 '상태'에 초점

I'll go to the post office. 나는 우체국에 갈 거야.

← 우체국에 '가는' 것에 초점

I'll be at the post office. 나는 우체국에 있을 거야.

← 우체국에 (간 뒤 거기에) 있을 것임에 초점

• **see**

see는 자연스럽게 내 눈에 들어오는 것을 말합니다. 그래서 '보다'가 아니라 '보이다'로 해석하는 것이 좀 더 자연스럽죠. 그러나 수동태는 아니에요.

I can see Helen over there. 저기 헬렌이 보이네.

Can I see your ticket, please? 티켓 좀 보여주겠습니까?

I saw him leave a few minutes ago. 나는 몇 분 전에 그가 떠나는 것을 봤어.

From the window we could see the children playing in the yard.
우리는 창을 통해 아이들이 마당에서 노는 것을 볼 수 있었다.

His parents saw him awarded the winner's medal.
그의 부모님은 그가 우승 메달을 받는 것을 보았다.

의도적으로 계속 지켜보는 것은 watch인데, TV나 영화는 다소 편안하게 눈에 들어오는 내용을 즐기는 것이어서 see를 쓰기도 합니다.

Did you see that documentary on Channel 4 last night?
어젯밤 채널4에서 방송한 다큐멘터리 봤니?

자연스럽게 내 눈에 들어오듯, 어떤 내용이 머리에 들어오는 건 '이해하다 (understand)'라는 의미겠지요?

I can't see why he's so upset.
그가 왜 그리 속상해하는지 이해할 수가 없어.

I could suddenly see the difference.
나는 문득 그 차이를 이해할 수 있었다.

I see what you mean. 네가 뭘 말하는지 알겠어.

이해하려면 일단 봐야죠. 그것도 see입니다.

I'll call him and see how the job interview went.
내가 그에게 전화해서 면접이 어떻게 되었는지 알아볼게.

She went outside to see what was happening.
그녀는 무슨 일이 일어나는지 알아보기 위해 밖으로 나갔다.

Things will work out, you'll see.
일이 해결되는 걸 보게 될 거야.

무언가 자연스럽게 눈이나 머리에 들어오듯이, 만남에 대해서도 자연스럽게 마주치게 되고 보게 되는 것이 see입니다. 의도적으로 일단 마주치는 것, 즉 알게 되기 위해 처음 만나는 것에는 meet를 써요. 하지만 그 이후는 이제 아는 사이이니 쉽게 눈에 들어오고 누군지 자연스럽게 머릿속에 떠오릅니다. 그래서 처음 만나면 Nice to meet you. 이지만 그 다음부터는 Nice to see you. 예요.

Nice to see you again. 다시 만나서 반가워.

How long have you been seeing him?
얼마나 오랫동안 그를 만나왔니?

좀 더 구체적으로 누군가가 잘, 안전하게 있는가를 알아보러 가는 것도 see를 씁니다.

My mother used to see me across the road.
엄마는 길 건너 내가 잘 있는지 보러 오곤 했다.

I'll get Nick to see you home.
닉을 시켜 당신이 집에 잘 있나 보게 할게.

비슷하게 see somebody off라고 하면 누군가를 배웅하는 것을 말합니다.

I'll see you off at the airport. 내가 공항에서 너를 배웅할게.

see는 경험에 대해서도 쓸 수 있어요. 우리도 산전수전 다 겪었다고 할 때 별꼴 다 '봤다'고 하잖아요? 보는 것이 겪는 것이에요.

She was so sick that doctors didn't think she'd live to see her first birthday.
그녀는 너무 아파서 의사들은 그녀가 첫 생일을 맞이하지 못할 거라 생각했었다.

This summer has seen unusually high temperatures.
올 여름은 유난히 기온이 높았다.

• look – watch

look은 일부러 시선을 두고 보는 것을 말합니다.

Look! There's grandma. 저것 봐. 할머니셔.

Look at all these toys on the floor. 바닥에 이 장난감들을 좀 보렴.

look을 오래 하면 watch지요.

They watched the tunnel for signs of activity.
그들은 무슨 움직임이 있나 터널을 지켜보았다.

내 시선에 그렇게 '보이다'도 look입니다.

That jacket looks nice on you. 그 재킷이 네게 잘 어울린다.

The future's looking good. 미래의 전망이 좋아 보인다.

The twins look just like their mother. 쌍둥이들은 딱 그들의 엄마처럼 생겼다.

He has started to look his age. 그는 제 나이로 보이기 시작했다.

사람의 시선뿐만 아니라 사물이 어딘가를 향해 있을 때도 look으로 말해요.

The garden looks south. 정원은 남쪽을 향해 있다.

All the statues look towards the fountain.
모든 동상들은 샘물을 향해 있다.

'앞으로 그럴 것으로 보다'라는 전망도 look을 사용하죠. 무언가를 하기로 계획하는 것을 말해요.

I'm looking to start my own business. 나는 내 사업을 시작할 계획이야.

• say

'말하다'라는 의미의 동사들도 다양하지만, 그중에서도 가장 일반적으로 쓰이는 것이 say예요. 뭐라고 말하는지 그 내용이 중요해서 바로 뒤에 옵니다.

Say cheese. 치즈 하세요.

She said, "Stop!" 그녀는 "멈춰!"라고 말했다.

He said that I looked tired. 그는 내가 피곤해 보인다고 했다.

누구한테 말하는지는 추가 옵션, 즉 굳이 말하려고 한다면 전치사로 연결해서 뒤에 추가해요.

Say it to me again. 그거 제게 다시 말해 주세요.

say의 주어는 굳이 사람이 아니어도 됩니다. 간판이나 인쇄물 등에 뭐라고 써 있는 것도, 바로 그 메시지를 우리에게 전달하는 것이므로 그것들이 '말한다'고 볼 수 있지요.

The sign says, "Welcome."
'환영'이라고 쓰여 있다.

• tell

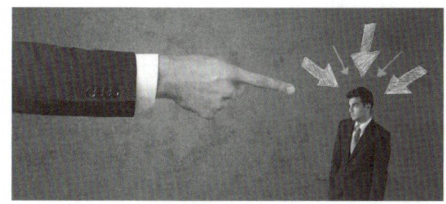

tell은 말, 대화의 상호작용에 초점이 있어요. 즉, 누구에게 말하느냐가 중요해서 바로 뒤에 대상이 옵니다. 메시지 전달, 명령, 지시 등에 대해 말할 때 잘 쓰이죠. 말의 내용은 그 다음에 따라옵니다.

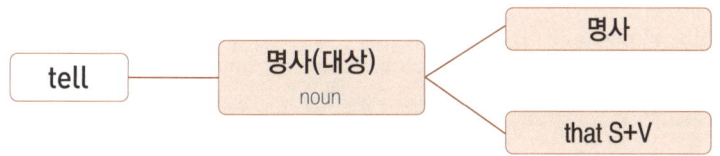

Tell me the truth. 내게 사실을 말해 줘.

So, tell me about it. 그럼, 그것에 대해서 말 좀 해 봐.

I told you that I would be here. 내가 여기에 올 거라고 네게 말했잖아.

• ask

말을 할 때 만일 그것이 질문이나 요청이라면 ask를 쓸 수 있습니다.

He asked me to stay. 그는 내게 머물러 달라고 부탁했다.

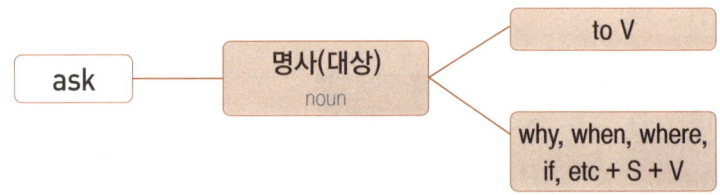

A: **How was your exam?** 시험 어땠어?
B: **Don't ask.** 묻지 마.

• would

would는 단순히 will의 과거 시제 외에도 아주 다양하게 쓰입니다.

우선 과거가 아닌 현실과 떨어져 있는 비현실적인 상상이나 가정에서 그러할 것임을 나타냅니다.

What would you do if you won a million dollars?
백만 달러를 따게 되면 뭘 할 거니?

Everything would be very different if your father were still alive.
네 아버지가 살아계셨다면 모든 것이 아주 다를 텐데.

I wish he would come and visit us.
나는 그가 좀 우리를 보러 왔으면 좋겠어.

물러서서 양보하듯이 예의 바르거나 조심스러운 태도를 나타내기도 합니다.

I would think we need to speak to the head teacher about this first.
저는 이것에 대해 우선 우리가 교장선생님께 말해야 한다고 생각해요.

We would describe the standard of the food as poor.
우리는 음식의 수준이 아주 미흡하다고 말씀드려야 할 것 같아요.

It's not what we would have expected from a professional service.
그건 우리가 프로다운 서비스에서 바랄 만한 것이 아니에요.

매우 그럴 가능성이 높은 것에 대해 말할 때에도 쓰입니다.

A: "The man on the phone had a Southern accent."
"전화한 사람은 남부 악센트가 있었어요."

B: "That would be Ben." "그럼 벤이겠군."

과거의 어느 때에 자주 또는 반복적으로 일어났던 동작이나 사건에 대해 말할 때에도 쓰입니다.

When we worked in the same office, we would often have coffee together.
우리가 같은 사무실에서 일했을 때 우리는 종종 커피를 함께 마시곤 했었다.

On summer evenings they would sit out in the garden.
여름 밤이면 우리는 정원에 앉아 있곤 했었다.

> 요것도 알아 두세요!

used to vs. would

'(지금과 달리) 과거에 …하곤 했었다'라는 의미로 used to나 would를 쓸 수 있지만, 두 표현의 차이를 알고 있나요?

would는 구체적인 과거의 때가 주어졌을 때 씁니다. 그리고 과거의 행동이나 사건에 대해서는 말할 수 있지만 상태에 대해서는 쓰지 않아요. 예를 들면,

We would go to the beach when it was hot.
우리는 더우면 해변에 가곤 했다.

반면 used to는 현재와 다른 과거일 뿐, 그 과거가 정확히 언제였는지를 밝히지 않아도 쓸 수 있습니다. 그리고 과거의 행동이나 사건 말고 상태에 대해서도 쓸 수 있지요. 예를 들면,

There used to be a coffee shop over there.
저기에는 커피숍이 있었다.

위 문장의 used to는 would로 바꿔 쓸 수 없습니다. 하지만 앞에서 설명한 would의 예문은 used to로 바꿔 쓸 수 있지요.

We used to go to the beach when it was hot.

그리고 used to는 대화체에서 보다 많이 쓰이는 편이랍니다.

3-2 정말 그 동사에 대해 알고 있나?
grammar matters: transitive vs. intransitive

많은 분들이 단어는 많이 아는데, 정작 말(문장)을 할 수가 없다고 합니다. 단편적으로 단어의 뜻만 알아서 발생하는 상황이지요. 사실은 우리가 잘 아는 기본 동사들도, 결국 어떻게 써야 할지를 몰라서 잘 못 쓰는 경우가 많습니다. 동사의 뜻뿐만 아니라 사용 방법도 알아야 진짜 그 단어를 안다고 할 수 있어요.

이번에는 문법 시간은 아니지만, 기본적인 동사의 용법과 관련된 문장 구조를 살펴볼게요.

동사는 문장의 구조를 결정합니다. 어떤 동사는 그것만으로 문장이 완성되고, 어떤 동사는 뒤에 구성 요소를 추가해야 문장이 완성됩니다. 다시 말하면, 동사는 크게 '자동사'와 '타동사'로 나뉩니다. 자동사는 대상(목적어)이 필요 없고, 타동사는 대상(목적어)이 뒤에 오는 동사라고 알고 있을 거예요. 그런데 왜 그렇게 나뉘는지는 알아야지요. 이것을 이해하지 못한 상태에서 용어만 외우고 있기 때문에 동사를 실제로 제대로 사용하지 못하는 것입니다.

자동사와 타동사를 외우는 것도 몇 개의 기초 문장만 만들던 초급 시절을 지나면 별로 소용이 없습니다. 영어에 나오는 대부분 동사들은 자동사일 때에도, 타동사일 때에도 있거든요.

그럼 이것을 어떻게 구분해야 할까요?

대상이 있다는 것은 그 문장이 주어와 대상 간의 '상호작용'을 나타낸다는 의미입니다. 따라서 동사의 의미가 '상호작용'을 암시하는지, 아닌지를 파악하는 것이 우선입니다.

예를 들어 read는 보통 '…를 읽다'라고 알고 있습니다. 사전에도 '…를'이라고, 뭐가 와야 의미가 완성됨을 암시하죠. 맞습니다! read는 뒤에 읽는지 그 대상이 와야 하는 타동사예요.

A: What are you reading? 뭘 읽고 있니?
B: I'm reading a magazine. 잡지를 읽고 있어.

그런데 꼭 '무엇'을 읽는다고 말을 해야만 하는 건 아니잖아요. 그보다는 '읽는' 활동 그 자체에 초점을 둔다면? 소설이건, 인문학서건, 잡지건 간에 읽는 모든 활동을 우리는 '독서'라고 합니다. 그런 독서를 하다는 의미로도 read를 써요. 그럼 이 read에는 대상이 필요할까요? 필요 없어요. 초점이 '무엇'을 읽는 것에 있지 않으니까요. 따라서 '독서하다'라는 의미로 쓰이는 read는 자동사입니다.

I like reading. 전 독서를 좋아해요.

물론 books를 뒤에 붙여도 되지만, 없어도 된다는 얘기예요. 즉, 문장에서 말하고자 하는 내용이 더 필요한지, 아닌지를 의미에서 파악해 내는 것이 핵심입니다. 간혹 우리말과 영어 사고가 딱 일치하지는 않다 보니 그게 잘 안 맞아떨어지는 경우도 있지만, 영어적 사고가 자리잡히면 그것도 점점 빈도가 낮아진답니다.

make라는 동사를 예로 들어 볼까요? 무언가를 만든다는 의미니까 당연히 뒤에 '뭘' 만드는지가 와야겠죠?

I'm making coffee now. 전 지금 커피를 만들고 있어요.

이것과는 약간 다른 '만들다'라는 의미도 있어요. 예를 들어 너는 나를 행복하게 만든다고 해 보죠. 일단 네가 나를 만들긴 만드네요. 따라서 You make me ….

그러나 이것만으로도 무언가 부족합니다. 이렇게 쓰고 보니 꼭 네가 신도 아니고, 나를 무슨 커피나 장난감 만들듯이 조립하는 것도 아니고, 우리말로 '만들긴 만들지만' 그 '만들다'라는 뜻은 아니잖아요. '나를 어떻게 만든다'까지는 해 줘야 말이 됩니다. '행복하게' 만든다고 했으니 happy를 더하세요.

You make me happy. 넌 나를 행복하게 만들어.

이제 완전히 의미가 통하는 문장이 되었네요. You are my sunshine, my only sunshine. You make me happy …. 라는 노래도 있지요.

make의 의미를 제대로 파악하고 필요한 내용을 순서대로 붙여주면 된 겁니다. 이런 경우에는 make 구조를 5형식이니 뭐니 말하는 것보다 감각적으로 의미를 통해 문장을 만들어 나가는 것이 중요하지요.

좀 더 나아가서 유머감각이 넘치는 그가 나를 웃게 만든다는 문장도 말해 보죠. 이것도 나를 만들긴 만든 거라 make를 쓸 수 있어요. 물론 자연스러운 의역에서는 그냥 웃게 하다 … 정도도 가능하지만, 어떤 결과를 만들어 낸다는 개념 때문에 make를 써요.

따라서 이번에도 He makes me …. 다음엔 뭘 써야 할까요? 웃게 만든다면서요. 그럼 '웃다'라는 동사를 쓰면 되겠네요.

He makes me laugh. 그는 나를 웃게 만들어.

물론 동사에 따라 동사가 이어질 때에는 이렇게 원형이 아닌 to ~ 형태를 취하는 것들도 있습니다. 또한 단순히 동사를 더하기 전에 그 의미가 능동인지, 수동인지를 확인해야 하는 경우도 있어요.

3-1 기본 동사부터 익히기
· get p.102~103 참고
· have p.108 참고

예를 들어 make보다는 살짝 약하지만 '시키다'라는 의미로 get이나 have를 쓸 수 있는데, 이 경우에는 둘의 동사 연결 형태가 다릅니다.

Mr. Lee got his students to do the exercises.
이 선생님은 학생들에게 연습문제를 풀도록 시켰다.

Mr. Lee had his students do the exercises.
이 선생님은 학생들에게 연습문제를 풀도록 시켰다.

위의 경우는 대상인 학생들이 연습문제를 푸는 것입니다. 학생들이 하는 '능동'의 개념이죠.

그럼 이런 경우는 어떨까요? 앤디가 스마트폰을 고쳤어요. 본인이 스스로 고친 건 아니고, 사실 서비스센터에 가서 고쳐달라고 의뢰한 거겠죠? 따라서 이것도 시키는 개념입니다. 그런데 서비스센터가 중요한 건 아니고 중심 대상은 스마트폰이에요. 그래서 대상으로 스마트폰을 쓸 수 있습니다.

Andy had his smartphone …. 앤디는 그의 스마트폰을 ….

그 다음에는 '수리하다'라는 동사가 와야겠죠? 그런데 대상인 스마트폰이 수리를 하는 건 아니잖아요. 대상이 서비스센터의 수리 기사라면 말이 되지만, 스마트폰이기 때문에 동사를 그대로 쓸 수 없습니다. 스마트폰 입장에서는 '수리를 받는' 것이기 때문에, '수리하다'라는 의미의 동사 repair를 수동의 의미를 갖는 과거분사 형태인 repaired로 바꿔 써 줍니다.

Andy had his smartphone repaired. 앤디는 그의 스마트폰을 수리시켰다.

기존에 have something P.P라는 숙어 형태로 외운 표현이 바로 이거죠. 이제 이런 표현의 형태가 왜 그렇게 되는지 알겠죠? 이렇게 의미와 영어 문장 구조의 개념을 함께 이해하면 숙어의 형태를 이해하고 외우는 것도 훨씬 더 쉬워져요. 그동안 익혔던 여러 숙어의 형태들을 이런 개념에 비추어 이해해 보세요. 이런 개념을 좀 더 상세히 알려주는 문법 수업 등을 병행하면 좀 더 효과적입니다.

말 나온 김에 여러분이 어려워하는 긴 숙어 형태 하나도 같이 짚어 줄게요.

take it for granted는 여러분이 '당연히 여기다'로 달달 외우는 대표적인 표현 중의 하나입니다. 그런데 이 표현이 왜 이런 형태인지 이해하지 못하다 보니 정확한 형태를 종종 까먹거나, 이 표현을 써서 좀 더 길게 말하지 못하는 경우가 많죠. 자, 이 표현을 이해해 보자고요.

take는 내가 받아들이고 취하다는 의미가 있죠. 따라서 무언가를 당연히 여기는 것에 대해서도 같은 태도/의미라고 볼 수 있습니다.

it은 사실 당연하게 받아들일 대상을 말해요. 근데 그게 뭐가 될지 아직 모르니까 일단 it을 썼다고 해 두죠.

전치사 for는 이유나 목적 등에 쓰여요. grant는 '부여하다', '주다'라는 의미예요. 따라서 take it for granted는 부여된 것으로, 주는 것으로 받아들이다, 즉 '당연히 여기다'라는 뜻이 됩니다.

그런데 도대체 뭘 당연히 여기냐고요? 이미 앞의 대화에 내용이 다 나왔으면 이 표현만으로도 얘기가 될 텐데, 그렇지 않은 경우는요?

예를 들어 나는 그가 당연히 올 거라고 여겼다는 문장을 만들어보죠. '그가 당연히 올 것이다.'라는 문장이에요. take의 대상이긴 한데 좀 길죠? 그래서 대상의 자리에 일단 빈 칸을 채울 it을 넣습니다. 그래서 take it for granted예요. 문장을 이어주는 대표적인 연결 장치는 that이죠. 그래서 뒤에 that으로 he will come을 이어주면 됩니다.

I take it for granted that he will come.
나는 그가 당연히 올 거라 생각한다.

'나는 그가 당연히 올 거라 생각한다.'라는 문장이 완성되었어요. 왜 이렇게 쓰는지 이해되지요?

여러 기본 동사 관련 숙어들의 구조를 이렇게 이해하면 됩니다. 이전 Unit의 기본 동사의 표현을 다시 한 번 살펴보면서 이번에는 숙어들을 그냥 통째로 외우지 말고 구조를 이해하면서 살펴보세요. 그러면 훨씬 더 머릿속에 잘 정리되고, 문장을 말하는 데에도 자신감이 생길 거예요.

'…하게 되다'라는 의미로 come을 쓰는 경우에는 '…를 하다'라는 동사가 뒤에 이어져야 하는데, 동사를 이어주는 대표적인 연결 장치는 to가 옵니다.

I came to like him. 나는 그가 좋아졌다.

remain이란 동사도 학생들이 구사하는데 어려움이 있는데, '…한 상태로 남다'라는 의미입니다. 그럼 그냥 그 상태에 해당하는 표현을 쓰면 돼요. 상태는 '형용사'가 표현하지요.

Everybody remained silent. 모두가 침묵한 채로 있었다.

The old station remained unchanged.
그 오래된 역은 변치 않고 남아 있었다.

상태가 아니라 어떤 것으로 남을 수도 있겠죠? 그럼 그건 '것'이니까 명사겠군요.

They remained the best friends. 그들은 최고의 친구로 남았다.

이 Unit에 나온 단어 복습하기

각 단어에 대한 내용을 모두 익히기보다 Unit에서 접한 품사와 의미부터 간단히 되새겨 보세요.

- **pleasant** [ˈpleznt] 형 쾌적한, 즐거운, 기분 좋은
  Everybody had a very **pleasant** evening. 모두가 아주 즐거운 저녁 시간을 보냈다.

- **delicious** [dɪˈlɪʃəs] 형 아주 맛있는
  The cake was so **delicious** that I ordered one more piece.
  그 케이크는 아주 맛있어서 나는 한 조각 더 주문했다.

- **warm** [wɔːrm] 형 따뜻한, 따스한
  The room was **warm** and cozy. 그 방은 따뜻하고 아늑했다.

- **fun** [fʌn] 형 재미있는, 즐거운
  There are lots of **fun** things to do here. 여기에는 재미있는 할 것들이 많다.

- **treatment** [ˈtriːtmənt] 명 치료, 처치
  Is he receiving **treatment** for the flu? 그는 독감 치료를 받고 있니?

- **drug** [drʌg] 명 의약품, 약
  They are developing a new **drug** for lung cancer. 그들은 폐암 신약을 개발 중이다.

- **weep** [wiːp] 동 울다, 눈물을 흘리다
  Sometimes I **weep** in bed. 가끔씩 나는 잠자리에서 훌쩍인다.

- **drift** [drɪft] 동 떠다니다, 표류하다
  The boat **drifted** away from the shore. 그 보트는 해안으로부터 멀어져갔다.

그럼 다음 Unit에서는 우리가 일상적으로 흔히 쓰는 단어들을 동의어를 통해 확장하면서 실제 표현력을 늘려 보도록 하죠.

What & How to Learn 무엇을 어떻게 익혀야 하나?

Unit 4

단순 암기보다 문맥 파악 기술이 중요하다
Context matters

4-1 독해에서 어려운 단어 공략하기 tackling difficult words in reading
  A. 동의어 이용하기 synonym clues
  B. 반의어 이용하기 contrast clues
  C. 유추하기 inference clues

4-2 의미는 하나뿐만이 아니다 double/multiple meaning words

4-3 시험의 기술 test skills

Unit 4 단순 암기보다 문맥 파악 기술이 중요하다
Context matters

4-1 독해에서 어려운 단어 공략하기
tackling difficult words in reading

무조건 많은 어휘를 달달달 외우는 것만이 능사일까요? 하루에 몇 백 개씩 단어를 숙제로 내고 시험을 본다는 강남의 유명 영어 학원을 몇 년씩 다닌 학생들도 어휘를 다 안다고 하지 않습니다. 오히려 어휘 때문에 더 고생하고 힘들어하죠. 단어의 개수만으로는 승부할 수 없습니다. 바로 단어의 '기술'이 필요하죠.

수많은 학생들이 독해가 안 되거나 어려운 이유로 '단어'를 꼽습니다. 중간에 모르거나 어려운 단어가 나오면 탁 막혀 버린다고 호소하지요. 중간에 사전을 찾아보자니 읽기의 리듬이 깨져 버리기도 하고, 솔직히 번거롭기도 합니다. 읽다가 모르는 단어가 안 나오려면 도대체 단어를 얼마나 더 익히고 외워야 할까요?

단어 때문에 안 되는 독해 문제를 해결하기 위한 답은 모르는 단어가 보이지 않을 때까지 단어를 외우는 것이 아닙니다. 원어민들도 신문이나 책을 읽으면서 낯선 단어를 만납니다. 하지만 그렇다고 읽기를 중간에 멈추지는 않지요.

물론 모르는 단어가 한가득이라 문장 구조가 전혀 보이지 않고, 읽을 수 있는 문장보다 없는 문장이 더 많다면 전반적으로 기초 단계의 영어를 좀 더 익혀야 합니다. 읽는 지문의 수준도 낮출 필요가 있고요.

그러나 읽다가 중간중간에 나오는 한두 개의 어휘 때문에 읽기가 불편하다면 문맥을 이용하여 이 문제를 어느 정도 해결할 수 있습니다.

이번 Unit에서는 바로 '문맥'을 이용하여 낯선 어휘의 의미를 유추하는 기술을 익혀 보겠습니다.

다음 문장의 밑줄 친 단어의 의미는 무엇일까요? 우선 문장에서 낯선 단어를 만나면 그 단어 주변을 살펴보세요. 그리고 그 문장의 전반적인 주제를 떠올려 보세요.

Michael was <u>famished</u> because he had not eaten anything all day.

마이클은 하루종일 아무것도 못 먹었기 때문에 배가 몹시 고팠다.

이 문장은 '음식' 또는 '먹는 것'과 관계된 주제임을 알 수 있습니다. 마이클이 하루 종일 아무것도 먹지 못한 이유로 유추할 수 있는 그의 상태는 '매우 배고픈' 것이겠지요.

I put on a heavy coat, a wool scarf and gloves to protect myself against the <u>frigid</u> weather.

나는 추운 날씨로부터 나를 보호하기 위해 두꺼운 코트와 목도리, 그리고 장갑을 착용했다.

두꺼운 코트와 목도리, 그리고 장갑은 추운 날씨로부터 나를 보호하기 위함이겠지요?

Two men were arrested for attempting to defraud a businessman of $1,000,000.
두 명의 남자가 한 사업가에게 백만 불을 갈취하려고 시도한 혐의로 체포되었다.

이 문장의 전체 주제는 '범죄'입니다. 두 남자가 무언가를 하려고 시도해서 체포되었다는 내용을 이해했다면, defraud의 의미가 무언가 범죄에 관련된 것임을 유추할 수 있지요. 그리고 뒤에 상당한 금액이 나오는 것을 통해 그 범죄가 돈과 관련된 것임을 추측할 수 있습니다.

문장 구조를 보면 attempt to 뒤에 defraud가 등장하므로 동사임을 알 수 있어요. 그리고 그 뒤에 a businessman이 오므로 그는 범죄의 대상으로 추측할 수 있습니다.

따라서 한 사업가를 대상으로 백만 달러에 해당하는 범죄를 시도했다는 의미로 이해할 수 있습니다. 즉, '금전 등을 갈취하다', '사기를 치다', '등쳐먹다' 등의 의미로 유추가 가능합니다. 실제로 사전을 확인해 보면 defraud의 의미가 이에 해당함을 알 수 있어요.

> 타동사
> 1. …에서 속여 빼앗다. 사취하다, 횡령[橫領]하다.
>   They **defrauded** him of his property.
>   그들은 그의 재산을 갈취[喝取]했다.

이렇게 낯선 단어들은 문맥의 구조나 성격을 통해서 좀 더 명확하게 단어의 의미에 접근해 볼 수 있습니다.

A. 동의어 이용하기 synonym clues

문장의 낯선 단어가 이미 알고 있는 다른 단어와 연결되어 있다면 이를 통해 의미를 유추할 수 있습니다.

예를 들어 clean and clear나 A, B, and C와 같이 일련의 열거된 단어들(a series of words)은 일맥상통합니다. 따라서 이 안의 B나 C의 의미를 안다면 A의 의미에 근접할 수 있습니다.

이러한 구조를 보여주는 사례들을 문장을 통해 알아보죠.

● **콤마**(쉼표)**로 이어진 '동격**(appositive)**' 구조**

콤마(comma)는 양쪽의 관계가 동의어임을 나타낼 수 있습니다. 영어 지문에서는 보통 낯설거나 어려운 용어나 단어를 쓰게 되면 그에 대해 독자들에게 바로 설명하곤 합니다. 그 단어의 의미를 사전에서 찾거나 생각하느라 글을 읽던 흐름을 흐트러뜨리지 않게 하기 위함이지요. 콤마를 이용한 동격은 사용된 용어의 의미를 바로 설명하는 대표적인 장치입니다.

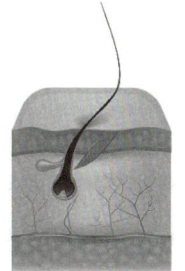

Hairs grow from follicles in the <u>dermis</u>**,** <u>the inner</u>**,** <u>deeper layer of the skin</u>**.**
머리카락은 피부의 내부 깊은 층인 진피의 모낭으로부터 자란다.

Sharks have a reputation of being fierce <u>predators</u>**,** <u>animals that hunt and feed on other animals</u>**.**
상어는 다른 동물들을 사냥해서 잡아먹는 동물인 사나운 포식자로서의 명성을 가지고 있다.

- which is/means, that is (to say), also called, also known as, in other words 등의 표현

이러한 표현은 앞에서 나온 단어/표현의 의미를 알려주는 신호(signal words)입니다. 영어는 보통 다소 포괄적이거나 어려운 말 다음에 보다 구체적이고 쉽게 푸는 설명이나 예가 등장하는 전개가 많이 쓰입니다. 따라서 앞의 단어나 내용이 낯설거나 어려워도 그대로 읽어 나가면 그 의미가 쉽게 설명되거나, 내가 이미 알고 있는 다른 동의어로 다시 서술/표현됩니다. 따라서 중간에 멈출 필요 없이 그대로 흐름을 이어갈 수 있습니다.

Etymology, which is the study of the origin of words, can be helpful in remembering spellings.
단어의 기원에 대한 학문인 어원학은 철자를 기억하는 데 도움이 될 수 있다.

Mr. Brown called me brilliant, which means smart.
브라운 씨는 나를 똑똑하다는 의미로 총명이라고 불렀다.

때로는 앞의 표현이나 서술 내용을 좀 더 어렵거나 한마디로 압축한 포괄적인 용어 등으로 정리하기도 합니다. 어느 쪽이건 한쪽을 이해하면 다른 한쪽을 이해할 수 있지요.

The castle was surrounded by a water-filled ditch called a moat.
그 성은 해자라고 부르는, 물이 채워진 배수로로 둘러싸여 있었다.

Harry is always nice to people he doesn't know. He is very friendly and cheerful, which is genial.
해리는 그가 모르는 사람들에게 항상 친절하다. 그는 상냥하고 명랑, 즉 다정하다.

● 세미콜론(;)

문장 기호인 세미콜론(semi-colon)도 앞에 나온 내용을 다시 말해 주는 in other words의 의미일 수 있습니다.

In the Middle Ages, knights would have tournaments in which one would try to dislodge another knight from his horse with a lance; that is to say, the knights tried to knock each other off their horses using long spears.
중세시대에는 기사들이 창으로 다른 기사를 말에서 벗어나게 하려고 애쓰는 토너먼트를 했다. 다시 말해서 기사가 긴 창을 써서 서로를 말에서 떨어뜨리려고 하는 것이었다.

● or

or로도 낯선 단어를 보다 쉬운 동의어로 설명할 수 있습니다.

A biographer, or one who writes about people's lives, is an example of an author.
전기작가 또는 사람의 일생을 기록하는 사람은 작가의 한 예이다.

Liz is very comical, or facetious. 리즈는 아주 웃기기도 하고 까불기도 한다.

The kid tried to emulate, or imitate, the movie star's appearance.
그 아이는 그 영화배우의 외모를 모방 또는 따라 하려고 애썼다.

Acrophobia, or fear of heights, can make life difficult for tightrope walkers who suffer from it.
외줄타기 곡예사는 고소공포증, 또는 높이에 대한 공포는 그것을 앓고 있는 외줄타기 곡예사들의 삶을 힘들게 할 수 있다.

You should always cut meat with an acute, or sharp knife.
고기는 항상 예리한 또는 날카로운 칼로 잘라야 한다.

The change from the cold morning to the hot afternoon was gradual, or slow.
추운 아침에서 더운 오후로 점진적 또는 느리게 변했다.

The town holds a bazaar, or market, every other Saturday.
그 동네는 격주 토요일마다 바자 또는 장을 연다.

● 다음 문장에서 다시 설명하기

낯선 단어의 의미가 그 다음 문장을 통해 밝혀질 수도 있습니다. 앞에서 나온 표현을 반복하지 않기 위해 또는 앞에서 나온 다소 추상적인 의미를 보다 구체적으로 나타내기 위해 좀 더 쉬운 단어가 등장할 수 있지요.

Alice needed to take a short <u>hiatus</u> to change the batteries. She decided to rush to the convenience store to buy ones during the short <u>break</u>.
앨리스는 건전지를 갈기 위해 잠시 틈이 필요했다. 그녀는 짧은 휴식시간 동안에 건전지를 하나 사러 편의점으로 뛰어가기로 마음 먹었다.

- like, such as, for example, for instance, including, also, too

이러한 표현도 동의어를 제시하거나 의미를 설명하는 부분이 이어짐을 알려주는 신호입니다.

Albert is very enraged, like an angry Italian.
앨버트는 화난 이탈리아인처럼 분노했다.

The value of the stock fluctuates widely-for instance, it was $40.54 on Monday, $34.99 on Thursday, and $51.22 today.
그 주식의 가치가 크게 등락한다. 예를 들면 월요일에는 40.54달러였고, 목요일에는 34.99달러더니 오늘은 51.22달러이다.

The country of Denmark still has a monarchy in place, just like how England is ruled by a king and queen.
덴마크는 영국이 왕과 여왕이 통치하는 방식과 같이 아직도 왕정을 유지한다.

Lucy has a capricious attitude. For example, she is really upset one moment and then happy the next.
루시는 변덕스런 태도를 가졌다. 예를 들면 한 순간 정말 속상해하더니 바로 다음 순간에 즐거워한다.

The street was jammed with all kinds of vehicles, including cars, buses, bicycles, and trucks.
거리가 모든 종류의 차량으로 꽉 막혔는데, 거기에는 승용차, 버스, 자전거와 트럭이 포함된다.

A machete, like a sword, can be very dangerous.
마셰티는 검(칼)처럼 아주 위험할 수 있다.

B. 반의어 이용하기 contrast clues

동의어뿐만 아니라 반대가 되는 내용이나 반의어 표현을 통해서도 낯설거나 어려운 단어의 의미를 유추할 수 있습니다.

다음 문장의 밑줄 친 despise의 의미를 추측해 보세요.

I <u>despise</u> fish, but I love shellfish.

뒷부분의 '하지만 조개류는 좋아한다.'이므로 앞의 내용은 이와 반대되는 내용이겠죠? 따라서 같은 해산물인 생선과 조개류에 대해 한쪽은 좋아하지 않고, 다른 한쪽은 매우 좋아한다는 의미로 이해할 수 있습니다. 따라서 despise는 love와 반대되는, 무언가를 매우 싫어한다는 의미의 동사임이 유추됩니다.

but, while, whereas, on the contrary, unlike 등은 이렇게 어렵거나 낯선 단어를 이미 알고 있는 표현이나 이해한 부분의 반대되는 의미로 이해할 수 있도록 도와주는 신호 표현입니다.

He is very clumsy, <u>but</u> his sister is <u>adroit</u>.
그는 아주 어설프지만, 그의 누나는 노련하다.

Lions are solitary <u>whereas</u> hyenas are <u>gregarious</u> creatures.
사자는 혼자 다니는 동물이지만, 하이에나는 군생동물이다.

Paul thought the fund raiser would be quite <u>lucrative</u> while Ryan thought it wouldn't raise any money.
폴은 그 모금행사가 매우 수익성이 좋을 거라 생각한 반면, 라이언은 그게 돈을 전혀 모으지 못할 것이라고 생각했다.

At first the opposing team seemed <u>invincible</u>, but in the end, it was easily beaten.
처음에는 상대팀이 난공불락으로 보였으나, 끝에 가서 그들은 쉽게 패배했다.

<u>Unlike</u> her quiet and low key family, Megan is <u>garrulous</u>.
그녀의 조용하고 목소리 낮은 가족들과 달리 메건은 수다스럽다.

Ben is very <u>resolute</u> while, on the contrary, Mike is halfhearted.
벤은 아주 확고한 반면, 마이크는 대조적으로 열성이 없다.

not이 포함된 해당 의미의 부정 표현이나 부정문이 전후에 오기도 합니다.

Be careful with this. It's <u>hazardous</u>. It's not safe.
이거 조심해. 위험해. 안전하지 않거든.

My cat is <u>obese</u>. He's never been thin since he was a little kitten.
우리 고양이는 비만이다. 아기고양이 때부터 말라본 적이 없다.

We wanted to <u>contribute</u> to the project, not take away from it.
우리는 이 프로젝트를 폄하하는게 아니라 기여하기를 원했다.

The animal was not a <u>vertebrate</u> because it had no backbone.
그 동물은 척추동물이 아니었다. 왜냐하면 등뼈가 없었다.

4-1 독해에서 어려운 단어 공략하기 tackling difficult words in reading 145

…보다는 …(쪽)이라는 뜻의 rather …(than …)도 상반되는 의미를 유추할 수 있게 해 주는 표현입니다.

I would rather be jubilant than depressed.
나는 풀죽기보다는 의기양양하겠다.

Senator Smith had not been elected to the Senate; rather he had been appointed by the governor when the former senator died.
스미스 상원의원은 상원에 선출되지 못했다. 그는 전임 의원이 사망했을 때 주지사에 의해 임명된 쪽이다.

C. 유추하기 inference clues

문장에 직접 써 있지는 않지만, 문맥이나 다른 부분의 의미를 통해 유추할 수 있거나 동작/사건이나 배경 등의 내용을 통해서 알 수 있는 경우입니다.

The fact that they had a campfire here last night was quite palpable. You could still see the ashes and smell the remnants of the fire.
그들이 지난 밤 여기서 모닥불을 피웠다는 것은 감지할 수 있다. 여전히 재를 볼 수도 있고, 남은 불 내음을 맡을 수도 있다.

Hospitals can be inundated with emergencies on the weekends. It seems that most serious injuries happen during that time. Maybe it's because people have more free time on the weekend, so they do things to hurt themselves.
병원은 주말에 응급으로 쇄도할 수 있다. 그 시간대에 가장 심각한 부상이 발생하는 것 같다. 아마 그건 사람들이 주말에 여가시간이 더 많아서 다칠 일을 하기 때문이다.

As a volcano erupts, the hot, <u>molten</u> rock flows down the mountainside. 화산이 분출하면서 뜨겁고 녹은 암석이 산비탈로 흘러내린다.

The store owner appeared to be <u>prosperous</u>, with her diamond neckless and designer clothing.
그 가게 주인은 다이아몬드 목걸이와 명품 의상을 걸치고 있어 부유해 보였다.

"I am a mere <u>mortal</u>, who cannot live forever," said the dying hero.
"나는 그저 필멸의 존재이고 영원히 살 수가 없구나."라고 죽어가는 영웅이 말했다.

Because the old man had delayed calling the doctor, the pain had worsened and become quite <u>acute</u>.
그 노인이 의사를 부르는 것을 미뤘기 때문에 통증이 악화되고 매우 극심해졌다.

The exhausted dog was so sound asleep that he was not even <u>responsive</u> to the loud noise of the crowd.
그 지친 개는 너무 깊이 잠들어서 군중들의 시끄러운 소음에도 반응조차 하지 않았다.

자, 그럼 이제 여러분의 차례입니다. 지금까지 익힌 것들을 다음 문제들을 통해 마음껏 발휘해 보세요. 여러 공인 영어 시험에도 등장하는 난이도가 높은 어휘들도 여러 개 포함되었지만, 이제 충분히 공략할 수 있을 거예요.

각 문장의 밑줄 친 부분이 의미하는 것을 보기에서 고르세요.

1. I sometimes like to doze, which means nap, after school.
   ① study
   ② rest
   ③ sleep
   ④ run

2. Joe glanced at the menacing thug. He had a gun and cold devilish eyes.
   ① threatening
   ② big
   ③ fat
   ④ loud

3. I ate a portion of everything on my plate when I ate a small piece of meat, a small piece of bread, and a small piece of chocolate pie.
   ① whole
   ② piece
   ③ spoiled
   ④ complete

4. Nutritious foods, such as fruits and vegetables, help our bodies grow.
   ① Healthy
   ② Boring
   ③ Yucky
   ④ Old

5. Due to his inappropriate conduct, Mike was <u>excised</u> from the school.
　① absent
　② expelled
　③ welcomed
　④ accepted

6. My little sister can be an irritating <u>nuisance</u> when I am doing my homework.
　① delight
　② annoyance
　③ pleasure
　④ help

7. Sarah <u>sauntered</u> over to our table while I hurried over.
　① hurried
　② beat rapidly
　③ ran
　④ walked in slow, easy way

8. We should be careful not to <u>ostracize</u> those who are different from us. It is much better for all if we are welcoming to everyone.
　① exclude
　② embrace
　③ welcome
　④ include

9. The artist was very careful and exact as she meticulously painted the portrait.
  ① hurriedly
  ② sloppy
  ③ precise or detailed
  ④ careless

10. The insidious burglar was able to sneak into the house without being heard or seen.
  ① clumsy
  ② sneaky
  ③ loud
  ④ strong

11. The babies were both crying at the same time so Mom tried to soothe one while Dad tried to mollify the other.
  ① upset
  ② soothe
  ③ make sad
  ④ worry

12. The sight of the ominous clouds told them that clear weather was far from their area.
  ① clear
  ② fluffy
  ③ bright
  ④ stormy or dark

13. His rancor, or hatred, of his elder brother has caused him to live his life as a lonely person.
   ① tolerance
   ② generosity
   ③ anger
   ④ hatred

14. After being unable to get a good night's sleep for many days, Mary became lethargic. She didn't have the energy to get out of bed.
   ① mean
   ② bubbly
   ③ exhausted
   ④ lively

15. The book of logic contained many conundrums — mind-exercising questions.
   ① pictures
   ② stories
   ③ answers
   ④ puzzles

16. There was crazy pandemonium as people were trying to leave the rock concert.
   ① silence
   ② craziness or chaos
   ③ violence
   ④ peace

17. The people were so upset about the outcome of the match that a skirmish broke out and the police had to break it up.
① fight
② sunshine
③ hurricane
④ creature

18. Some people feel perplexed by brain teasers, while others figure them out quickly.
① confused
② happy
③ calm
④ relaxed

19. The typhoon annihilated the whole town to the point that nothing was left standing.
① destroyed
② saved
③ blocked
④ constructed

20. Julie appeared infallible in science class because she had never gotten a problem wrong.
① never wrong
② mistaken
③ wrong
④ indestructible

21. The repercussion of Jamie skipping class resulted in three days of detention.
  ① consequence
  ② cause
  ③ process
  ④ hobby

22. Billy's pugnacious behavior made his opponent back down.
  ① calm
  ② inappropriate
  ③ rude
  ④ warlike

23. There was not a ripple on the quiet lake. And swans could be seen gently gliding along the surface of the water. It was a very placid scene.
  ① noisy
  ② peaceful
  ③ important
  ④ amusing

24. Whenever we have a party, Nora is the first person on the list because of her vivacious personality. She is so full of life a ; party is always a success with her presence.
  ① gloomy
  ② hardworking
  ③ serious
  ④ lively

1. I sometimes like to doze, which means nap, after school.
   ① study
   ② rest
   ❸ sleep
   ④ run

   나는 방과 후에 가끔씩 낮잠을 뜻하는 잠깐 자기를 좋아한다.

2. Joe glanced at the menacing thug. He had a gun and cold devilish eyes.
   ❶ threatening
   ② big
   ③ fat
   ④ loud

   조는 위협적인 건달을 흘끔 보았다.
   그는 총이 있었고, 차가운 악마 같은 눈을 갖고 있었다.

3. I ate a portion of everything on my plate when I ate a small piece of meat, a small piece of bread, and a small piece of chocolate pie.
   ① whole
   ❷ piece
   ③ spoiled
   ④ complete

   고기 한 점, 빵 한 점, 그리고 초콜렛파이 한 점을 먹자 접시 위의 모든 것을 일부분씩 먹은 것이 되었다.

4. Nutritious foods, such as fruits and vegetables, help our bodies grow.
   ❶ Healthy
   ② Boring
   ③ Yucky
   ④ Old

   과일이나 야채처럼 영양가 있는 음식은 우리 신체가 성장하는 것을 돕는다.

5. Due to his inappropriate behavior, Mike was <u>excised</u> from the school.
   ① absent
   ❷ expelled
   ③ welcomed
   ④ accepted

   그의 부적절한 행동으로 인해 마이크는 학교로부터 잘렸다.

6. My little sister can be an irritating <u>nuisance</u> when I am doing my homework.
   ① delight
   ❷ annoyance
   ③ pleasure
   ④ help

   내 여동생은 내가 숙제를 할 때에는 짜증나는 골칫거리가 될 수 있다.

7. Sarah <u>sauntered</u> over to our table while I hurried over.
   ① hurried
   ② beat rapidly
   ③ ran
   ❹ walked in slow, easy way

   세라는 내가 서두르는 동안 한가롭게 우리 탁자로 걸어왔다.

8. We should be careful not to <u>ostracize</u> those who are different from us. It is much better for all if we are welcoming to everyone.
   ❶ exclude
   ② embrace
   ③ welcome
   ④ include

   우리는 우리와 다른 사람들을 배척하지 않도록 주의해야 한다. 우리가 모든 사람들을 환영한다면 모두에게 훨씬 더 좋다.

9. The artist was very careful and exact as she meticulously painted the portrait.
   ① hurriedly
   ② sloppy
   ❸ precise or detailed
   ④ careless

   그 화가는 꼼꼼하게 초상화를 그릴 때 아주 신중하고 정확했다.

10. The insidious burglar was able to sneak into the house without being heard or seen.
    ① clumsy
    ❷ sneaky
    ③ loud
    ④ strong

    그 음흉한 강도는 들리지도, 보이지도 않게 집 안으로 숨어 들어올 수 있었다.

11. The babies were both crying at the same time so Mom tried to soothe one while Dad tried to mollify the other.
    ① upset
    ❷ soothe
    ③ make sad
    ④ worry

    아기들이 동시에 울고 있어서 아빠가 한 명을 진정시키려 애쓰는 사이에 엄마는 다른 한 명을 달래려고 했다.

12. The sight of the ominous clouds told them that clear weather was far from their area.
    ① clear

② fluffy

③ bright

❹ **stormy or dark**

그들은 불길한 먹구름을 보고 그들 지역에서는 날씨가 안 좋겠다라는 것을 알았다.

13. His <u>rancor</u>, or hatred, of his elder brother has caused him to live his life as a lonely person.

    ① tolerance

    ② generosity

    ③ anger

    ❹ **hatred**

그는 형에 대한 증오 또는 미움 때문에 외로운 사람으로의 삶을 살았다.

14. After being unable to get a good night's sleep for many days, Mary became <u>lethargic</u>. She didn't have the energy to get out of bed.

    ① mean

    ② bubbly

    ❸ **exhausted**

    ④ lively

수많은 날을 제대로 자지 못하게 된 후 메리는 축 늘어졌다. 그녀는 침대에서 나올 힘조차 없었다.

15. The book of logic contained many <u>conundrums</u> — mind-exercising questions.

    ① pictures

    ② stories

    ③ answers

    ❹ **puzzles**

그 논리책은 정신 훈련을 하는 질문, 즉 수수께끼를 많이 담고 있었다.

4-1 독해에서 어려운 단어 공략하기 tackling difficult words in reading

16. There was crazy <u>pandemonium</u> as people were trying to leave the rock concert.
   ① silence
   ❷ craziness or chaos
   ③ violence
   ④ peace

   사람들이 록 콘서트장을 떠나려고 하면서 광란의 대혼란이 있었다.

17. The people were so upset about the outcome of the match that a <u>skirmish</u> broke out and the police had to break it up.
   ❶ fight
   ② sunshine
   ③ hurricane
   ④ creature

   사람들은 경기 결과에 너무나 속상하다 보니 충돌이 생겨서 경찰이 해산시켜야 했다.

18. Some people feel <u>perplexed</u> by brain teasers, while others figure them out quickly.
   ❶ confused
   ② happy
   ③ calm
   ④ relaxed

   어떤 사람들은 퍼즐에 당황하는 반면, 다른 사람들은 재빨리 풀어 버린다.

19. The typhoon <u>annihilated</u> the whole town to the point that nothing was left standing.
   ❶ destroyed
   ② saved

③ broke

④ constructed

태풍은 아무것도 제대로 세워져 있지 못할 정도로 마을 전체를 완파해버렸다.

20. Julie appeared infallible in science class because she had never gotten a problem wrong.

❶ never wrong

② mistaken

③ wrong

④ indestructible

줄리는 과학 수업에서 절대 실수하지 않는다. 왜냐하면 문제를 하나도 틀려 본 적이 없다.

21. The repercussion of Jamie skipping class resulted in three days of detention.

❶ consequence

② cause

③ process

④ hobby

제이미는 수업을 땡땡이쳐서 3일 간의 정학이란 결과를 낳았다.

22. Billy's pugnacious behavior made his opponent back down.

① calm

② inappropriate

③ rude

❹ warlike

빌리의 호전적인 행동은 그의 적들을 움츠리게 만들었다.

23. There was not a ripple on the quiet lake. And swans could be seen gently gliding along the surface of the water. It was a very placid scene.
   ① noisy
   ❷ peaceful
   ③ important
   ④ amusing

   그 조용한 호수에는 물결조차 없었다. 백조가 물 위를 우아하게 미끄러지는 것이 보였다. 아주 잔잔한 장면이었다.

24. Whenever we have a party, Nora is the first person on the list because of her vivacious personality. She is so full of life; party is always a success with her presence.
   ① gloomy
   ② hardworking
   ③ serious
   ❹ lively

   우리는 파티를 할 때마다 노라는 쾌활한 성격 때문에 초대 명단의 1순위이다. 그녀는 생기가 넘친다. 파티는 그녀가 있으면 항상 성공한다.

4-2 의미는 하나뿐만이 아니다
double/multiple meaning words

scale이란 단어를 들어봤나요? 그럼 다음 문장을 해석해 보고 scale의 의미를 설명해 보세요.

<u>Scale</u> the fish completely before placing it on the <u>scale</u>.

우리말로 '스케일이 크다, 작다'라고 할 때의 의미만 막연히 아는 상태라면 위의 문장은 매우 당황스러울 수 있습니다. 토익(TOEIC)을 공부했다면 Part 1 사진에서 종종 등장하기 때문에 '저울'이란 의미의 scale을 알 수도 있습니다. 그러나 여전히 문장을 완전히 이해하기는 어려워요. 그러면 scale the fish도 저울로 이해해야 할까요? 동사로 '저울로 무게를 재다'라고 의미를 확장해 봐도 말이 안 되고, 저울에 올려놓기 전에 무게를 재라는 건 더욱 이상하니까요.

scale에는 '생선비늘'이란 의미가 있습니다. 그리고 동사로는 '비늘을 벗기다'라는 표현이 있죠. 너무나 낯설다고요? 여러분이 치과에 가서 생선비늘처럼 치아에 쌓인 치석을 제거하는 스케일링이 바로 이 단어에서 온 것이랍니다. 따라서 이 문장은 '물고기를 저울(scale)에 올려놓기 전에 완전히 비늘을 벗겨라(scale)'라는 의미입니다.

이렇게 같은 소리를 가진 동일한 단어이지만, 전혀 다른 의미를 갖고 있는 것을 '동음이의어(homonym)' 또는 '동철이의어'라고 합니다.

이렇듯 영어의 많은 단어들이 하나 이상의 의미를 갖고 있습니다. 때문에 단어가 그중 어떤 의미로 쓰였는지를 알려면 문장에서의 문맥과 구조를 파악하는 것이 중요합니다. 단어의 의미를 통해 문장의 의미를 알 수도 있지만,

문장의 전체적인 의미를 통해서 그 안의 개별 단어의 의미를 파악할 수도 있습니다.

그럼 먼저 다소 눈에 익숙한 다의어를 먼저 살펴보죠. 다음은 미국 초등학생들이 익히게 되는 다의어들입니다. 대표적인 두세 개의 의미 중 문장에서 어떤 의미로 쓰였는지 골라 보세요.

- **Put all of your toys in the <u>chest</u>.**
  (Part of the body directly below the neck / An item to store toys in)

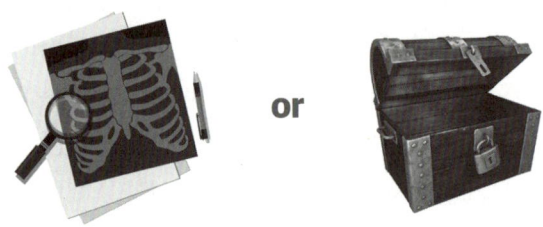

- **The <u>bat</u> was flying through the night sky.**
  (An animal that flies and hangs upside down / Item used in baseball to hit the ball)

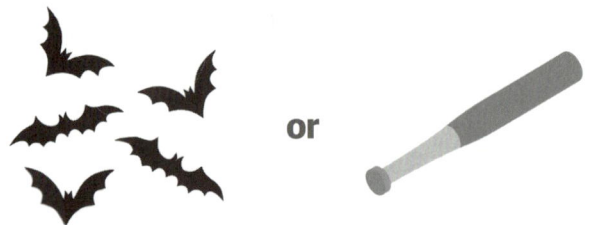

- Will you grab the <u>brush</u> off the bathroom counter?
  (An item used to comb your hair / The act of smoothing out your hair)

- The <u>pitcher</u> is number 8 on the team.
  (An item used to store liquids / A member of a baseball team who throws the ball)

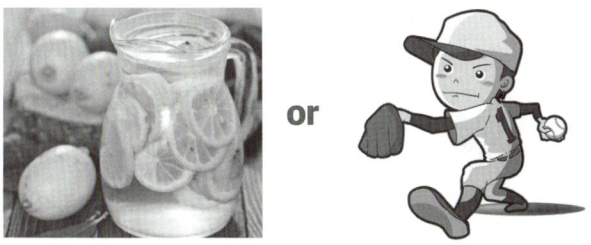

- Do you know how to play the <u>organ</u>?
  (Important parts of your body on the inside / A type of musical instrument, like a piano)

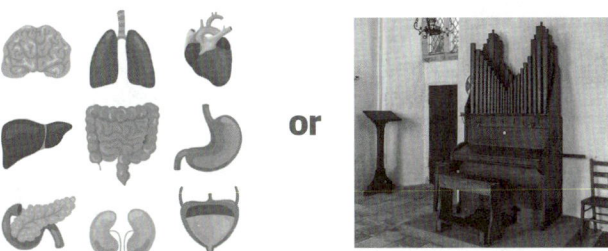

- The dog's bark woke us up last night.
  (The wood covering the outside of the tree / The sounds a dog makes)

 or

- Do you enjoy going to the park to watch the ball game?
  (An item used to tell time / An action of looking at different things)

 or

- Will you help me plant my garden?
  (An item that grows from the ground / The action of placing a seed in the ground to grow)

 or

- Please place my cellphone on the <u>stand</u> by the door.
  (The position you are in when you are not sitting / A place where you can sit an item down)

- Wow! You got all of the answers <u>right</u> on the test.
  (A direction given, opposite of left / Being correct)

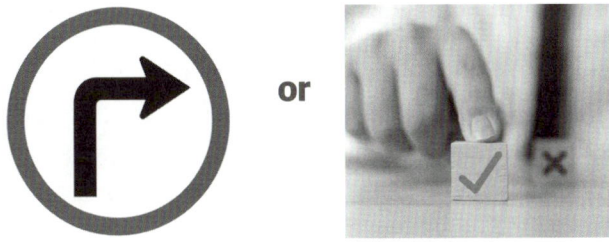

- He ran two miles today on the <u>track</u>.
  (Following someone around with your eyes / Something people run on, usually around a football field)

- I hope I get a present from my mom for my birthday!
(An item received as a gift / The current time / In attendance of an event)

- Put all of your toys in the chest. 장난감들을 궤에 넣어라.
(Part of the body directly below the neck / An item to store toys in)

- The bat was flying through the night sky.
박쥐가 밤 하늘을 가로질러 날았다.
(An animal that flies and hangs upside down / Item used in baseball to hit the ball)

- Will you grab the brush off the bathroom counter?
욕실 카운터에서 브러시 좀 집어다 줄래?
(An item used to comb your hair / The act of smoothing out your hair)

- The pitcher is number 8 on the team. 그 투수는 팀의 8번이다.
(An item used to store liquids / A member of a baseball team who throws the ball)

- Do you know how to play the organ? 오르간 연주할 줄 알아?
(Important parts of your body on the inside / A type of musical instrument, like a piano)

- The dog's <u>bark</u> woke us up last night. 지난 밤에 우리는 개 짖는 소리 때문에 깼다.

  (The wood covering the outside of the tree / The sounds a dog makes)

- Do you enjoy going to the park to <u>watch</u> the ball game?

  야구 경기 보러 공원에 가는 거 좋아해요?

  (An item used to tell time / An action of looking at different things)

- Will you help me <u>plant</u> my garden? 정원에 식물 심는 거 도와 줄래?

  (An item that grows from the ground / The action of placing a seed in the ground to grow)

- Please place my cellphone on the <u>stand</u> by the door.

  문 옆의 스탠드에 내 휴대폰 좀 놓아 주세요.

  (The position you are in when you are not sitting / A place where you can sit an item down)

- Wow! You got all of the answers <u>right</u> on the test.

  와! 너 시험에서 모든 답을 다 맞았구나.

  (A direction given, opposite of left / Being correct)

- He ran two miles today on the <u>track</u>.

  그는 트랙에서 오늘 2마일을 뛰었다.

  (Following someone around with your eyes / Something people run on, usually around a football field)

- I hope I get a <u>present</u> from my mom for my birthday!

  나는 생일에 엄마에게 선물 받기를 희망한다.

  (An item received as a gift / The current time / In attendance of an event)

이번에는 철자가 같거나 발음이 비슷한 의미로 쓰인 경우입니다. 다음 문장에 쓰인 단어들의 의미를 파악해 보세요. 동일한 단어처럼 보이지만 서로 다른 뜻으로 쓰였습니다. 이미 알고 있는 단어의 뜻과 또 다른 어떤 뜻이 있는지 문맥을 통해서 감 잡아 보세요.

We must polish the Polish furniture.
우리는 폴란드 가구를 광내야 한다.

They were too close to the door to close it.
그들은 문을 닫기에는 너무 문 가까이에 있었다.

He could lead if he would get the lead out.
그가 행동을 서둘러 개시하려고만 한다면 이끌 수 있을 것이다.

The bandage was wound around the wound.
부상 부위 주변에 붕대를 둘렀다.

The dump was so full that it had to refuse more refuse.
폐기장이 너무 꽉 차서 더 이상의 쓰레기를 거부해야 했다.

Since there is no time like the present, he thought it was time to present his idea to his boss for a raise.
현재와 같은 시간은 없기 때문에 그는 월급 인상을 위해서 그의 생각을 사장에게 내세워야 할 시간이라고 생각했다.

The farm was used to produce produce.
그 농장은 농산물을 생산하기 위해 사용되었다.

When shot at, the dove dove into the bushes.
총을 맞자 비둘기는 풀숲으로 고꾸라졌다.

There was a row of men in the boat to row faster.
노를 더 빨리 젓기 위해 배 안에 한 줄의 사람들이 있었다.

The buck does funny things when the does are present.
숫사슴은 암사슴이 있을 때 우스운 짓을 한다.

The insurance was invalid for the invalid.
그 보험은 병약자에게는 효력이 없다.

그런데 전혀 다르지는 않지만, 세부적인 의미에서 다른 경우도 있습니다. 무조건 한 가지 의미만 외우고 있는 상태에서 다른 의미로 쓰인 경우를 만나면 무척 당황스럽지요. 따라서 우선 영어 단어의 의미에 대해 경직되지 않은, 보다 유연한 자세를 갖고 다양한 의미를 익히는 것이 중요합니다.

이미 이전의 여러 Unit에서 살펴본 어휘에서도 여러 의미가 있는 경우를 익혔죠? 다양한 의미가 있는 단어들을 익힐 때에도 무조건 달달 외우는 것은 바람직하지 않습니다. 사전에 제시된 여러 의미를 살펴보다 보면 세부적인 여러 의미가 어느 정도 공통점을 갖고 있는 것을 알 수 있지요. 이러한 일관적인 의미의 맥을 파악하여 문맥이나 각 문장에서의 경우에 따라 세부적인 차이가 있는 의미를 적용할 수 있는 것이 중요합니다.

물론 전혀 다른 의미가 있는 경우는 외워야겠지만, 이런 경우보다는 의미에 일관성이 있는 경우가 훨씬 더 많습니다. 사전을 볼 때에도 정의를 보기 전에 예문부터 보고 세부적인 의미를 파악하는 것이 좋습니다. 예를 들어 동사 run의 경우,

1) 달리다

I run a mile every day.

2) 운영, 경영하다

My father used to run a business in China.

3) 기계 등을 굴리다, 몰다

He can't afford to run a car on his salary.

4) 버스 등을 운행하다

The bus runs every hour.

5) (물 등이) 흐르다

The Amazon River runs through Peru and Brazil.

6) … (상태가) 되다

We're running out of gas.

7) 출마하다

He's going to run for president.

등으로 의미가 매우 많지만, 일단 우선 등장한 몇 가지 entry들을 통해 '맥'을 파악하세요. 다음으로 예문을 보면서 그 의미를 적용해 보고, 다른 세부적인 의미도 정의보다 먼저 예문을 보고 추측해 보세요. 이를 통해 영어의 개념을 이해하는 감각을 발달시킬 수 있습니다. 또한 문맥을 통해 단어의 의미를 유추하는 능력도 키울 수 있지요.

run의 경우 뛰거나, 흐르거나, 운행하는 것 등은 무언가가 끊임없이 계속 진행된다는 공통점이 있습니다. run out of는 연료나 어떤 물품이 소진되어간다는 의미가 있습니다. 이런 것도 서서히 계속 사용되거나 소모되면서 줄어들지요. 이와 같이 공통적인 이미지를 통해 run이라는 단어의 개념을 크게 잡으면서 구체적인 문장을 통해 세부적인 의미를 익혀가는 것입니다.

동사뿐만 아니라 명사도 다양한 의미를 가질 수 있습니다. 다음 문장들을 통해 depression의 의미를 이해해 봅시다.

His handprint made a depression in the newly poured concrete.
그의 손도장은 새로 부은 콘크리트에 움푹 파인 자국을 내었다.

After her brother became ill, Kate went onto a depression.
오빠가 병이 나자 케이트는 우울증에 빠졌다.

The waterfall in the inner part drops 100 feet into a depression.
안쪽에 있는 폭포는 100피트 아래의 웅덩이로 떨어졌다.

depression에는 우울증, 깊이 움푹 파인 곳 등으로 해석되며, 두 가지 모두 down의 이미지가 있지요.

이번에는 yarn입니다.

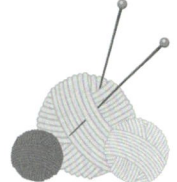

My mother knit the yarn into a warm sweater.
우리 엄마는 실타래로 따스한 스웨터를 떠 주셨다.

Grandfather would often amuse us with a yarn about his sailing days.
할아버지는 종종 그의 항해시절 이야기로 우리를 즐겁게 해 주시곤 했다.

Explorers in Asia often heard yarns of a hidden paradise with a beautiful waterfall located deep within Tibet.
아시아의 탐험가들은 티벳에 깊숙이 위치한 아름다운 폭포가 있는 숨겨진 낙원의 이야기를 자주 들었다.

실타래마냥 이야기도 계속 이어지지요. 그래서 이야기타래라고도 하고요.

medium의 두 가지 뜻도 살펴보죠.

We bought medium size eggs, rather than large ones.
우리는 큰 것보다는 중간 사이즈의 달걀을 샀다.

Watercolor is a popular medium for children's art.
수채화는 어린이 미술의 인기 있는 매체이다.

중간은 양끝을 이어주는 역할을 합니다. 그래서 '매개체', '영매' 등의 의미가 있지요.

cast도 한번 살펴볼까요?

I think the best actor in the musical was the cast member who played the cat.
나는 그 뮤지컬의 최고 배우는 고양이를 연기한 출연자라고 본다.

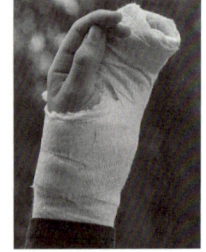

My sister fell off her bicycle and had a cast placed on her fingers.
내 여동생은 자전거에서 떨어져 손가락에 깁스를 했다.

The witch cast a spell on the prince.
그 마녀는 왕자에게 마법을 걸었다.

cast는 '주조하다'라는 의미가 있어요. 동전을 주조하려면 틀(거푸집)에 녹인 금속을 붓지요. 어떤 자리나 틀을 만들고 거기에 딱 맞게 들어갈 것을 넣는 것이 cast입니다. 그래서 영화 등의 작품에 배역이 있고 거기에 맞는 배우들을 채용하는 것도 cast인 것이죠. 골절에 쓰는 '기브스(cast의 콩글리시 표현)'도

뼈가 제대로 다시 자라 자리잡게 씌우는 틀이잖아요. 공통적인 이미지가 떠오르나요? 무언가를 의도와 뜻에 맞게 씌우거나 끼우기 때문에 마법을 걸다라는 말에도 cast를 씁니다.

degree도 여러 뜻이 있습니다.

I didn't notice when the temperature rose 1 degree.
나는 온도가 1도 올라갔을 때 알아채지 못했다.

The business is only hiring someone with a degree.
그 회사는 학위가 있는 사람을 채용하고 있다.

It was hard to tell the degree to which he really cared about the outcome. 그가 결과를 얼마나 신경을 썼는지 그 정도를 말하기는 어려웠다.

온도, 학위, 정도에서 느껴지는 공통점이 있죠?

단어의 의미뿐만 아니라 기능(품사)도 여러 가지를 가질 수 있습니다. 문장에서의 위치, 즉 쓰임이 다른 것이죠. 의미는 전혀 다를 수도 있고, 어느 정도 일맥상통할 수도 있습니다. 예를 들어 단어 arm은 보통 팔(뚝)이란 의미의 명사로 알고 있을 거예요.

He carried a towel on his right arm. 그는 타월을 오른팔에 걸쳐서 들고 갔다.

그런데 다음 문장에서는 이 arm이 일단 명사가 아니란 것을 알 수 있습니다.

When you go to the beach, arm yourself with lots of sunscreen.
그 해변에 가면 자외선 차단제로 무장하렴.

4-2 의미는 하나뿐만이 아니다 double/multiple meaning words

해변에 갈 때 다량의 자외선 차단제로 스스로를 어떻게 하라는 것인데, 위치를 통해 동사이고 자외선 차단제라는 단어가 제시된 문맥을 통해 '바르다'라는 의미 정도라고 추측할 수 있습니다.

arm은 '무장하다' 또는 '무장시키다'라는 의미의 동사이기도 합니다. 몸을 방어하거나 막을 때 보통 팔을 쓰죠? 무장을 하는 건 몸을 보호하고 외부의 힘이나 공격으로부터 방어하기 위함일 것이고요. 팔에 커다란 방패를 끼우고 방어하는 옛 중세 기사의 이미지를 떠올려 봐도 좋을 것 같네요.

이렇게 방패나 갑옷 등으로 무장한다는 건 그만큼 필요한 것들을 철저히 갖추었다는 의미로도 확장할 수 있습니다. 따라서 동사 arm은 다음과 같은 경우에도 쓰입니다.

They were <u>armed</u> with modern equipment, such as laser range-finders, which they used to measure the depth of the gorge and the height of the waterfall.

계곡의 깊이와 폭포의 높이를 측정하기 위해 (필요한) 현대적인 장비를 단단히 갖추었다는 얘기지요.

앞에서 살펴봤던 예문의 scale도 마찬가지입니다. 생선비늘이란 의미에서, 생선비늘과 관련하여 인간이 가장 많이 하는 활동은 아마도 먹기 위해 비늘을 벗기는 것일 거예요. 그래서 scale이 그대로 그 의미의 동사로도 쓰입니다. 실제로 영어에서는 이렇게 어떤 명사가 그 명사와 깊이 관련된 동작을 나타내는 동사로도 그대로 쓰이는 경우가 많습니다.

water도 이와 같은 경우로, 토익 등의 시험에서 종종 등장하지요. '물'이란, 명사이기도 하지만, 식물 등에게 '물을 주다'로도 쓰이죠.

Can I have a glass of water please? 물 좀 한 잔 주겠어요?

Don't forget to water the plants. 식물에 물 주는 거 잊지 마라.

특히 새로 등장하는 신조어에서 이런 예를 많이 볼 수 있습니다. Google 이 대표적이죠. 여러분이 잘 아는 검색 엔진이기도 하지만, 바로 그것을 가지고 하는 행동, 즉 '검색하다'의 의미로 요즘 아주 흔히 쓰이지요.

Do you use any other search engine than Google?
구글 말고 다른 검색 엔진 쓰는 거 있니?

If you are in doubt, just google it.
의심스럽다면 구글해 봐(검색해 봐).

친구라는 의미의 단어 friend도 요즘 social media의 발달로 동사로 활발히 쓰입니다. 소위 '(소셜 미디어 상으로) 친구를 맺다', '일촌을 맺다' 등의 의미이죠.

I never friend someone I haven't met in real life.
나는 실제로 만나보지 않은 사람과는 친구 맺지 않는다.

특히 반대의 의미인 '친구/일촌을 끊다'라는 의미로 부정의 접두사 un을 붙인 형태가 많이 쓰입니다.

I unfriended him because he is too annoying.
그가 너무나 짜증나게 굴어서 나는 그와 친구를 끊었다.

실제로 '일촌 끊기'를 했다가 생기는 공포스런 사건을 다룬 공포 영화 제목이 'UNFRIENDED'였죠.

어떤가요? 단어의 품사에 대한 유연함만 있으면 충분히 의미를 유추할 수 있겠지요?

그럼 한 단어가 각각 다른 기능과 의미로 어떻게 쓰이는지를 좀 더 익혀 보죠. 각 문장에서의 쓰임을 통해 그 의미 상의 일맥상통함, 연결고리를 생각하면서 익혀 보세요.

• charge

The charge for the movie was 7 dollars.
영화에 대한 가격은 7달러였다.

"We don't charge for a refill on coffee," said the server.
"저희는 커피 리필은 금액을 청구하지 않아요."라고 종업원이 말했다.

• gorge

If you gorge yourself with food, you may get sick.
음식을 마구 먹어대면 아프게 될 수도 있어.

In the Himalayas, a deep gorge leads to another deep gorge.
히말라야 산맥에서는 깊은 계곡이 또 다른 깊은 계곡으로 이어진다.

• roll

We watched the ball roll along the sidewalk.
우리는 인도를 따라 공이 굴러가는 것을 지켜보았다.

The guest speaker was introduced with a dramatic minute-long drum roll.
그 초대연사는 드라마틱한 긴 드럼 소리와 함께 소개되었다.

He rolled out climbing rope to help his companion go down the 20 meters to the waterfall.
그는 그의 동료가 20미터의 폭포를 내려가는 것을 돕기 위해 등산줄을 풀었다.

The stunned crowd stood silently watching the pipes roll down the road.
놀란 군중들은 파이프들이 길을 따라 굴러 내려가는 것을 조용히 서서 지켜보았다.

• skirt

My mother prefers to wear pants instead of a skirt.
우리 엄마는 치마보다 바지 입는 것을 더 좋아하신다.

To keep our feet dry, we tried to skirt the edge of the puddle.
발을 마른 상태로 유지하기 위해(젖지 않기 위해) 우리는 웅덩이의 가장자리로 돌아가려고 했다.

• counter

An aspirin may counter the pain from a mild injury.
아스피린 한 알은 가벼운 부상의 통증을 없앨 수 있다.

People usually cut vegetables on a kitchen counter.
사람들은 보통 주방 카운터에서 야채를 썬다.

• trip

She took a trip to Colorado. 그녀는 콜로라도로 여행 갔다.

If you aren't careful, you might trip over that step.
조심하지 않으면 그 계단에서 걸려 넘어질 수도 있다.

이번에는 문제를 통해 배운 내용을 간단하게 연습해 봅시다. 주어진 문장의 밑줄 친 단어가 어떤 기능(품사)으로 쓰였고, 의미는 무엇인지를 맞게 말하는 보기를 골라 보세요. 여러분이 이미 익숙하게 알고 있는 품사와 그 의미로 쓰이지 않았을 수도 있습니다. 따라서 '문맥'을 반드시 파악하고 보기를 고르세요.

1. Mr. Howie <u>mastered</u> literature and writing skills in order to teach them to his students.
① 명사 / 집이나 기타 다른 것의 책임자
② 동사 / 어느 분야의 전문가가 되다
③ 명사 / 전문가

2. I never hear a lot of <u>racket</u> coming from her classroom, so her students must be very well-behaved and quiet.
① 명사 / 정직하지 못한 행동
② 명사 / 테니스나 배드민턴 라켓
③ 명사 / 시끄러운 소음

3. His instruction provides a good <u>base</u>, or foundation, on which students can grow and learn new skills.
① 명사 / 야구 장비로서의 베이스
② 명사 / 어떤 생각에 있어서의 기반
③ 형용사 / 저급한

4. Mark is also a very <u>accomplished</u> athlete. He played semiprofessional football in Spain after he finished college.
① 형용사 / 완결된, 완수한
② 동사 / 마치다
③ 형용사 / 어떤 분야에 있어서 기술이 있는, 전문적인

5. She was a <u>guard</u> on the basketball team at her university.
  ① 동사 / 방어하다, 보호하다
  ② 명사 / 농구 포지션으로서의 가드
  ③ 명사 / 누군가를 지키거나 보호하는 사람

6. He used to <u>pitch</u> in minor league baseball, and he could throw the ball 90 miles per hour.
  ① 명사 / 경기장
  ② 동사 / 공을 던지다
  ③ 명사 / 소리의 높이

7. He asked the class to write an <u>outline</u>, or a general plan, for a paper about what we had accomplished during school and what we wanted to do before college.
  ① 명사 / 경계
  ② 명사 / 초안, 기획안
  ③ 동사 / 외곽선을 그리다

Answer Key

1. Mr. Howie <u>mastered</u> literature and writing skills in order to teach them to his students.

① 명사 / 집이나 기타 다른 것의 책임자

❷ 동사 / 어느 분야의 전문가가 되다

③ 명사 / 전문가

하위 씨는 학생들을 가르치기 위해 문학과 작문을 마스터했다.

2. I never hear a lot of <u>racket</u> coming from her classroom, so her students must be very well-behaved and quiet.

① 명사 / 정직하지 못한 행동

② 명사 / 테니스나 배드민턴 라켓

❸ 명사 / 시끄러운 소음

나는 그녀의 교실에서 크게 시끄러운 소리가 나는 것을 결코 듣지 못한다. 따라서 그녀의 학생들은 아주 행실이 좋고 조용할 것이다.

3. His instruction provides a good <u>base</u>, or foundation, on which students can grow and learn new skills.

① 명사 / 야구 장비로서의 베이스

❷ 명사 / 어떤 생각에 있어서의 기반

③ 형용사 / 저급한

그의 지도는 학생들이 새로운 기술을 익히고 연마할 수 있는 좋은 기반 또는 기초를 제공한다.

4. Mark is also a very <u>accomplished</u> athlete. He played semiprofessional football in Spain after he finished college.

① 형용사 / 완결된, 완수한

② 동사 / 마치다

❸ 형용사 / 어떤 분야에 있어서 기술이 있는, 전문적인

마크는 아주 기량이 뛰어는 운동선수이기도 하다. 그는 대학 졸업 후에 스페인에서 준프로 축구선수로 활동했었다.

4-2 의미는 하나뿐만이 아니다 double/multiple meaning words

5. She was a <u>guard</u> on the basketball team at her university.
   ① 동사 / 방어하다, 보호하다
   ❷ 명사 / 농구 포지션으로서의 가드
   ③ 명사 / 누군가를 지키거나 보호하는 사람

   그녀는 대학교 농구팀에서 가드였다.

6. He used to <u>pitch</u> in minor league baseball, and he could throw the ball 90 miles per hour.
   ① 명사 / 경기장
   ❷ 동사 / 공을 던지다
   ③ 명사 / 소리의 높이

   그는 한때 마이너리그 야구에서 공을 던졌고, 시속 90마일의 공을 던질 수 있었다.

7. He asked the class to write an <u>outline</u>, or a general plan, for a paper about what we had accomplished during school and what we wanted to do before college.
   ① 명사 / 경계
   ❷ 명사 / 초안, 기획안
   ③ 동사 / 외곽선을 그리다

   그는 반 학생들에게 우리가 대학 입학 전에 하고자 하는 것과 학창 시절에 성취한 것들에 대한 과제물을 위한 초안 또는 전반적인 계획을 써서 제출하라고 했다.

영어에서는 단어의 이런 다의성을 살리는 말재주를 매우 센스 있게 높이 평가해 줍니다. 대표적인 예로, 코카콜라의 CEO였던 브라이언 다이슨(Brian Dyson)의 'Five Balls'라고 하는 유명한 연설이 있지요. 여기서 단어 present의 '현재'와 '선물'이란 두 가지 의미가 아주 재치 있게 활용되었답니다.

Yesterday is history, tomorrow is mystery and today is a gift. That's why we call it--The Present.
어제는 역사이고, 내일은 알 수 없는 미스터리이며, 오늘은 선물입니다. 그것이 우리가 현재를 Present라고 부르는 이유입니다.

영화 제목 등에서도 이러한 말재주는 매우 많이 활용됩니다. 몇 가지 사례를 통해 그들의 감각과 재치를 맛보도록 하죠.

미국의 코미디 영화 'Legally blonde (금발이 너무해)'에서 legally는 '법적인' 이란 의미 외에 구어체로는 '진짜배기인'의 의미가 있습니다. 그래서 금발의 법대생이었던 주인공의 법과 금발을 둘 다 연상시키는 멋진 제목으로 활용되었죠.

종종 철자는 다르지만, 발음이 같거나 비슷한 단어를 이용해 재치 있게 표현하기도 합니다. 이런 말장난을 pun이라고 해요.

'Aristocats'는 고양이들이 나오는 영화로, aristocrat이란 단어를 변형했어요.

aristocrat 귀족

'Chopping mall'이란 공포영화도 있습니다. shopping mall을 비슷한 단어인 chopping으로 바꾸면서 난도질이 난무하는 공포의 쇼핑몰을 의미하게 되었죠.

chop (토막으로) 썰다, 다지다

'American Tail'은 원래 미국으로 건너간 Jewish 가족의 이야기를 담은 'American Tale'을 재치 있게 비튼 애니메이션입니다. 주인공이 쥐예요. 그래서 이야기란 의미의 단어 tale을 꼬리를 의미하는 tail로 바꿔치기했죠.

끝으로 어느 피자 가게에 걸린 이런 말장난이 들어간 재미있는 문구를 소개합니다.

"우리는 피자 이상을 serve합니다. 우리는 사람을 serve하지요."

serve가 '음식을 내놓다/차려주다'라는 의미와 함께 '사람/손님의 시중을 들다'라는 의미가 있는 것에 착안한 말장난입니다. 전자의 의미로만 적용하면 피자가 아니라 사람을 음식으로 차려 낸다는 무시무시한 의미가 됩니다. 하지만 serve people을 후자의 의미로 이해하면 음식만을 파는 것이 아닌 고객을 대우하는 서비스가 있는 식당이라는 메시지를 전달하게 되는 거죠.

이렇게 영어 농담이나 재치 있는 말재주를 이해하기 위해서는 어휘를 풍부하게 아는 것뿐만 아니라 해당 어휘의 다양한 의미를 알고 또 알아채는 것이 필수입니다.

4-3 시험의 기술 test skills

문장과 단어 간의 유기적인 관계를 아는 것도 중요한 언어의 기술입니다. 때문에 여러 공인 영어 시험의 독해 영역에서 묻는 다수의 어휘 문제들은 단순한 의미가 아니라 바로 문맥과 어휘의 상관관계를 파악할 것을 요구하고 있지요.

G-TELP(지텔프) 시험의 독해 영역에서는 본문의 밑줄 친 단어와 유사한 의미의 표현을 보기 중에서 고르라는 문제가 나옵니다. 다음과 같은 유형이죠.

As part of his role as conseil supérieur of the Paris Conservatory, Debussy was charged with writing two new pieces for the school's annual Concours in 1910; the results were Petit Pièce and Première Rhapsodie. Initially, Debussy was not much enthusiastic about hearing the clarinet students attempt his demanding new works, but in the end was especially pleased by the way the Rhapsodie turned out and how it was received by his fellow judges. He returned to the piece the following summer when he <u>fashioned</u> the piano part into a lush, vividly colorful orchestration, and ultimately declared the work "one of the most pleasing [he had] ever written."

파리컨소바토리의 conseil superior로서 자신의 역할의 일부로 드뷔시는 학교의 연례 콩쿨을 위한 두 개의 새 작품을 쓰는 일을 맡았는데, 그 결과물들이 Petit Piece and Premiere Rhapsodie였다. 처음에 드뷔시는 클라리넷 학생들이 그의 어려운 새 작품을 시도하는 것을 듣는 것에 전혀 열의가 없었다. 그러나 결국 Rahpsodie가 어떻게 연주되었고, 그의 동료 심사위원들에게 그것이 받아들여졌는지에 대해 특별히 흡족해했다. 그는 다음 여름에 이 작품을 다시 작업하여 피아노 파트를 멋지고 생생하고도 풍부한 관현악으로 바꾸었다. 그리고 궁극적으로 이 작품을 그가 쓴 것 중 가장 흡족한 작품 중의 하나라고 하였다.

In the context of the passage, fashioned means _____.
지문의 문맥에서 fashioned 는 ____를 의미한다.

ⓐ printed
ⓑ decorated
ⓒ converted
ⓓ designed

문맥을 통해 드뷔시는 작곡가이며, 이전에 쓴 작품의 일부분을 오케스트라로 '다시 쓴 것'임을 알 수 있지요. 따라서 위 문제의 정답은 ⓒ converted입니다.

TOEFL(토플)의 독해(reading) 영역에서 나오는 어휘 문제도 비슷합니다. 해당 문맥에서 해당 어휘가 어떤 의미냐는 지텔프 시험의 문제 지문이 주어진 단락의 해당 단어가 보기 중 어떤 단어와 가장 유사하냐는 지문으로 바뀌었을 뿐, 문제 자체가 의미하는 것은 동일합니다.

For a long time, unexplained phenomena has held some fascination for people. The latest craze is for TV psychics, who <u>stun</u> the audience with revelations that can only come from dead relatives.

오랫동안 설명할 수 없는 현상은 사람들을 매혹시켜 왔다. 최근에는 죽은 친지에게서나 나올 수 있는 폭로로 관객을 놀라게 하는 TV 심령술사에 열광했다.

The word 'stun' in the passage is closest in meaning to _____.
지문의 단어 'stun'은 ____와 가장 의미가 가깝다.

> ⓐ amaze
> ⓑ paralyze
> ⓒ lie
> ⓓ threaten

위 문제도 직전 문장을 통해 **stun**의 의미가 일반적으로 알고 있는 '(전기 충격기 등을 사용하여) 마비시키다'가 아닌 '사람들을 매혹시키다'에 가까운 것을 알 수 있습니다. 따라서 정답은 ⓐ **amaze**입니다.

IELTS(아이엘츠) 시험의 경우 직접적으로 어휘의 의미를 묻는 문제가 나오기보다는 지문과 문제, 문제의 보기 등이 **paraphrase**되기 때문에, 이를 통해 어렵거나 낯선 단어가 나와도 소화할 수 있어야 합니다.

수능 시험의 경우 직접적으로 특정 어휘의 의미를 묻는 문제보다는 지문을 이해하는지를 묻는 문제들이 출제되기 때문에 주어진 지문을 통해 어휘의 의미를 파악할 수 있는 능력이 요구되지요. 지문 수준이 상당히 높기 때문에 거기에 포함된 어휘도 그만큼 어려워서 이미 알고 있는 단어가 아닐 가능성이 높습니다. 따라서 이러한 어휘를 어떻게 처리 및 소화할 수 있는지가 관건입니다.

수능도 아이엘츠처럼 문제의 보기가 지문의 내용을 **paraphrase**합니다. 다만, 문제 지문이나 보기 등이 우리말로 되어 있는 경우도 종종 추가될 뿐입니다. 어쨌든 문맥을 통해 **paraphrase**된 문장의 어휘의 의미를 파악할 수 있어야 합니다.

2020년 수능 문제를 예로 들자면, 주어진 지문에 대한 요약문의 빈 칸에 들어갈 보기를 고르는 문제가 나왔죠.

> Because elephant groups break up and reunite very frequently - for instance, in response to variation in food availability - reunions are more important in elephant society than among primates. And the species has evolved elaborate greeting behaviors, the form of which reflects the strength of the social bond between the individuals (much like how you might merely shake hands with a long-standing acquaintance but hug a close friend you have not seen in a while, and maybe even tear up). Elephants may greet each other simply by reaching their trunks into each other's mouths, possibly equivalent to a human peck on the cheek. However, after long absences, members of family and bond groups greet one another with incredibly theatrical displays. The fact that the intensity reflects the duration of the separation as well as the level of intimacy suggests that elephants have a sense of time as well. To human eyes, these greetings strike a familiar chord. I'm reminded of the joyous reunions so visible in the arrivals area of an international airport terminal.
>
> * acquaintance: 지인 ** peck: 가벼운 입맞춤
>
> 코끼리 집단은, 예를 들면 먹이의 이용 가능성에 있어서의 변화에 대응하여, 매우 자주 헤어지고 재결합하기 때문에 코끼리 사회에서의 재결합은 영장류 사이에서보다 더 중요하다. 그리고 이 종은 정교한 인사 행동을 진화시켜왔는데, 이 형태는 (마치 오랜 지인들과는 악수만 할 수 있지만 한동안 보지 못했던 가까운 친구와는 껴안고, 심지어 눈물도 흘릴 수 있는 것처럼) 개체 간의 사회적인 유대감의 강도를 반영한다. 코끼리는 단지 서로의 코를 서로의 입 안으로 갖다 대면서

인사를 할 수도 있는데, 이는 사람들이 뺨에 가볍게 입 맞추는 것과 같을 수도 있다. 하지만 오랜 공백 후에 가족이나 친밀 집단의 구성원들은 놀라울 정도로 극적인 모습으로 서로에게 인사를 한다. 이 강렬한 정도가 친밀도뿐만 아니라 헤어져 있던 기간의 길이를 반영한다는 사실은 코끼리들도 시간 감각이 있다는 것을 암시한다. 인간의 눈에는 이러한 인사가 친숙한 공감을 불러일으킨다. 나는 국제공항터미널의 입국장에서의 기쁨에 찬 상봉이 생생하게 연상된다.

↓

The evolved greeting behaviors of elephants can serve as an indicator of how much they are socially (A) _____ and how long they have been (B) _____.

코끼리들의 진화된 인사 행동은 그들이 얼마나 사회적으로 _____ 하고 그들이 얼마나 오랫동안 ____ 했는지에 대한 지표의 역할을 할 수 있다.

  (A)   (B)
① competitive ...... disconnected   경쟁력 있는 – 단절된, 일관성이 없는
② tied ...... endangered   얽힌, 결부된 – 멸종 위기에 처한
③ responsible ...... isolated   책임이 있는 – 격리된
④ competitive ...... united   경쟁력 있는 – 연합된, 통합된
⑤ tied ...... parted   얽힌, 결부된 – 나뉜, 갈라진

본문에서 코끼리들의 인사가 '사회적인(social) 유대감(bond)의 강도를 반영한다'는 구절이 요약문에서 코끼리들이 얼마나 '사회적으로(socially) 얽혀져 (tied) 있는지에 대한 지표'로 paraphrase되었습니다. 따라서 bond와 의미가 상통하는 tied(묶인, 얽힌)란 의미를 보기에서 골라낼 수 있지요. 동사 tie는 '묶다', '결부시키다' 등의 의미가 있으며, 주로 복수 형태 명사로는 bond와 같은 유대 또는 유대관계를 의미하기도 합니다. 가족 간의 유대를 family ties라고 해요.

두 번째 빈 칸도 같은 문장에 추가된 괄호 안의 코끼리들이 한동안 보지 못했던(have not seen for a while) 경우와, 뒷부분의 오랜 공백(long absences) 후에 가족이나 친구들을 만났을 때의 극적인 상봉에 대한 내용을 통해, 코끼리들이 얼마나 오래 '떨어져 있었는가(parted)'를 말하는 문장임을 알 수 있습니다. long absences가 how long they have been parted로 paraphrase되었다고 할 수 있지요. part는 '일부, 부분'이라는 명사로도 쓰이지만 '헤어지다, 벌리다'라는 의미의 동사로도 쓰입니다. 부분을 말하려면 전체에서 떼어서 생각해야 한다는 맥락에서 이해해 보세요.

공무원 시험이나 편입 시험은 어려운 어휘의 의미를 묻는 문제가 다수 출제되는 편입니다. 2019년 국가직 공무원 선발 시험에 출제되었던 문제를 하나 살펴보죠.

밑줄 친 부분의 의미와 가장 가까운 것을 고르시오.

> Natural Gas World subscribers will receive accurate and reliable key facts and figures about what is going on in your industry, so they are fully able to <u>discern</u> what concerns their business.
>
> Natural Gas World의 구독자들은 당신의 업계에서 벌어지고 있는 일들에 대한 정확하고 신뢰할 수 있는 핵심 사실과 수치를 받아보게 될 것이므로, 그들은 그들의 사업에 관련된 문제를 완전히 _____ 할 수 있다.
>
> ① **distinguish** 구별하다, 식별하다
> ② **strengthen** 강화하다
> ③ **undermine** 약화시키다
> ④ **abandon** 저버리다, 유기하다

Natural Gas World를 구독하는 독자들에게 정확하고 믿을 수 있는 정보를 제공하므로, 그들이 관련 사업 문제에 대해 무엇을 할 수 있게 되는지를 파악하는 문제입니다. 업계에 대한 정확한 정보는 사업에 있어 판단에 도움을 주겠지요? 따라서 discern은 이에 관련된 의미임을 유추할 수 있습니다. 그리고 이와 가장 맥락이 닿는 보기는 ①이지요. discern은 '알아차리다', '파악하다', '식별하다' 등의 의미를 가진 동사입니다. distinguish도 '구별하다', '뭔가를 보거나 듣고서 식별하다'라는 의미가 있지요.

결국 기본적으로는 긴 지문이 아닌 짧은 지문이나 문장이라는 차이만 있고, 토플이나 지텔프(G-TELP) 시험처럼 문맥을 통해 단어의 의미를 파악하는 문제입니다.

제2막

What & How to Practice
무엇을 어떻게 연습/훈련해야 하나?

어휘 학습에 있어서 어떤 것을, 어떻게 익히는가에 대해 알았다면 이제 그것을 완전히 내 것으로 만들기 위한 연습 및 훈련에 대해 생각해 볼 차례입니다. 일상에서 자연스럽게 반복되는 모국어와 달리 아무리 잘 이해했어도 외국어 어휘는 외우는 노력이 필요합니다. 특히 많은 어휘를 외우려면 좀 더 효율적인 방법이 필요하죠. 이번에는 좀 더 효과적이면서 전반적인 언어 능력 발달에도 도움이 되는 연습 및 훈련 방법을 알려 줄게요.

What & How to Practice 무엇을 어떻게 연습/훈련해야 하나?

Unit 5 소리와 함께 외워야 더 잘 외워진다
Reading aloud works

5-1 소리 내어 읽기의 효과

5-2 알아두면 좋은 발음과 철자 규칙 phonics
    A. 헷갈리는 자음 읽기 consonants
    B. 모음 소리와 철자 vowels

5-3 동음이의어 homophone

Unit 5 소리와 함께 외워야 더 잘 외워진다
Reading aloud works

5-1 소리 내어 읽기의 효과

어휘를 눈으로만 보나요? 그렇다면 이제부터 입으로 소리 내어 읽어 보세요. 소리를 내어 읽는 것은 글로 적힌 정보를 잘 기억하는 최선의 방법이라는 연구 결과가 있습니다. 또한 우리가 일단 학습한 사항은 두뇌의 단기 기억 장치에 저장되었다가 소멸되거나 장기 기억 장치로 옮겨지게 되는데, 소리를 내어 읽는 것은 기억이 소멸되지 않고 장기 기억 장치로 옮겨지는 데 매우 효과적이라고 합니다.

그런데 이렇게 소리를 내어 읽을 때 발음이 장벽이 된다는 분들이 많습니다. 뿐만 아니라 단어를 보아도 그 소리를 '읽기'가 힘들다는 분들도 있지요.

영어 알파벳과 우리 한글은 모두 소리를 나타내는 표음문자입니다. 즉, 활자를 보면 그 소리가 바로 연상되어야 한다는 것이죠.

실제 연구에서도 잘 읽기 위해서는 글을 보는 순간 두뇌가 바로 그 소리를 읽어내야 한다고 합니다. 어휘 암기에 있어서도 소리는 중요한 역할을 하지요.

소리로 어휘를 기억하면 정확한 철자에도 도움이 됩니다. 영어는 우리 한글과 달리 철자와 소리가 언제나 일치하지는 않지만, 그래도 어느 정도 소리와 철자의 관계(파닉스)를 알면 상당한 도움이 되는 것이 사실입니다.

거침없이 아름다운 발음까지는 아니어도 됩니다. 다만, 정확한 소리(읽는 법)가 무엇인지는 알 필요는 있습니다.

눈으로는 그 단어를 아는데 입으로는 모른다는 것은 귀로 들었을 때 그 단어가 그 단어인지 모를 가능성이 크다는 이야기입니다. 실제로 많은 학생들이 듣기 평가나 미드 듣기를 하다 보면 알고 있다고 생각한 단어를 전혀 듣지 못해서 놀라곤 합니다. 그 단어가 그렇게 소리날 줄은 몰랐다면서요.

뒤늦게 단어의 소리를 따로 익히는 이중의 고생을 할 필요 없이, 처음부터 보다 효과적이고 확실하게 소리로 단어를 학습하세요.

5-2 알아두면 좋은 발음과 철자 규칙
phonics

기본적인 자음과 모음 소리 외에 실제 단어 읽기에서 몇 가지 유용한 철자와 발음 규칙을 알려 줄게요.

자음 소리는 대부분 대략은 알고 있습니다. 좀 더 정확한 구분은 말하기 수업의 영역으로 넘기고, 여기서는 헷갈리는 자음과 모음 소리와 일부 철자 규칙 을 중심으로 살펴보겠습니다.

> ※ 설명의 편의상 일부 영어 발음을 한글로 표기했습니다.
> 보다 정확한 소리는 발음 기호 또는 음성 지원이 되는 웹사전 등을 참고하세요.

A. 헷갈리는 자음 읽기 consonants

● c는 ㅋ일까, ㅆ일까?

c는 우리말의 ㅋ와 비슷한 [k] 소리 또는 ㅆ에 가까운 [s], 이렇게 두 가지로 읽히다 보니 종종 헷갈립니다. 이 경우에는 c를 이렇게 구분해 보세요.

▷ c 뒤에 e, i, y와 같은 모음이 오면 [s]

cereal(시리얼), ice, century, December, introduce city, Cinderella(신데렐라), cigarette, decipher, cyber, democracy

▷ c 뒤에 자음 글자나 a, o, u가 오면 [k]

cat, camera, carrot, because, precarious
come, corn, cool, cooperate
cup, curve, curly, excuse, Hercules
cream, class, miracle, product, rock

다음 단어들은 철자에 c가 두 번 이상 쓰였습니다. 밑줄 쳐져 있는 c의 각 발음을 파악해 보세요.

cycle, circus, concert, circumstance, eccentric

> **Answer Key**
> cycle [ˈsaɪkl], circus [ˈsɜːrkəs], concert [ˈkɑːnsərt],
> circumstance [ˈsɜːrkəmstæns], eccentric [ɪkˈsentrɪk]

● **ph는 [f]**

철자 ph는 대개 [f]로 읽습니다.

cellphone, elephant, phenomenon, physics

● **소리가 없는 묵음**

▷ kn~으로 시작하는 단어의 k

knife, knight, knee, knock, know

▷ ~alk로 끝나는 단어의 l

talk, walk, stalk, chalk

▷ ~mb로 끝나는 단어의 b

comb**, bo**mb**, plu**mb**, cli**mb**, thu**mb**, la**mb**, du**mb

이런 단어에서 온 단어(파생어)들의 경우 중간에 mb가 와도 묵음이 유지되지만, 그렇지 않은 경우에는 묵음이 적용되지 않습니다.

예) bomber [bɑːmə(r)] – bomb에서 온 파생어
　　timber [tɪmbə(r)] – 파생어가 아니므로 b를 발음

▷ gh는 묵음인 경우가 많다.

nigh**t, cau**gh**t, thou**gh**t, dou**gh**, althou**gh**, throu**gh

● 같은 자음소리 글자가 겹치면 하나는 묵음

kiss에 s가 두 번 쓰였다고 두 번 연속으로 발음하거나 더 세게(?) 발음하지 않습니다. 오히려 확실하게 하나의 [s]로 발음하죠. ㅈ이 ㅉ이 되면 강한 된소리가 되는 우리말과는 다릅니다.

같은 글자가 아니라 같은 소리를 갖는 글자의 경우도 마찬가지입니다. 예를 들어 science의 sci는 c의 뒤에 i가 오기 때문에 [s] 소리를 냅니다. 때문에 앞의 s와 겹치면서 두 /s/ 소리 글자는 하나의 [s]로 읽지요. back의 ck도 c가 [k] 소리를 내기 때문에 둘을 합쳐 하나의 [k]로 발음합니다.

B. 모음 소리와 철자 vowels

대부분의 경우는 알고 있는 단어인데 못 알아 듣거나, 못 알아보는 대부분의 경우는 발음을 잘못 알고 있어서입니다. 구체적인 알파벳 모음 글자의 소리 규칙은 매우 다양합니다. 그래서 좀 더 자세한 파닉스(phonics) 수업 등을 소개할 때 접하기로 하고, 여기서는 아주 유용한 몇 가지 규칙만 알려 줄게요.

- "Magic E"

영어의 상당히 많은 단어들이 모음+자음+e로 끝납니다. 이때 e는 대개 발음하지 않아요. 대신 e 이전의 모음의 소리에 변화가 생깁니다. 다른 경우에서 일반적인 소리가 아닌 모음의 이름대로 발음하는 것이죠.

예를 들어 pin은 '핀'으로 읽지만, pine는 뒤의 e 때문에 앞의 i를 알파벳 이름인 [aɪ](아이)로 발음하여 [paɪn](파인)으로 읽습니다.

a는 보통 [æ]로 발음되지요. apple의 a 소리예요. 그래서 '두드리다' 또는 '수도꼭지'란 의미의 단어 tap은 [tæp](탭)으로 읽습니다. 그러나 tape은 뒤에 e가 있어서 a를 [eɪ]로 읽기 때문에 [teɪp](테입)이에요.

그럼 다음 단어들을 읽어 보세요. 발음 기호만 보지 말고, 웹사전 등에서 음성을 꼭 확인해 보세요.

place, make, plane, escape
precede, scene, serene, obscene
bike, ride, exercise, despite, dynamite
hope, bone, rose, remote, whole
cute, schedule, rule, abuse, excuse, tune, refuse

물론 수많은 영어 단어 중에서 예외적인 것들도 있습니다. 안타깝게도 영어 단어의 철자는 우리말과 한글처럼 언제나 명확하게 소리와 일치하지 않거든요. 하지만 이런 규칙은 가장 많은 단어들에게 적용되는 보편적인 사항이어서 대부분 또는 상당히 많은 경우에 맞아 떨어집니다. 확률적으로 그렇게 읽혀질 가능성이 가장 높다는 얘기겠지요?

일반적인 철자-발음 규칙과 다른 예외적인 발음의 단어들은 그때그때 외워두고, 평소에는 파닉스에 맞춰 읽는 것을 원칙으로 하세요.

● ou와 oa

한국 학생들이 종종 잘못 읽는 대표적인 모음 철자는 ou입니다. '오우'로 읽어야 할 것 같은데, 사실 일반적으로 '아우'에 가까운 [aʊ]로 읽습니다. 가장 대표적인 단어가 out이죠. 미키마우스의 mouse도 있네요. 하지만 이런 단어들의 발음을 잘 알고 있으면서도 낯선 단어의 ou만 보면 잘못 읽곤 하지요.

그럼 다음 단어들을 규칙에 맞게 읽어 볼까요?

acc**ou**nt, am**ou**nt, ann**ou**nce, b**ou**nce, cl**ou**d, c**ou**nter, d**ou**bt, f**ou**nd, h**ou**se, g**ou**ge, l**ou**d, m**ou**ntain, p**ou**nd, r**ou**nd, s**ou**nd

정작 우리말의 '오우'와 비슷하게 읽는 철자는 oa입니다. boat나 coat를 '보아트'나 '코아트'로 읽지는 않죠? 다음 단어들을 읽어 보세요. 이미 알고 있는 단어들도 꽤 있을 겁니다.

appr**oa**ch, b**oa**st, c**oa**l, c**oa**ch, fl**oa**t, g**oa**l, l**oa**d, l**oa**n, s**oa**k, s**oa**p, m**oa**n, p**oa**ch, r**oa**m, t**oa**st

- **au와 aw**

ou가 '오우'가 아닌 '아우'라면, au는 '아우'가 아닌 '오~'입니다. 발음 기호상으로는 [ɔː]이고, 우리말로 표현하자면, '오'와 '어'의 중간쯤 되는 긴 소리(장모음)입니다. 대표적인 단어는 audio입니다. 이걸 '아우디오'로 읽는 사람은 없을 거예요. 그럼에도 다른 단어에서의 au는 많은 사람들이 잘못 읽곤 합니다. 그럼 다음 단어들의 au를 audio의 au를 기억하며 읽어 보세요.

audience, Australia, authentic, author, automatic, autumn, because, cause, caution, daughter, fault, default, caught, exhaust, haunt, launch, laundry, naughty, pause, plausible, sauce, taught

aw도 보통 [ɔː] 소리로 읽습니다. '기막히게 좋은', '끝내주는'의 의미로 구어체에서 많이 쓰는 awesome이 대표적인 단어죠.

awkward, claw, crawl, dawn, draw, flawless, hawk, jaw, law, lawn, paw, raw, saw, thaw, strawberry, withdraw

- **그 외의 예외적인 경우**

우리말과 달리 영어는 철자와 발음이 언제나 일치하지 않고 일반적인 파닉스 규칙을 따르지 않는 예외가 많습니다. 모두 다루지는 못해도 앞에서 소개한 파닉스 규칙과 다르거나, 자주 쓰이지만 발음이 예외적인 몇 가지 단어들을 살펴보고 넘어가죠.

▷ determine [dɪˈtɜːrmɪn]

중급 학생들도 종종 잘못 발음하는 단어입니다. determine은 '디터ː민'으로 발음합니다. 하지만 많은 학생들이 '디터마인'으로 알고 있습니다. "Magic E" 규칙과는 다르게 읽지요.

▷ **margarine** [mɑːrdʒərən]

margarine은 여러분이 잘 아는 '마가린'입니다. 하지만 그건 우리나라에서의 얘기고, 영어 발음은 '마저린'에 가깝죠. 그래서 해외에서 마가린 달라고 아무리 말해도 못 알아듣는 경우가 많습니다. 반대로 margarine을 듣고도 그게 마가린인 줄 몰라서 헤매기도 하고요.

▷ **[au]가 아닌 ou**

serious나 dangerous와 같은 형용사의 ous는 강세(stress)가 없는 [əs]로 발음합니다. you, soup, through 등의 ou는 알다시피 [uː]로 읽고요.

▷ **come, some, done, gone**

이 단어들의 o는 알파벳 이름인 [ou]가 아닌 우리말의 [어]에 다소 가까운 [ʌ] 소리로 읽습니다.

▷ **다음 단어들의 ~gh는 [f]로 발음한다.**

lau<u>gh</u>, tou<u>gh</u>, rou<u>gh</u>, enou<u>gh</u>, cou<u>gh</u>

▷ **~age는 "Magic E" 규칙을 따르지 않고 대개 /ɪdʒ/로 읽는다.**

langu<u>age</u>, mortg<u>age</u>, encour<u>age</u>, man<u>age</u>, aver<u>age</u>

▷ **'합창단'이란 의미의 choir는 /kwaɪə/ (콰이어)로 발음합니다.**

5-3 동음이의어 homophone

잠깐 Unit 4에서 다의어에 대해 배웠던 것을 기억해 봅시다. refuse는 동사로, '거부하다'의 의미를 갖고 있습니다. 그러나 명사로 '쓰레기'란 뜻도 있는데, 이때 발음이 달라집니다. 동사일 때에는 [rɪˈfjuːz](리퓨-즈)로 발음하지만, 명사일 때에는 [ˈrefjuːs](레퓨-스)로, re의 모음소리와 끝의 se의 자음소리는 물론 강세의 위치도 달라집니다.

만일 명사 refuse의 의미만 알고 발음이 다르다는 것을 모른다면, The District Council makes a weekly collection of domestic refuse. (지역위원회에서는 가정용 쓰레기를 주 단위로 수거한다.) 같은 문장을 '들었을 때' 무슨 뜻인지 모를 가능성이 크죠. 따라서 단어를 공부할 때 철자와 소리를 함께 익히지 못하면 나중에 매우 혼란스러울 수 있습니다.

발음과 소리는 철자를 정확하게 기억하는 데에도 도움이 됩니다. 실제로 소리 내어 익히지 않고 눈으로만 보아 익힌 학생들은 언뜻 지문을 읽다가 비슷한 다른 단어를 보고도 정확한 소리를 몰라 다른 단어로 착각하기 쉽습니다.

예를 들어 yawn [jɔːn]과 yarn [jɑːrn], 이 두 단어는 원어민에게는 다른 발음이지만, 소리와 철자를 대충 학습한 학생들은 종종 구분하지 못하는 경우가 생깁니다. 전자는 '하품하다', 후자는 '실타래'인데, 실제 문장을 읽다 보면 후자를 전자로 해석하는 학생들이 있어요. desert와 dessert도 학생들이 많이 헷갈리는 단어입니다.

> desert는 명사냐, 동사냐에 따라서도 발음이 달라져요.
> desert [ˈdezərt] (명사) 사막
> desert [dɪˈzɜːt] (동사) 저버리다, 버리다

반대로 소리만 익히고 읽기를 소홀히 하면서 철자를 정확하게 기억하지 못한 경우도 있어요. 이때에는 소리는 같지만, 철자와 의미가 다른 '동음이의어

(homophone)' 때문에 혼란을 겪기도 하지요. 인터넷의 댓글을 보면, 원어민들이 주로 이런 실수를 많이 하더라고요. 예를 들면 다음과 같은 경우입니다.

Can you get me a role of toilet paper? 휴지 한 롤만 갖다 주시겠어요?

위 문장에서 role은 '두루마리', '롤'을 의미하는 roll로 쓰였어야 합니다. 발음은 같으나 전혀 다른 '역할'이란 의미의 'role'과 헷갈린 것이죠.

그럼 대표적인 동음이의어들을 살펴볼까요? 다음 문장의 의미에 맞는 단어를 골라 보세요. 보기로 주어진 두 단어는 모두 발음이 같아서 듣기만 해서는 구분이 되지 않지요. 하지만 철자로는 구분해야 하는 완전히 다른 별개의 뜻을 가진 단어들입니다.

1. He saw a big **bare / bear** in the woods.
2. We got **bored / board** and left the party.
3. She's wearing **blue / blew** jeans.
4. The class is one **hour / our** long.
5. Brian is my best friend and I'll never **meat / meet** a better friend than him.
6. The thief escaped **threw / through** the window.
7. Since the **weather / whether** was clear, we went to the ocean.
8. The elevator is right over **their / there / They're**.
9. There were no trees on the **plain / plane**.
10. Only a political solution will bring **peace / piece** to Yemen.

1. He saw a big **bear** in the woods. 그는 숲에서 큰 곰을 보았다.
   - bare 형 벌거벗은, (아무것도 안 덮인) 맨
   - bear 명 곰

2. We got **bored** and left the party. 우리는 지루해져서 파티를 떠났다.
   - board 명 판자 동 승선/탑승하다
   - bored 형 지루해하는, 따분해하는

3. She's wearing **blue** jeans. 그녀는 청바지를 입고 있다.
   - blue 형 파란, 푸른 명 파란색
   - blew 동 blow(불다, 날리다 등)의 과거

4. The class is one **hour** long. 그 수업은 1시간이다.
   - hour 명 1시간
   - our 한 우리의(대명사 we의 소유격)

5. Brian is my best friend and I'll never **meet** a better friend than him.
   브라이언은 내 가장 친한 친구이고, 나는 그보다 더 좋은 친구는 결코 만날 수 없을 것이다.
   - meat 명 고기
   - meet 동 만나다

6. The thief escaped **through** the window.
   도둑은 창문을 통해 도망갔다.
   - threw 동 throw (던지다 등)의 과거
   - through 전 …를 통해

7. Since the **weather** was clear, we went to the ocean.
   날씨가 맑았기 때문에 우리는 바다로 갔다.
   - weather 명 날씨
   - whether 접 …인지(아닌지)

8. **The elevator is right over there.** 엘리베이터는 바로 저기에 있어요.
   - **their** 관 그들의, 그것들의 (대명사 they의 소유격)
   - **there** 대 거기 부 거기에
   - **they're** they are의 축약형

9. **There were no trees on the plain.** 그 평원에는 나무가 전혀 없었다.
   - **plain** 명 평야, 평원 형 분명한, 숨김없는
   - **plane** 명 비행기

10. **Only a political solution will bring peace to Yemen.**
    오직 정치적인 해결만이 예멘에 평화를 가져올 것이다.
    - **peace** 명 평화, 평온함
    - **piece** 명 조각, 부분

이번에는 좀 더 어려운 동음이의어입니다. 실제로 독해나 영작에서 자주 실수하는 단어들이므로 헷갈리는 것이 있다면 이번에 잘 익혀 두세요.

11. The country is still in **morning** / **mourning** after the death of their king.

12. I could feel their cold **stairs** / **stares** on me.

13. Go to the **principal's** / **principle's** office.

14. What a **waist** / **waste** of time!

15. The boys ran **passed** / **past** me.

16. All my efforts were in **vain** / **vein**.

17. My grandfather was a **colonel** / **kernel** in the navy.

18. The anchor was **throne** / **thrown** into the water.

19. My first thought was that we should **flea / flee** but there was no going back.

20. He told us a long **tail / tale** about his adventure.

11. The country is still in **mourning** after the death of their king.
그 나라는 국왕의 죽음 후 여전히 애도 중이다.
- morning 명 아침, 오전
- mourning 명 애도

12. I could feel their cold **stares** on me.
나는 나에 대한 그들의 차가운 시선을 느낄 수 있었다.
- stair 명 계단
- stare 명 응시, 빤히 쳐다보기

13. Go to the **principal's** office. 학장실로 가시오.
- principal 명 교장, 학장 형 주요한, 주된
- principle 명 원칙, 원리

14. What a **waste** of time! 이런 시간 낭비가 있나!
- waist 명 허리
- waste 명 낭비

15. The boys ran **past** me.
그 소년들은 나를 지나쳐서 뛰어갔다.
- passed 동 pass(지나가다, 이동하다 등)의 과거
- past 전 …를 지나서 형 지나간, 이전의 명 과거

16. All my efforts were in **vain**.
내 모든 노력은 허사가 되었다.
- in vain 헛되이, 허사가 되어
- vein 명 정맥

5-3 동음이의어 homophone :: 209 ::

17. **My grandfather was a colonel in the navy.**
    우리 할아버지는 해군에서 대령이었다.

    - colonel 몡 대령
    - kernel 몡 낟알, (견과류나 씨앗 등의) 알맹이

18. **The anchor was thrown into the water.** 물 속에 닻을 던졌다.

    - throne 몡 왕좌, 왕위
    - thrown 동 throw(던지다 등)의 과거분사(P.P.)

19. **My first thought was that we should flee but there was no going back.**
    내 처음 생각은 우리가 달아나야 한다는 것이었지만 되돌아갈 길이 없었다.

    - flea 몡 벼룩
    - flee 동 피하다, 달아나다

20. **He told us a long tale about his adventure.**
    그는 우리에게 그의 모험에 대한 긴 이야기를 해 주었다.

    - tail 몡 꼬리
    - tale 몡 이야기, 소설

What & How to Practice 무엇을 어떻게 연습/훈련해야 하나?

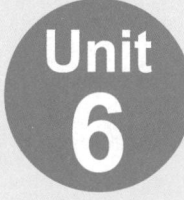

Unit 6

시각적 이미지를 활용해서 암기해라
Use visual image

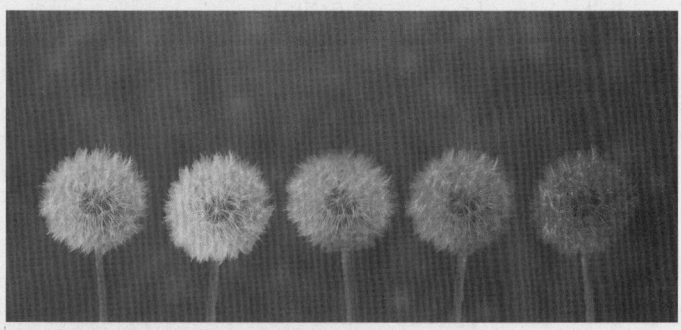

6-1 초급자는 그림사전 이용하기 pictionary

6-2 전치사는 그림으로 익히기 prepositions
  A. BY
  B. OVER
  C. INTO

6-3 형용사도 이미지로 기억하기 vivid adjectives

Unit 6 시각적 이미지를 활용해서 암기해라
Use visual image

소리와 함께 '시각적 이미지'도 영어 어휘를 내 것으로 만드는 보다 효과적인 장치입니다. 적절한 시각적 이미지가 함께 할 경우 막연히 우리말 해석만을 접하는 것보다 폭넓게 해당 어휘의 감각을 이해하고, 두뇌에 좀 더 선명하게 새길 수 있습니다.

6-1 초급자는 그림사전 이용하기 pictionary

그림사전을 의미하는 Picture Dictionary는 줄여서 pictionary라고도 합니다. 그림으로 어휘를 설명하기 때문에 쉽고 빠를 뿐만 아니라 모국어의 간섭 없이 바로 어휘를 영어로 소화할 수 있다는 장점이 있습니다. 하지만 그림이라는 특성상 설명할 수 있는 어휘에 한계가 있습니다. 추상적 의미를 담은 어휘나 동사 또는 유사한 어휘들의 미묘한 차이 등을 설명하기가 어렵지요. 그래서 대개의 그림사전들은 일상생활에서 접하는 기본적인 초급 어휘와 그림으로 설명하기 쉬운 사물이나 장소 등을 나타내는 어휘들이 중심이 되지요.

pictionary는 이런 초급 어휘 단계의 학습을 쉽게 하면서, 이후의 학습에서도 어휘나 문장의 의미를 시각화하는 습관을 갖게 해 준다는 데 의의가 있습니다.

아래 이미지를 통해 rocking chair가 무엇인지 익혀 보죠. 그림을 보니 우리말 해석 없이도 rocking chair가 무엇인지 금방 이해가 가죠? 그리고 rock(ing)의 이미지도 저절로 그려집니다.

처음에는 단순하게 rocking chair(흔들의자)를 그림으로 이해하는 것으로 출발합니다. 하지만 이렇게 시각적으로 새겨진 이미지는 이후에도 rock이란 단어를 만날 때마다 연상되면서 좀 더 폭넓은 시각적 이미지를 계속 만들어 낼 수 있습니다. 다음은 영어권에 잘 알려진 동요의 가사 일부입니다. 유튜브(YouTube)에서도 쉽게 검색하여 들을 수 있어요.

Sit down. sit down. you're rocking the boat.

네가 서 있어서 배가 흔들리니(배를 흔들고 있으니) 앉으라는 내용입니다. '흔들다'라는 의미의 rock을 굳이 설명하지 않아도 앞서 보았던 rocking chair에서 느껴졌던 이미지가 연결되지요?

이제 새겨진 이미지를 추상적인 의미로도 연결해 보죠. 다음 문장에서의 rock의 의미를 이미지를 통해 유추해 보세요.

The news rocked the world.

그 뉴스가 세계를 (큰 충격이나 공포 등으로) '뒤흔들었다'라는 의미입니다. 이전의 단어 rock의 물리적인 '흔들다'라는 이미지가 세상을 들썩이게 할 정도로 충격적이거나 화제가 되었다는 추상적인 의미로도 무리 없이 연결됩니다.

그러면 영국의 록밴드 퀸(Queen)의 유명한 곡 중 하나인 'We will rock you'의 의미도 감이 잡히죠?

그런데 이러한 시각적 이미지화 없이 rock을 그냥 '흔들다'라는 '말'로만 익히면 이렇게 즉시 잘 연결되지 않습니다. 암기한 의미가 쉽게 잊혀지기도 하고요.

일단 어떤 의미를 시각적인 이미지로 이해하고 저장하는 습관이 들면 이후에는 굳이 실제 그림을 동원하지 않아도 스스로 자연스럽게 머릿속에서 이미지를 그릴 수 있게 됩니다. 또한 다소 모호한 의미도 보다 폭넓고 입체적인 이미지로 소화할 수 있게 되고요.

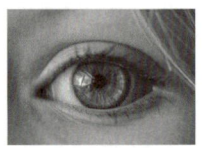

따라서 초급자나 아직 시각적인 이미지를 연상하는 것이 잘 되지 않는다면 pictionary나 기타 여러 가지 시각적 자료 또는 실물 등을 활용하여 어휘를 익히세요.

시각적 이미지에 민감하여 연상하기 쉽거나, 어느 정도 이미지 훈련이 되었으면 좀 더 추상적이고 복잡한 의미에 기존의 이미지를 연결하는 연습을 하세요. 단순히 어휘 하나의 의미만을 그림으로 떠올리기보다 앞에서 설명한 rock이 쓰인 예문처럼 문장 전체를 하나의 장면으로 연상하세요. 그리고 단순히 정지된 그림이 아닌 시간적인 변화 등까지도 폭넓게 바라보려고 해 보세요.

6-2 전치사는 그림으로 익히기 prepositions

전치사(preposition)는 시각적인 이미지로 이해하는 학습이 가장 효과적인 영역입니다. 보통은 문법(grammar) 수업에서 이야기하지만, 여기서도 막연하게 헷갈리고 어려웠던 몇 가지 전치사를 살펴보죠.

A. BY

초급을 조금 벗어나자마자 가장 많이 어렵다고 말하는 전치사 중의 하나가 by입니다. 단어는 하나인데 뭔 뜻이 그리 많냐는 거죠. 그러나 by의 시각적 이미지만 잘 잡아서 이해하면 그 수많은 뜻이 실로 꿴 구슬들처럼 하나의 맥락으로 다가옵니다.

by는 기준이 되는 명사가 미치는 힘의 범위를 나타냅니다. 한마디로 영향권을 말한다고 보면 됩니다. 이것을 말로 이해하지 말고, 가급적 이미지로 떠올려 주세요.

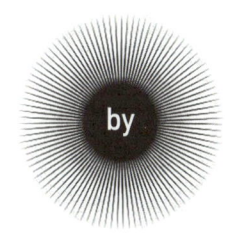

보통 by 하면 제일 먼저 수동태에서의 쓰임을 떠올릴 겁니다. 문장에서 말하는 행동이나 사건의 실질적인 주체를 by 뒤에 써서 나타내지요.

Honey is made by bees.

위의 문장에서 꿀을 만드는 것은 '벌(들)'입니다. 벌의 힘으로 꿀이 만들어진다고 이해할 수 있어요. 즉, 꿀은 벌의 영향권 안에 들어 있습니다.

다음으로 많이 만나는 by는 by bus, by train과 같은 교통수단을 나타내는 경우입니다. 즉, 주어가 이동하기 위해 빌리는 힘인 것이죠. 그래서 도보로 간다고 할 때에는 by foot이라고 하지 않습니다. 왜냐하면 발은 내 것이라서 외부에서 빌려오는 힘이나 영향이 아니니까요. 항상 내 몸에 달려 있으므로 영향권에 들어가고 말고가 없습니다.

또한 by는 '…의 부근/근처'를 나타내기도 합니다. 예를 들어 방 안의 불을 끄기 위한 스위치가 어디 있냐고 물었을 때 The switch is by the door.라고 표현할 수 있지요. 우리가 문을 찾거나 볼 때 문 하나만 보지 않고 문 주변의 어느 정도 범위 안의 것들까지 다 보게 되므로 그 범위 안에 스위치가 있다는 의미입니다.

바닷가에 산다고 할 때 I live by the sea.가 I live near the sea.보다 조금 더 가까운 느낌이 듭니다. by는 바다의 영향권에 있음을 연상시키거든요. 즉, 바닷가에서 집이 보이거나, 집에서 파도 소리가 들린다거나 하는 정도의 거리입니다. 반면 near는 거리가 가깝다는 의미이므로 바다가 느껴질 정도로 가깝지 않을 수도 있습니다. 버스 몇 정거장 정도면 갈 수 있다 정도처럼요.

슬슬 by의 이미지와 함께 범위 개념이 연결되나요? 그럼 다음 문장과 by의 의미를 파악해 보세요.

The price went up by 5 dollars.

10달러였던 물건의 가격이 15달러가 되었습니다. 즉, 가격이 5달러 올랐네요. 이렇게 오른 '폭'을 **by**로 표현했습니다. 이것은 가격의 상승 범위가 5달러란 말입니다.

이렇게 수량 등의 간격이나 폭을 나타내는 것이 **by**입니다. 아슬아슬하게 승리했을 때 우리는 '간발의' 차이로 이겼다고 하죠? 이 작은 간격을 영어에서는 '코'를 써서 **by a nose**라고 해요. 즉, She won the race by a nose.라고 하면 그녀가 경기를 근소한 차이로 이겼다는 의미입니다.

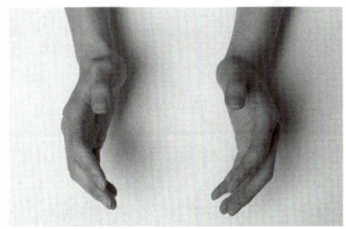

이런 간격을 손 동작으로 한번 표현해 보세요. 간격과 간격을 계속 표현하다 보니 어떤 주기를 나타내게 되죠? 맞습니다. **by**는 '기간의 단위'를 나타낼 때에도 쓰여요. 영향력의 범위를 그 기간 단위로 자르는 거죠. 예문을 통해 이것을 확인해 보세요.

You can rent a car by the day. 차를 하루 단위로 빌릴 수 있어요.

I'm paid by the hour. 저는 시간당으로 급여를 받아요.

한 단위씩 자르는 동작에서 다음 표현의 의미로 연결해 보세요.

Solve the problems one by one. 문제를 하나씩 푸세요.

It's getting warmer day by day. 나날이 따뜻해지고 있다.

by는 '…까지'의 의미로도 쓰입니다. 종종 until과 헷갈리는데, by가 힘이 미치는 범위가 어디까지인지를 나타낸다고 생각하면 좀 더 쉽게 이해할 수 있습니다. I'll be back by 4.라고 하면 내가 돌아올 수 있는 시간 범위가 최대 4시까지란 얘기입니다. 즉, 4시 이전의 시간도 그 범위에 포함된다는 거죠. 자연스럽게 해석하자면, '4시까지는 돌아오겠다.'입니다. 반면 until은 그때까지 계속 상태나 행동이 지속됨을 의미합니다. 때문에 until은 다음과 같은 문장에서 쓸 수 있습니다.

I'll stay here until 4. 저는 4시까지 여기 있을 거예요.

They kept talking until midnight. 그들은 자정까지 계속 떠들었다.

by는 이 외에도 여러 의미가 있습니다. 다양한 문장에서 by를 만날 때마다 계속 이미지와 새로 접한 의미를 연결하면서 by의 개념을 확장해 보세요.

B. OVER

over의 이미지는 기준이 되는 대상의 위를 넘어가거나 오가는 것입니다.

다음 문장을 보면서 이 이미지를 계속 떠올려 보세요.

He jumped over the fence. 그는 울타리를 뛰어넘어갔다.

There is an old bridge over the river. 강을 가로지르는 오래 된 다리가 있다.

They live over the road. 그들은 도로 건너편에 산다.

어떤 경계를 넘어 다른 영역으로 이동하는 느낌이 있죠? 어떤 수치가 넘어서는 것도 over입니다.

His grandfather is over eighty.
그의 할아버지는 80세가 넘으셨다.

We've known each other for over 10 years.
우리는 서로 알고 지낸 지 10년이 넘는다.

대상의 위를 넘나든다는 건 그 위를 완전히 덮는 것이죠.

He leaves his things all over the floor.
그는 바닥에 온통 물건들을 늘어 놓는다.

추상적으로 대상을 장악 및 통제하는 의미로도 확장할 수 있습니다.

They have no control over their child.
그들은 그들의 자식에 대해 전혀 통제하지 못한다.

Mr. Holland was a director over me for many years.
홀랜드 씨는 여러 해 동안 내 상사였다.

위에 덮여지는 대상이 시간이라면 그 시간에 '걸쳐서'의 의미로 이해할 수도 있어요. '…를 하면서/하는 동안' 등으로 해석할 수 있죠.

Let's talk about it over lunch.
점심 식사를 하면서 그것에 대해 이야기하자.

I'll be away over the weekend.
주말 동안 어디 좀 가 있을 거예요.

The town hasn't changed at all over the years.
그 마을은 그 세월 동안에도 전혀 변한 게 없었다.

대상에 대해 두루두루 걸쳐 이야기를 나누거나 어떤 일이 벌어지는 것에 대해서도 쓸 수 있습니다.

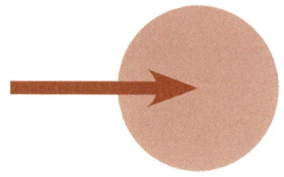

I don't want to argue over housework.
나는 집안일 때문에 논쟁하고 싶지 않아요.

We had disagreement over a couple of topics.
우리는 두어 가지 주제에 대해 이견이 있었다.

C. INTO

into는 무엇인가의 내부로 '쑤욱' 들어가는 움직임의 이미지를 갖고 있습니다. in을 쓸 수도 있지만 in보다 깊거나, 내부에서 좀 더 또는 계속 움직이거나, 힘이 작용하는 인상을 주지요. 때문에 '집 안으로 들어온다'고 할 때에는 come in the house와 come into the house가 모두 가능합니다. '리모컨에 건전지를 넣다'라고 할 때에는 put the battery in the remote control만 가능하고,

into를 쓸 수 없습니다. 리모컨의 내부에서 계속 힘이 가해지거나 배터리가 계속 안으로 들어가는 움직임이 있을 수는 없으니까요.

She dived into the water. 그녀는 물속으로 다이빙했다.

These days I'm into yoga. 나는 요즘 요가에 빠져 있다.

We'll look into the matter. 우리는 그 문제를 조사할 것이다.

위의 문장들은 모두 '깊게 들어가는' 이미지를 갖고 있습니다.

안으로 들어가려는 힘이나 움직임이 있는데 막는다면 꽝! 부딪치겠죠? into 는 충돌을 나타낼 때에도 쓰입니다.

He walked into the wall. 그는 벽에 부딪쳤다.

벽 속으로 걸어 들어갈 수는 없으니 부딪친 게 되는 거죠. 이와 같은 방식으로 자동차 충돌 등도 into로 표현할 수 있습니다.

His car crashed into another car. 그의 차가 다른 차를 박았다.

충돌은 아니지만 '맞닥뜨리게 되는' 것도 into로 말할 수 있습니다.

I ran into Mr. Sohn this morning.
나는 오늘 아침에 (우연히) 미스터 손과 마주쳤다.

무언가의 내부에 힘이 전해지면 균열이 가거나 깨질 수도 있겠죠? into는 그렇게 힘이 전해져서 생겨난 결과를 말할 때에도 쓸 수 있습니다.

Cut the paper into two pieces.
종이를 두 조각으로 잘라라.

이 개념을 추상적으로 적용하면 나눗셈을 표현할 수 있어요.

4 into 8 is 2. 8 나누기 4는 2이다.

8에 4가 작용하여 2라는 결과가 나온다고 보면 되지요.
좀 더 추상적으로 진행해 봅시다.

The frog changed into a handsome prince.
개구리는 잘생긴 왕자님으로 변했습니다.

변신의 결과가 '왕자님'이네요.

The movie made her into a star.
그 영화는 그녀를 스타로 만들었다.

영화가 그녀를 '스타'로 만들었고요. 그럼 다음 문장은 어떤 의미일까요?

He talked them into buying the house.

그가 그들에게 말을 해서 나온 결과가 '집을 산 것'이니까, 한마디로 그가 집을 사도록 그들을 설득했다는 거죠.

into는 힘이 향해 가는 '방향'을 말할 수도 있습니다.

The boy screamed into the microphone.
그 소년은 마이크에 대고 소리질렀다.

시간의 방향도 마찬가지예요.

They kept working into the night.
그들은 밤까지 계속해서 일을 했다.

어떤 상황이나 상태에 빠져들거나 활동 등에 연관되는 것에도 into를 쓸 수 있어요.

He's just not that into you.
그는 너에게 그 정도로 빠져있지는 않다. (《그는 당신에게 반하지 않았다》 -베스트셀러 책, 영화 제목)

Keep calm. Don't get into a panic.
진정해. 공황상태에 빠지지 말고.

I've decided to go into business with my brother.
나는 형과 사업을 하기로 결심했어.

6-3 형용사도 이미지로 기억하기
vivid adjectives

의미 자체가 시각적인 이미지와 연관된 것이라면 해석보다 실제 이미지와 연계해서 익히는 것이 더욱 좋습니다.

그럼 이번에는 사람의 외모를 보다 구체적으로 묘사할 수 있는 표현을 익혀 볼까요? 이런 표현은 매우 생생하게 모습을 떠올릴 수 있다는 장점이 있어요. 하지만 상대방에게 직접 사용할 때에는 불쾌감을 줄 수도 있어 조심해야 하는 경우도 있습니다. 대체로 영어권에서는 사람의 외모에 대해 이야기하는 것을 그렇게 바람직하게 보지 않습니다. 굳이 사용해야 할 경우에는 일반적으로 사람의 외모와 관련해서는 직설적인 표현보다 다소 긍정적인 표현을 사용하는 것이 좋습니다. 그러나 소설 등에서는 생생한 묘사를 위해 매우 다양하게 표현할 수 있습니다. 따라서 말할 때 함부로 쓰지 말라고 하는 것은 익히지 않아야 한다는 의미는 아니에요.

살이 찌거나 뚱뚱한 몸집을 나타내는 단어들을 먼저 살펴보지요.

• overweight

fat은 매우 직설적이고 무례한 표현입니다. 이보다 완화된 표현이 overweight입니다.

I was a little overweight as a child. 나는 어릴 때 살이 좀 쪘었다.

• obese

obese는 very overweight의 의미로, 건강 관련 기사 등에서 볼 수 있는 표현이지요. 우리말의 '비만인'에 해당합니다.

명사형은 obesity예요.

Obese people should avoid skydiving.
비만인 사람들은 스카이다이빙을 피해야 한다.

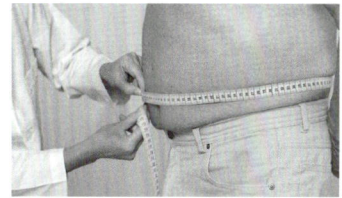

• stout

stout는 다소 키가 작고 살집이 있는 다부진 몸을 묘사하는 표현입니다.

The knight was stout and shorter than his son.
그 기사는 다부진 몸에, 키는 그의 아들보다 작았다.

• chubby

chubby는 우리말의 '통통한'과 비슷합니다. 아기나 어린이에게 많이 쓰는 표현이지요.

I really like to kiss my baby girl's chubby cheeks.
나는 내 딸아이의 통통한 뺨에 뽀뽀해 주는 걸 정말 좋아한다.

• flabby

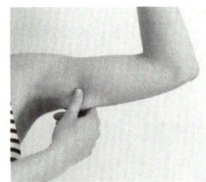

flabby는 살이 쪄서 처지거나 늘어진 것을 표현합니다.

Can push-ups get rid of flabby arms?
팔굽혀펴기로 처진 팔뚝을 없앨 수 있을까?

이번에는 반대로 마른 몸집에 대한 형용사를 살펴볼까요?

• thin

fat이 불쾌하듯, thin도 마른 몸에 대해 부정적인 느낌을 줄 수 있습니다. 요즘 마른 몸매를 매우 선호하는 사회 분위기 때문에 영어로도 thin을 쓰면 칭찬으로 들릴 거라 생각하는 사람들이 있는데, thin은 반드시 매력적인 몸매를 의미하지 않아요.

The old man was tall and thin.
그 나이 든 남자분은 키가 크고 말랐다.

• slim

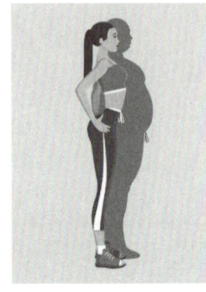

slim은 thin의 긍정적인 표현이라고 할 수 있습니다. '날씬한' 또는 '호리호리한' 사람을 묘사할 때 쓸 수 있어요.

Alice has a slim figure. 앨리스는 날씬한 몸을 가졌다.

She always stays slim. 그녀는 항상 날씬함을 유지한다.

• slender

날씬하고 마른 몸매를 아름답다는 칭찬의 의미로 표현하려면 slender도 쓸 수 있습니다. 보통 키가 크고 늘씬하다는 의미로 이해되지요.

Megan was a tall slender young girl with beautiful blue eyes.
메건은 아름다운 푸른 눈을 가진, 키가 크고 늘씬한 소녀였다.

• lanky

lanky는 키가 크고 마른 사람을 묘사할 때 쓸 수 있습니다. 우리말로 '호리호리한'과 비슷한 느낌입니다. 팔다리가 길어서 좀 흐느적거리는 듯이 보이기도 하는, 그런 사람을 말하곤 합니다.

He was a very tall and lanky man.
그는 매우 키가 크고 호리호리한 사람이었다.

• skinny

skinny는 말 그대로 가죽(skin)만 남을 정도로 '비쩍 마른'이란 의미입니다. 역시 일반적인 칭찬의 의미로 쓸 만한 표현은 아니에요.

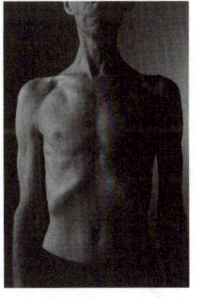

Billy is so skinny that I can see his ribs.
빌리는 너무 말라서 갈비뼈가 보일 정도이다.

근육질의 몸에 대해서는 이런 표현을 쓸 수 있습니다.

• muscular

muscular는 말 그대로 '근육질의'라는 의미예요.

Dave has a lean and muscular body.
데이브는 군살 없이 근육질의 몸을 가졌다.

• well-built

몸을 build라고 말합니다. 건축물처럼 몸도 그렇게 세워진 것이에요. 그러니까 well-built는 한마디로 몸이 아주 '잘 세워진' 거예요. 건축물이 잘 건설되었다고 말하면 보통 튼튼하고 강한 건물을 말하듯이 사람이 아주 세고 강한 모습을 주는 거죠. 그런 몸은 보통 단단한 근육질이고요.

Achilles was handsome with a well-built body.
아킬레스는 멋진 몸의 미남이었다.

• beefy

beefy는 구어체에서 쓰는 표현으로, 보통 근육이 많은 우람한 남자들에게 사용해요. 소고기(beef) → 살 → 근육, 이해가 되지요?

The gym was full of beefy guys. 체육관은 우람한 남자들로 가득했다.

그 외의 몸집이나 몸매를 묘사하는 표현을 살펴볼까요?

• stooped

stooped는 자세가 구부정한 사람을 묘사하는 표현입니다.

The stooped old man slowly stood up.
구부정한 노인은 천천히 일어섰다.

헤어스타일도 어떤 사람을 알아보거나 묘사할 때 중요한 요소 중 하나이지요. 사실 외관을 묘사하는 표현은 아래의 사진들처럼 실제 모습을 보는 것이 글로 설명하는 것보다 더 확실하죠. 헤어스타일이 특히 그렇습니다.

• curly

우리가 보통 '보글보글'이란 말로 묘사하는 파마나 곱슬머리를 curly로 표현할 수 있어요. 'Curly Sue(컬리수)'라는 영화도 있었죠. 주인공 여자아이의 머리가 별명대로 curly예요.

Is it hard to manage curly hair? 곱슬머리는 관리하기 어려운가요?

• wavy

wavy는 curly보다 굵은 웨이브입니다. 머리가 직모는 아니고 물결치듯 말린 정도라고 할까요?

Diane has a long wavy hair.
다이앤은 길고 웨이브가 있는 머리를 가지고 있다.

• straight

구불거리지 않은 직모는 straight hair예요.

I've had long straight hair for years.
나는 수년째 긴 직모를 유지하고 있다.

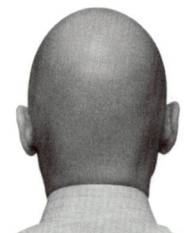

• bald

bald는 머리가 없는 대머리를 의미합니다. 그런데 balding이라고 하면, 대머리가 '진행 중'임을 말합니다. 즉, 아직 일부에 머리가 좀 남아 있는 상태를 말해요. 사실 balding에도 종류가 있어요. 전체적으로 머리숱이 점점 줄어드는 중이라면 thinning으로 말할 수 있어요. thin은 '머리나 눈썹 등의 숱이 적은'이란 의미도 있거든요.

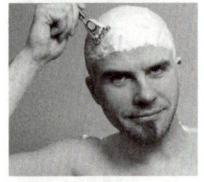

왼쪽의 그림처럼 이마가 점점 넓어지는 경우는 receding이라고 합니다. recede가 '후퇴하다'라는 의미거든요. 머리가 점점 뒤쪽으로 물러나는 상황이라는 거죠. 어쩔 수 없이 머리가 빠지는 게 아니라 일부러 머리를 완전히 밀어 버리는 사람들도 있지요? 이런 경우에는 shaved란 말을 따로 쓸 수 있습니다.

shaved까지는 아니어도 매우 머리를 바짝 자른 헤어 스타일은 closely-cropped라고 표현할 수 있어요.

그 외의 독특한 헤어스타일에 대해서도 말해 보죠.

• dreaded

레게머리는 어떻게 말하느냐고 많이 질문하는데, dreaded 또는 have dreads라고 말해요. dreads 대신 dreadlocks를 쓰기도 합니다. 둘 다 레게머리의 꼬인 머리가닥들을 의미합니다.

He has dreads. 그는 레게머리를 했다.

• afro

afro는 주로 흑인들이 하는 매우 곱슬거리는 머리를 둥글고 풍성하게 한 헤어스타일이죠.

He has afro hair. 그는 아프로 헤어스타일을 하고 있다.

Afro hair isn't always the easiest to deal with, but it looks good.
아프로 머리가 항상 다루기에 가장 쉬운 건 아니지만 멋져 보이죠.

• slicked-back

slicked-back은 빗으로 쫘악 빗어 넘긴 헤어스타일이죠. '올빽'은 콩글리시고요. slicked-back이나 swept-back이라고 표현합니다.

My hair is slicked back. 내 머리는 빗어 넘긴 스타일이다.

The man had swept-back hair. 그 남자는 올빽 머리를 했다.

• parted

가르마를 탄 머리는 parted예요. 가르마를 타는 것을 part로 표현할 수 있습니다.

His hair is parted on the left.
그는 왼쪽에 가르마를 탔다.

• spiky

spiky는 록스타나 연예인들이 젤 등을 써서 머리카락을 뾰족뾰족하게 올린 머리를 말해요.

The rock singer has spiky hair.
그 록가수는 뾰족뾰족하게 머리를 세웠다.

머리색도 다양하게 표현할 수 있어요.

• dyed

염색한 머리는 dyed라고 해요. died와 발음이 같지만, 죽었다는 말이 아니예요. 앞에서 배웠던 동음이의어(homophone)이니 헷갈리지 마세요.

She has dyed hair. 그녀는 염색한 머리를 가지고 있다. (그녀는 머리를 염색했다.).

My hair is dyed black. 내 머리는 검은색으로 염색되어 있다.

dyed or died?

• bleached

아예 탈색한 머리는 **bleached**라고 해요. 예전에 '브릿지했다'라고 잘못된 발음으로 알려졌었죠. '다리(bridge)'와는 전혀 관련이 없어요.

Is your hair bleached? 네 머리는 탈색한 거니?

My sister has bleached hair and it looks good on her.
우리 언니는 탈색했는데 잘 어울린다.

• highlighted

부분 부분 색을 밝게 했다면! 사실 앞에서 말한 콩글리시 '브릿지'는 바로 highlighted로 표현합니다.

I want to have highlighted hair.
나는 부분 부분 밝게 색이 들어간 머리를 하고 싶다.

The model's hair is highlighted with different shades.
그 모델의 머리는 다양하게 부분 부분 밝은 색이 들어갔다.

• greying

나이가 들면서 머리가 세어 간다면 **greying**이에요. 우리는 흰머리, 백발이라고 하는데, 영어에서는 회색(grey)이라고 해요.

His hair is greying. 그는 머리가 세고 있다.

My father has grey hair. 우리 아버지는 백발이시다.

• ginger / red

붉은 빛깔의 머리는 red도 쓰지만 ginger라고도 합니다. '빨간머리 앤'처럼 붉은 머리를 가진 사람, 특히 여성을 redhead라고도 해요.

I wish I had ginger hair.
내가 붉은 빛깔의 머리를 가졌다면 얼마나 좋을까.

마지막으로 머리(hair)에 대해 말한 김에 hair에서 온 형용사 hairy에 대해 말하고 마무리하죠. hairy는 머리가 아니라 '털이 많은' 사람한테 쓰는 표현이에요. hair는 사실 머리뿐만 아니라 '털'이란 털에는 다 쓸 수 있는 단어거든요.

Jack has hairy arms.
잭은 팔에 털이 많다.

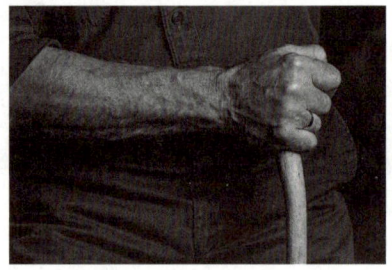

What & How to Practice 무엇을 어떻게 연습/훈련해야 하나?

Unit 7 문장과 지문 속에서 어휘를 만나자
Words in thread

7-1 단어장보다 '읽기'가 먼저다 through reading
7-2 읽기 위한 단어 먼저 익히기 sight words
7-3 문장으로 연습하기 words in sentence
7-4 묶어서 정리하고 복습하기 grouping

Unit 7 문장과 지문 속에서 어휘를 만나자
Words in thread

7-1 단어장보다 '읽기'가 먼저다
through reading

단순하게 단어의 철자와 그 단어의 짤막한 한국어 정의만 외우는 식의 암기는 사실 외우기도 힘들고 효과도 적습니다. 그보다는 단어 하나라도 그 단어가 쓰인 문장과 단락 전체에 주는 의미와 분위기까지 음미하는 학습이 느려 보여도 근본적인 효과가 있습니다. 진짜로 내가 '아는' 단어로 소화하는 방법이지요. 이를 위해서는 단어와 정의만 열거된 단어장 학습보다는 읽기(reading)를 통해서 어휘를 만나고 익히는 것이 좋습니다.

특히 어휘 학습에서 '암기'는 무시할 수 없는 부분으로, 가장 좋은 암기법은 '반복', 즉 자꾸 접하는 것입니다. 이때 스무 번씩 쓰고 외우는 식의 반복이 아니라, 그 단어를 자연스럽게 자꾸 맞닥뜨려야 합니다. 예를 들어 생물 관련 용어들을 공부한다면 그에 관련된 지문들을 다양하게 계속 읽는 것이 단어 리스트만 죽어라 쳐다보는 것보다 낫지요. 육지와 바다의 다양한 동물들에 대한 지문들을 읽다 보면 처음에는 낯설었던 **vertebrate**(척추동물) 같은 단어도 친숙해집니다.

단어를 체계적으로 정리하면서 부족한 점을 메꾸고자 하는 의미에서 '어휘 학습서'를 보는 것도 유익할 수 있습니다. 단어장과 어휘 학습서를 혼동하지는 마세요. 어휘 학습서는 여러분이 지금 보고 있는 '영단어 콘서트'처럼 어휘를 보다 효과적으로 익히고 쌓아갈 수 있도록 돕는 교재를 말합니다. 그리고 어휘 학습서는 그 학습서의 레벨 수준의 어휘를 어느 정도는 접한 상태 또는 그 과정에서 활용하는 것이 좋습니다. 어휘 학습서에서 만나는 대부분의 어휘가 생소하다면 학습서의 레벨을 낮추거나, 그러한 어휘를 만나는 수준의 '읽기 활동' 등을 우선하거나 병행하는 것을 고려해 보세요.

7-2 읽기 위한 단어 먼저 익히기
sight words

꾸준하고 효과적인 어휘를 쌓아가기 위해서도 '읽기'가 필요하지만, 이 '읽기'를 위한 어휘도 있습니다. 이것을 'sight words(사이트 워드)'라고 합니다. 예를 들면 love 같은 단어는 영어가 모국어가 아닌 우리나라에서도 너무나 흔히 쓰여서 웬만한 사람들은 그냥 보자마자 다 압니다. 일일이 알파벳을 확인하고, 읽고, 머릿속에서 해석하지 않아도 되죠. 이렇게 눈으로 보자마자(sight) 바로 알 수 있는 단어(words)를 sight words라고 할 수 있는데, 그럴 정도로 영어 문장에서 매우 자주 쓰이는 어휘들입니다. 따라서 이 sight words가 많으면 많을수록 읽기가 수월합니다. 연령 또는 읽기 수준의 발달에 따라 sight words는 점점 늘어납니다.

시중의 어린이를 위한 읽기 프로그램을 보면 읽기의 아주 첫 단계부터 필요한 sight words부터 시작하여 차근차근 이것을 늘려가도록 구성되어 있는 것을 많이 볼 수 있을 거예요. 읽고자 하는 지문 수준에서 요구되는 sight words가 부족하면 읽는 속도도 느리고, 내용을 이해하는 데도 어려움이 있을 것입니다. 반대로 sight words를 제대로 갖추면 원활한 읽기는 물론 이를 통해 내가 익히고자 하는 어휘에 좀 더 수월하게 집중할 수 있어서 지금 말하고 있는 '어휘 학습'에도 매우 효과적입니다. 따라서 '읽기'를 위해 어휘를 늘리려면 우선 내가 읽어야 할 수준에서 필요한 sight words부터 확인할 필요가 있겠죠?

다음은 미국의 초등학교 3학년생 수준의 대표적인 sight words입니다. '보자마자 단어들을 바로 인식'할 수 있는지 점검해 보세요. 단어를 읽고 단어 뜻을 생각하는 데 시간이 걸리면 sight words로서 단어를 알고 있는 것이 아닙니다. 그렇다면 우선 이 단어들이 눈에 쉽게 들어올 때까지 이 정도 수준의 단어들이 많이 쓰인 글을 계속 반복해서 읽어야 합니다.

〈미국 초등학교 3학년 수준의 읽기를 위한 sight words〉

afraid	almost	also	always
animals	another	anyone	asked
away	become	believe	better
build	buy	by	care
caught	clothes	community	confusion
couldn't	country	decided	different
discover	does	doesn't	done
enough	especially	everybody	everything
except	exciting	even	finally
friendly	general	getting	goes
hard	heard	hidden	high
hole	hopeless	I'm	important
impossible	independent	it's	its
journal	knew	know	laughed
left	live	loveable	money
morning	myself	never	night
once	outside	own	person
prettier	prettiest	probably	problem
question	ready	recycle	responsibilities
shouldn't	something	sometimes	sudden

sure	terrible	that's	their
there	these	they	they're
think	thought	threw	through
told	too	trouble	unhappiness
united	until	upon	vacation
want	wasn't	watch	wear
weather	we're	were	whether
which	while	whole	winner
wouldn't	years	your	you're

〈미국 초등학교 4학년 수준의 읽기를 위한 sight words〉

achieve	active	affect
alter	approach	astound
attempt	attend	benefit
burrow	calculate	cease
cherish	climate	column
complete	confuse	contempt
contract	decay	destructive
develop	dismay	distribute
drowsy	eager	ease
eject	embrace	entertain

equip	exceed	expose
famished	flexible	forbid
forecast	glimpse	grace
grove	hail	hibernate
impose	instant	keen
lack	limb	limp
mammoth	master	mature
migrate	mock	modest
nestle	observe	parallel
paralyze	patriot	permit
persist	persuade	pessimist
phase	prepare	project
quaint	recall	recite
recommend	reduce	reject
remark	represent	resist
respond	revise	scorch
scurry	seize	sensitive
severe	shallow	sufficient
surround	tower	utter
venture	victim	

7-3 문장으로 연습하기 words in sentence

지금까지 익힌 단어들은 모두 예문이 함께 있었습니다. 각 단어들을 떠올릴 때 예문 전체를 떠올릴 수 있거나, 적어도 대략 어떤 의미나 형태의 문장에서 이 단어를 익혔다는 기억이 함께 한다면 잘 하고 있는 겁니다.

단순하게 단어-정의(word-definition) 식으로 달달 외우는 공부는 한계에 부딪치기 쉽죠. 새로운 어휘를 배우는 만큼 이전에 학습한 어휘들을 잊기 때문입니다. 하지만 문장과 함께, 그리고 이전에 이야기한 소리나 시각적 이미지가 함께 연결된 어휘는 매우 단단하게 머릿속에 자리를 잡습니다.

또한 예문은 그 단어의 실질적인 쓰임새를 자연스럽게 알 수 있게 해 줍니다. 제1막에서 이야기한 '기능과 용법'이죠. 그리고, 단어의 의미를 보다 능동적으로 이해하고 적용할 수 있게 해 줍니다. 역시 제1막에서 이야기한 문맥과 다양한 의미와 관련 있는 사항이죠.

예를 들어 '맹세', '서약', '선서'라는 뜻의 단어 oath를 단어와 정의만 외웠다면 실제로 이 단어를 문장으로 쓸 때 곤란해질 가능성이 큽니다. '선서를 했다'와 같은 표현을 하려면 무슨 동사를 써야 할지에서 막히는 거죠. 우리말이 '하다'라고 모두 do는 아니니까요. 하지만 예문으로 익히고 연습했다면 얘기가 달라질 수 있죠. The witness took an oath in court.(증인은 법정에서 선서를 했다.)와 같은 예문으로 이 단어를 익혔다면, 이미 '선서를 했다'의 형태를 알고 있기 때문입니다.

이것은 '덩어리'로 표현을 익히는 것의 효과와도 연관이 있습니다. 따라서 어휘는 단어보다는 단어가 쓰이는 덩어리 표현 묶음으로, 표현보다는 그 표현이 쓰인 전체 문장으로 익히고 연습하는 것이 가장 효과적입니다.

간혹 단순 암기가 시간을 절약해 준다는 사람도 있습니다. 하지만, 암기 자체가 오래 가지 않는다면 그 잠깐의 시간도 허사가 될 뿐 아니라, 전체적인 학습 효과 면에서도 비교할 바가 못 됩니다. 그냥 'oath = 맹세'로만 외운 것은 딱 QUIZ 쇼 용도, 그 이상도 이하도 아닙니다.

다시 한 번 더 강조하지만, 어휘 학습은 그 단어가 실제로 쓰이는 표현이나 문장을 통해 연습할 때 가장 큰 실질적인 효과가 있습니다. 그리고 가급적이면 여러 문장을 통해 다양한 쓰임을 이해할 수 있는 것이 좋습니다. 어휘 학습서에서 제공하는 예문만으로 만족하지 말고, 사전이나 검색 등을 통해 좀 더 많은 문장을 접하려고 노력하세요. 단어의 개수를 늘리는 것보다 예문의 개수를 늘리는 것이 훨씬 더 유익합니다.

7-4 묶어서 정리하고 복습하기 grouping

무작위로 열거한 단어들보다는 어떤 주제별로 묶인 단어들을 익히는 것이 보다 효과적입니다. 그러나 언제나 일정하게 주제별로 어휘들을 만나게 되는 것은 아니죠. 꾸준히 익히는 어휘들을 보다 잘 기억하고 활용할 수 있도록 준비하려면 주기적인 정리와 복습이 필요합니다. 이러한 정리와 복습에서 단어들을 효과적으로 묶어주면 효과가 배로 늘어날 수 있지요.

자주 쓰는 일상 표현은 상황별로 익히고 실제로 그 상황을 재연하면서 연습하고 외우는 것이 좋습니다. 대화문에서 잘 쓰이는 표현은 실제 대화문을 문장째로 연습하면서 외우는 것이 좋습니다. 대화문 연습을 누적시키면서 비슷한 상황별로 표현을 정리해 보고 복습해 보세요.

독해를 위한 어휘라면 읽고자 하는 지문의 주제별로 단어들을 묶어 보세요. 환경 관련 지문을 자주 읽는다면 conservation(보존), pollution(오염), biodegradable(자연적으로 생분해가 되는) 등의 단어들을 주기적으로 한 번에 살펴보거나 정리해 주는 것이 좋습니다.

보다 세부적으로는 의미의 쌍을 이루는 단어들을 묶어 보는 것도 좋습니다. 우리가 이미 살펴보았던 big의 의미를 가진 동의어 묶음 같은 것이지요. 또는 descend(하강하다) – ascend(오르다)처럼 반의어 묶음도 좋습니다. 모국어인 한국어를 사용한 경우에도 평소 어휘들의 미묘한 의미 차이 등에 민감하고 표현력이 좋은 사람들은 이러한 어휘 정리와 연습을 통해 학습의 재미와 효율을 더욱 극대화할 수 있어요.

영작, 즉 문장을 만드는 데 자주 어려움을 느낀다면 어휘를 용법별로 정리해 보는 것이 좋습니다. 예를 들면 lovely(사랑스러운)와 lively(쾌활한)처럼 -ly로 끝나지만 부사가 아닌 형용사로 쓰이는 단어들, discuss(…에 대해 의논하다)나 await(…를 기다리다)처럼 전치사가 뒤에 올 것 같지만 오지 않는 동사들, explain(설명하다)이나 apologize(사과하다)처럼 뒤에 '…에게'에 해당하는 대상이 올 때 to를 써야 하는 동사들을 묶어 보는 거죠. 물론 이런 용법을 보여주는 예문과 당연히 함께 해야 합니다. 특히 문법 학습을 병행하고 있는 경우 이런 방식의 어휘 정리와 복습은 시너지 효과를 가져올 수 있습니다.

결론적으로 묶어서 정리하고 복습하세요. 어수선한 더미보다는 정리가 잘 된 진열대에서 물건을 찾기가 쉽듯이, 어휘도 잘 관리할수록 잘 쓸 수 있습니다.

What & How to Practice 무엇을 어떻게 연습/훈련해야 하나?

Unit 8 슬기로운 어휘 학습 생활
How to manage your vocabulary study

- 8-1 나만의 단어장 만들기 my own vocabulary book
- 8-2 셀프 테스트를 함께 하면 효과백배! self-test
- 8-3 잘 고르는 것도 실력 select what to learn
- 8-4 능동적 어휘 vs. 수동적 어휘
  active vocabulary vs. passive vocabulary

Unit 8 슬기로운 어휘 학습 생활
How to manage your vocabulary study

8-1 나만의 단어장 만들기
my own vocabulary book

왜 어휘력을 늘려야 하는지에 대해서도, 어휘 학습에 있어서 무엇을 어떻게 공부해야 하는지에 대해서도 이해를 했습니다. 그렇다면 이제 본격적인 '실천' 방법을 이야기할 차례죠.

많은 사람들이 소위 '단어장' 형태의 교재에 의지하여 영어 어휘 학습을 합니다. 이러한 교재들은 대개 알파벳별로 일정 개수의 단어를 하루나 일주일 분량 등으로 학습할 수 있게 Unit별로 묶여서 일목요연하게 구성되어 있습니다. 학생들은 종종 이런 단어장에 있는 단어를 순서대로 기계적으로 외우는 것을 당연하고도 유일한 어휘 학습으로 오해하곤 하지요.

이런 단어장으로 실제 어휘를 학습하는 모습도 매우 아쉽습니다. 예문이 많고 다양한 유형의 연습문제가 풍부하게 제공된 단어장이라면 괜찮지만, 상당수의 교재들이 그렇지 않습니다. 그러다 보니 대부분의 학생들은 그저 단어들을 쳐다보고 눈으로 읽는 것에 그치거나, 그나마 고전적인(?) 방법으로 몇 번씩 연습장에 쓰는 방식으로 외우고 있는 것이 현실이죠.

효과적인 학습은 입력과 연습의 채널도 다양해야 합니다. 이런 의미에서 저는 '나만의 단어장'을 스스로 만들어 가는 방법을 추천합니다. 이미 만들어진 단어 리스트를 수동적으로 외우는 것이 아니라, 읽기나 기타 다양한 노출을 통해 접한 표현을 내가 직접 기록하고 정리하는 것이죠. 꾸준히 정리해 나간다는 면에서 단어장이라기보다 '학습 일기'나 '저널(journal)'에 더 가깝지만, 쉽게 '나만의 단어장'이라고 해 두죠. 꾸준히만 실천한다면 효과는 보증합니다. 제가, 그리고 여러 학생들이 경험했으니까요.

이번에는 단어를 좀 더 효과적으로 익힐 수 있게 나만의 단어장을 만들어 볼게요.

① 준비물: 공책, 색연필 또는 형광펜

컴퓨터나 태블릿에 파일로 정리하거나, 여러 앱 등에서 단어 리스트를 만드는 기능이 있지만, 손으로 직접 써서 기록하는 방법을 추천합니다. 손으로 쓰는 과정 자체가 학습에서 매우 긍정적인 효과가 있습니다. 우선 타이핑이나 클릭보다 시간이 걸립니다. 이 시간은 어휘에 대해 생각하고 소화하는 시간을 뇌에 부여합니다. 또한 손으로 철자와 의미, 예문 등을 적어 나가는 과정은 손과 눈으로도 어휘를 입력하여 기억 입력을 다각화하지요.

단어장으로 쓸 공책은 약간 작은 크기를 권장합니다. 그래야 휴대하기 편리하여 수시로 어휘를 접할 때마다 기록하기 좋습니다. 이왕이면 예쁜 공책을 고르세요. 예쁘게 다이어리를 꾸미는 재미를 멋진 단어장을 만드는 재미로 옮겨 보는 건 어떨까요?

색볼펜과 색연필, 형광펜도 두어 가지 이상 갖추는 것이 좋습니다. 단어장 자체도 예쁘게 꾸며지겠지만, 중요한 부분 등을 적절하게 표기하는 효과가 있습니다.

② 무엇을, 어떻게 적을까?

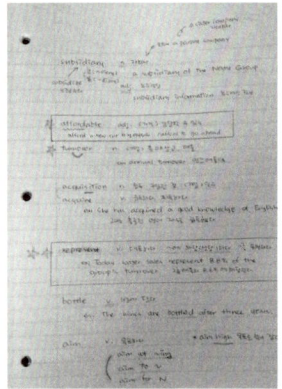

나만의 단어장은 단순히 단어와 의미를 적는 것이 아닙니다. '나만의'라는 말에 걸맞게 '나에게 필요한' 모든 것을 적어야지요.

우선 단어를 적고, 만일 단어의 발음에 대해서 자신이 없다면 발음 관련 메모도 적어 놓으세요. 특히 발음에 많이 신경을 쓴다면 발음 기호를 익혀 두는 것이 좋습니다.

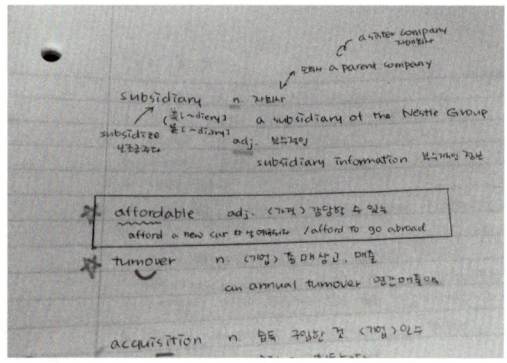

단어의 function(품사)도 표기합니다. 특히 초급이라면 꼬박꼬박 품사를 챙기는 것을 권합니다. 효율적으로 필기하기 위해 약어나 기호를 활용하세요. 예를 들어 동사라면 '동' 또는 'v'로 표기할 수 있겠지요.

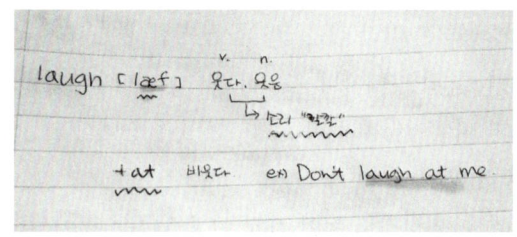

당연히 의미(정의)도 적어놔야겠죠. 이 의미는 사전에 적힌 그대로를 적기보다 본인이 공감이 가는 내용으로 적는 것이 더 좋습니다. 예를 들어 cost의 경

우 '비용이 들다'보다 '돈이 들다'라고 표현하는 것이 더 쉽게 다가가지 않을까요? 평소에 본인이 자주 쓰고 접하는 내용으로 정리하라는 겁니다. 영영사전을 통해 영어로 된 정의를 써 놓는 것도 좋지만, 그게 전혀 다가오지 않거나 너무 읽기 힘들다면 굳이 하지 않아도 됩니다. 특히 초급자들은 너무 야심차게 영영사전의 정의까지 적다가 이내 지치고 마는데, 나만의 단어장은 '길게' 갈수록 힘을 발휘합니다. 초반에 너무 질릴 것 같은 전략은 모두 배제하세요.

다음으로 해당 단어의 '예문'을 적습니다. 이 예문은 내가 그 단어를 처음 만난 그 출처의 문장을 그대로 쓸 수도 있어요. 만약 너무 길어서 그 문장을 적기가 어렵다면 사전 등에서 추출한 것들이 될 수 있습니다.

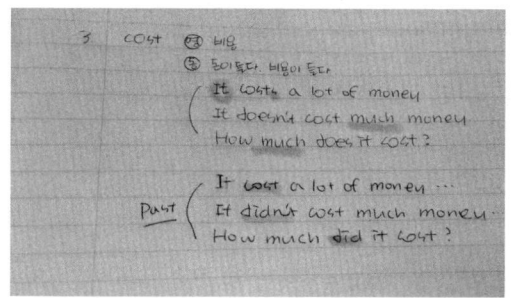

사전 등에서 예문을 가져올 경우 내가 접했을 때의 그 의미에 해당하는 것 중 가장 간결하고 연습하기 적절한 것을 고르세요. 너무 욕심 내서 내가 접한 의미 외의 예문까지 다 적지 않아도 됩니다. 그러나 사전을 보면서 그 단어에 대해 내가 매우 흥미롭게 느낀 다른 의미나 예문이 있다면 그것을 추가로 적는 것은 매우 좋습니다. 결론적으로 한 번에 모든 것을 다 삼키려고 하지 말고, 일단 나에게 '의미 있는' 사항만 선별하라는 거예요.

여기가 끝이 아니에요. 다음으로 특히 '동사'라면, 그리고 문장력이 약한 초급이라면 반드시, 밑에 해당 단어를 이용한 기본적인 예문들을 쭈욱 '영작'해 보거나 쓸 공간을 남겨 주세요.

아까 말했던 cost를 연습해 보자면, 우선 it costs a lot of money … 정도가 문장을 떠올릴 수 있을 겁니다. 그럼 이것으로 끝일까요? 아니죠. 작성한 기본 예문의 부정문과 의문문도 만들어야죠.

It doesn't cost much money.

Does it cost much money?

How much does it cost …?

아직 끝이 아닙니다. 과거와 미래 등 시제를 달리한 문장도 만들어 볼 수 있습니다.

It cost a lot of money …

It will cost a lot of money …

각 시제별로도 부정문, 의문문 등을 만들 수 있어요.

Did it cost a lot of money …?

Will it cost much money …?

How much will it cost …?

이러다 보면 문장의 다른 요소에 대해서 기억할 기회가 생기기도 합니다. cost의 경우라면 위에서 보다시피 의문문 등에서 much가 쓰이는 것 같은 사항이 되겠지요.

꼭 영작이 아니라도 사전 등에서 부정문, 의문문 형태의 예문이나 시제가 다른 예문 등을 고를 수도 있습니다. 어쨌든 영작이나 사전에서 문장을 고르는 과정 모두 어휘를 '문장'과 함께 익히는 의미 있는 활동이라는 거죠. [7-3 '문장으로 연습하기' 참고]

단, 이 모든 문장을 한 번에 다 하지 않아도 됩니다. 처음에는 예문 하나 정도만 적어 두고, 밑에 여유 있게 공간을 두세요. 그리고 틈틈이 복습 등을 위해 그 단어를 다시 볼 때마다 하나씩 적어 두면 됩니다.

보통 동사이고 문장 연습이 많이 필요한 경우라면 아예 한 단어당 한 페이지를 할애하라고도 합니다. 하지만 빈 공간이 너무 넓으면 이것도 부담스러울 수 있으니 처음에는 5~10줄 정도를 권합니다. 동사 외 다른 단어들이라면 2~3줄 정도의 여유 공간도 괜찮습니다. 무언가 간단한 메모 등을 추가할 공간 정도는 남겨 주라는 얘기예요. 그리고 각 단어들이 줄 간격 없이 너무 다닥다닥 붙어 있는 것은 시각적으로도 별로 효과적이지 않습니다. 어쨌거나 '나만의 단어장'은 기록만 하는 것이 아니라 다시 '보고 또 보는' 데도 용도가 있으니까요.

③ 메모를 추가하자

이 외에도 무언가 해당 표현에 대해 알아 두어야 할 사항이 있다면 자유롭게 내용을 추가하세요. 색깔을 다르게 하여 적어 둔다면 좀 더 보기에 편리하겠죠?

다양한 표시 사항 등을 활용하는 것도 권장합니다. 예를 들어 한 번 적어둔 어휘를 다음에 또 찾아볼 때마다 단어의 왼쪽이나 페이지 왼쪽 등에 별을 하나씩 달아두면 나중에 자주 보게 되는 소위 '빈출' 단어를 구별할 수 있는 좋은 가이드가 된답니다. 이때 색연필이나 형광펜 등을 충분히 활용하세요.

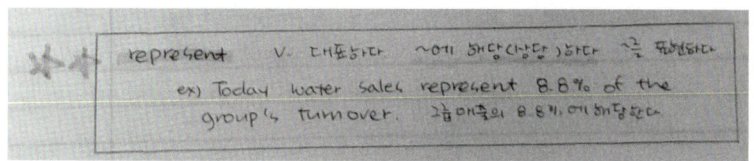

④ 틈틈이 정리하자

매일매일 단어 기록뿐만 아니라 틈틈이 special section도 만들어서 어휘들을 정리하세요. 어느 정도 어휘가 쌓이면 공통성이 있는 어휘들이 생깁니다.

예를 들어 '돈'에 관련된 어휘 모음이나 특정 상황에서 쓰이는 형용사와 같이 주제별로 엮어서 어휘들을 모아 놓는 것도 상당히 도움됩니다. 주제는 의미 중심이 될 수도 있고, 문법적 기능에 따른 것이 될 수도 있으니 필요에 따라 자유롭게 정리 하세요. [7-4 '묶어서 정리하고 복습하기' 참고]

⑤ 날짜를 추가하자

매일매일 꾸준히 기록하는 습관을 위해 날짜를 추가하세요. 날짜를 적고, 그날 분량의 어휘를 기록하세요. 단어별로 번호를 매기는 것도 좋습니다. 별 것 아니지만, 매일매일의 자취가 남고 그날 공부한 단어의 개수를 한눈에 확인할 수 있어서 마음을 좀 더 다잡을 수 있답니다.

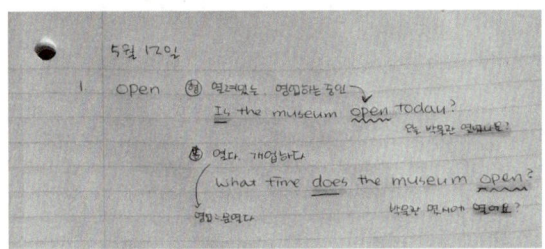

8-2 셀프 테스트를 함께 하면 효과백배!
self-test

가장 좋은 암기법은 자주 접하는 것입니다. 일상에서 매일 영어를 사용하지 않는 우리나라 환경에서 특히 난이도 있는 어휘들을 자연스럽게 반복적으로 접하기는 쉽지 않죠. 따라서 어휘가 장기 기억 장치에 안착할 때까지는 어느 정도 인위적인 방법을 동원할 필요가 있습니다. 어휘에 있어서 가장 좋은 방법으로 제가 권장하는 것은 셀프 테스트입니다.

셀프 테스트는 내가 공부한 단어들을 스스로 점검하는 쪽지시험 같은 겁니다. 이것이 바로 '나만의 단어장'의 효과를 백 배로 향상시키는 방법이지요. 어휘를 공책에 기록하는 것뿐만 아니라 머릿속에도 확실하게 집어 넣는 장치가 될 수 있어요.

셀프 테스트용 공책은 단어장처럼 작은 것보다는 스프링이 달리고 종이에 줄이 쳐 있지 않은, 소위 막 쓰는 '연습장' 같은 것이 좋습니다.

단어장을 기록하면서 셀프 테스트도 함께 만드세요. 오늘 날짜가 7월 4일이라면 셀프 테스트는 내일인 7월 5일을 적습니다. 그리고 오늘의 단어들을 문제로 만드세요.

문제의 형태는 굳이 복잡하고 어렵지 않아도 됩니다. 간단하게 단어의 의미를 적어 놓고 해당 단어를 쓰게 하는 것이 가장 기본입니다. 반대로 단어를 써 놓고 의미를 적게 할 수도 있어요.

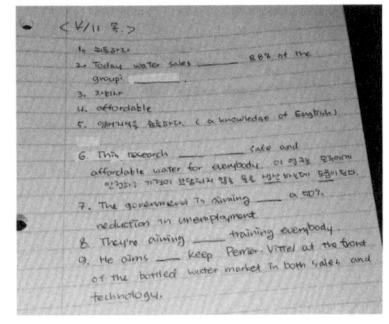

좀 더 응용하여 단어장의 예문을 적고 해당 표현 부분을 빈 칸으로 남기는 형태도 있습니다. 간단한 예문이라면 해석을 써 놓고, 그 문장을 영작하게 만드는 것도 좋습니다. 다소 난이도가 있지만 공부 효과는 매우 뛰어납니다.

문제의 순서는 단어장의 순서대로 하지 말고 무작위로 섞으세요. 문제의 종류도 다양하게 뒤섞는 것이 좋습니다.

이렇게 출제한 문제들을 내일 푸세요. 보통 아침에 일어나서 가장 짬이 나는 때를 활용하라고 조언합니다. 하루치 분량의 단어 개수에서 몇 개 정도 추가된 정도여서 푸는 데 그다지 많은 시간이 걸리지는 않습니다. 고민하고 풀게 아니라 빠르게 풀고 확인하는 데 의의가 있고요.

채점해 보면 신기하게도 바로 어제 공부한 단어임에도 틀리는 문제들이 있을 겁니다. 20문제 중에 14개를 맞았다면 크게 14/20과 같이 점수를 적어 주세요. 그리고 틀린 단어들은 다시 단어장으로 돌아가서 별표나 형광펜 등으로 표시해 두고 복습합니다. 그리고 오늘의 단어를 기록하면서 내일의 셀프 테스트를 만들 때 오늘 틀린 단어들도 추가합니다. 가끔은 동일한 문제 형태가 아닌 다른 형태의 문제로 내세요.

오늘 틀린 단어뿐만 아니라 이전에 틀렸던 단어이거나 다시 보았을 때 좀 생소하게 느껴지는 단어들도 틈틈이 문제로 추가하세요. 그러다 보면 매일 매일의 셀프 테스트 문제 수는 그날그날의 단어 개수보다 많아집니다. 최대 30% 이상은 넘지 않는 것을 권합니다. 셀프 테스트도 부담스럽지 않게 오래 꾸준히 하는 데 의의가 있기 때문에 너무 많으면 좋지 않습니다.

8-3 잘 고르는 것도 실력 select what to learn

어휘 공부를 하는 학생들이 가장 많이 묻는 질문 중의 하나가 읽거나 들으면서 접하는 모든 새로운 단어들을 다 챙기고 외워야 하냐는 것입니다. 나만의 단어장을 기록하기로 한 학생들도 하루에 너무 많은 단어를 만나는데 어떻게 하면 좋겠냐는 질문을 종종 하고요.

어휘 학습에 있어, 특히 나만의 단어장과 셀프 테스트를 해 나가면서 중요한 것은 바로 '선택과 집중'입니다.

하나의 이야기에서 다음과 같은 단어를 만났다고 가정해 봅시다.

The haberdashery was his favorite place. He loved shopping for nice suits. The staff who worked there were so friendly and helpful.

haberdashery란 단어가 상당히 낯설지만, 문맥을 통해 무언가 의복을 살 수 있는 곳이라는 것을 유추해 낼 수 있지요. 이것만으로 충분합니다. 만일 이 이야기에서 이 장소가 매우 의미 있다면 이 단어는 계속 반복되어 나타날 가능성이 있습니다. 이를 통해 따로 대단한 노력을 하지 않아도 이 단어를 어느 정도는 머릿속에 기억할 수 있지요. 하지만 그렇지 않다면 여기 문맥을 통해 의미를 알고 글을 읽어 나간 것만으로도 충분합니다. 나중에 이 단어를 다시 만났을 때 기억할 수 있다면 좋겠지만, 의복을 파는 양품점이란 단어가 내 언어 생활에서 그렇게 자주 쓸 일이 없다면 그때그때 이렇게 이해하는 것으로 충분합니다.

이런 단어는 굳이 처음 만나게 되자마자 따로 적고, 사전을 찾아보며, 몇 번이고 써가면서까지 외울 필요는 없습니다. 나만의 단어장에 들어갈 필요도 없고요. 물론 어휘에 대한 엄청난 갈증이 있고 시간과 노력이 넉넉하다면 쓰고 외우는 것이 나쁠 것이 없죠. 하지만 천재가 아닌 우리들은 대부분 시간과 에너지와 기억력에 한계가 있습니다.

익혀야 할 어휘를 선별할 때 중요한 것은 당장 내가 자주 만나고 쓸 만한 단어인가의 여부입니다. 내가 만나거나 쓸 일이 없는 단어는 애써 외워봐야 그만큼 쉽게 잊혀집니다.

매일 계속해서 너무 많은 새로운 단어들을 만나고 있다면 과감하게 일정 분량만 선택하는 것도 좋은 방법입니다. 빈도 높은 의미 있는 단어라면 어차피 계속 영어 공부를 하면서 다시 만나게 됩니다. 모든 단어를 지금 다 알아야 한다는 강박에서 벗어나세요. 몇 개라도 제대로 공부하는 것이 더 낫습니다.

리딩 등에서 너무 많은 단어가 쏟아져 나왔다면 적정량만 기록하고, 나머지는 내일과 모레 등으로 나누어 배분한 뒤에 기록하고 학습하거나 하루에 공부하고 기록할 적절한 단어의 개수를 설정하고 그 이상을 넘기지 마세요. 기록할 단어를 고르는 과정에서 단어를 선별하는 눈도 서서히 발달하게 됩니다. 따라서 무엇을 고르고 무엇을 일단 버려야 할지에 대해서도 너무 심각하게 생각하지 않아도 됩니다. 다시 말하지만 '나만의 단어장'은 장기 프로젝트입니다. 길게 보고, 하루하루에 너무 일희일비하지 마세요.

8-4 능동적 어휘 vs. 수동적 어휘
active vocabulary vs. passive vocabulary

어휘에는 두 종류가 있습니다.

하나는 읽거나 들을 때 문맥 등을 통해 의미를 이해할 수 있는 어휘들로, passive vocabulary(수동적 어휘)라고 합니다. 먼저 말하거나 쓰게 되지는 않지만, 눈과 귀에는 익숙한 표현이죠.

반면 말하거나 쓸 때 적극적으로 사용하는 어휘들은 active vocabulary(능동적 어휘)라고 합니다. 언제든지 써먹고 싶을 때 튀어 나오는 표현이라고 할 수 있지요.

모국어가 영어가 아니라 일부러 공부해서 익혀야 하는 대부분의 한국인들은 익히는 어휘 중 대다수가 passive vocabulary입니다. 대개 귀로 듣거나 눈으로 읽어서 표현을 접하고, 그것을 실제로 써 볼 기회가 부족하다 보니 계속 귀와 눈에만 익숙한 상태로 머무는 것이죠.

대부분의 사람들은 passive vocabulary가 active vocabulary보다 많습니다. 그리고 당연히 active vocabulary가 많을수록 언어 수준이 높죠.

일상생활이나 내 분야와 연관되지 않은 표현이라면 일단은 passive vocabulary로 머물러도 됩니다. 만약 그렇지 않다면 active vocabulary로 전환하는 것이 어휘 학습의 관건이지요.

그러면 어떻게 해야 active vocabulary를 늘릴 수 있을까요? 지금까지 제2

막에서 설명한 대로 눈으로만 보지 않고 입으로 소리 내어 읽고 단어장에 기록하거나 셀프 테스트에서도 문장 영작을 적극적으로 활용하는 것 등이 모두 독학으로 active vocabulary 전환 및 습득의 방법입니다. 따라서 지금까지 설명하고 당부한 내용을 충실하게만 실천한다면 성공적인 영어 어휘 학습이 될 거예요. Just do it!

제3막

Build-up Vocabulary
본격적인 어휘 확장/불리기

이제 본격적으로 어휘를 늘려 볼 차례입니다. 그동안 왜 어휘를 익혀야 하고, 어떻게 공부하고 관리해야 하는지를 설명했는데 이것을 바탕으로 진짜 어휘력 확장을 하는 것이죠. 이를 통해 단순히 최소한의 의미만을 전달하는 것이 아니라 보다 정확하면서 미묘한 뉘앙스까지도 구체적으로 이해하고 나타낼 수 있는 표현력을 탄탄하게 기를 수 있습니다.

Build-up Vocabulary 본격적인 어휘 확장/불리기

Unit 9 표현력 업그레이드하기
Upgrade your expressions

9-1 묘사하는 단어, 형용사 adjective
9-2 묘사의 정도가 다르다 gradable/non-gradable
9-3 마치 …와 같다 – 비유하기 similes
9-4 소리를 묘사하는 표현 onomatopoeia
9-5 구체적이고 선명한 동사 graphic verb

Unit 9 표현력 업그레이드하기
Upgrade your expressions

9-1 묘사하는 단어, 형용사 adjective

　형용사와 부사는 대상이나 상황, 동작 등을 묘사하는 단어입니다. 보통 수식어 또는 꾸며주는 말이라고 하지요. 꾸며주는 말들이 없다고 의사소통이 안 되는 건 아니지만, 이런 말이 있으면 그만큼 좀 더 구체적이고 정확한 의미를 담을 수 있습니다. 흑백 TV와 컬러 TV의 차이라고나 할까요?

　형용사와 부사를 풍부하게 사용하면 그만큼 생생하고 명확한 의미와 느낌을 전달할 수 있습니다. 초반에 다룬 **big**과 **small**의 다양한 동의어들을 기억할 겁니다. 기본적으로는 같은 의미지만, 각 단어가 주는 이미지와 뉘앙스가 달랐지요. 단순히 기본적인 의미만을 말하는 것에서 이제 좀 더 구체적이고 생동감 있게 묘사하면서 표현력을 돋보이게 하는 어휘들을 살펴보겠습니다.

　형용사는 명사의 특징, 상태, 수량 등을 묘사하는 단어입니다. 다음 문장에서 형용사와 그 형용사가 꾸며주는 명사를 먼저 살펴보세요.

Anne was wearing a beautiful hat.
앤은 아름다운 모자를 쓰고 있었다.

There were nine chairs in the room.
방에는 아홉 개의 의자가 있었다.

It's the scariest movie I've ever seen.
그건 내가 본 것 중 가장 무서운 영화이다.

The socks smell gross. 양말 냄새가 역겹다.

형용사의 뉘앙스를 아는 것은 중요합니다. 예를 들어 자기의 뜻에 확고한 사람에 대해 determined를 쓰면 긍정적인 의미지만, stubborn을 쓰면 부정적인 이미지를 줍니다. 따라서 비슷해 보이는 의미라도 어떤 단어를 선택하느냐에 따라 말하는 사람의 생각이 다르게 전해집니다.

She was determined that the same mistakes would not be repeated.
그녀는 같은 실수를 반복하지 않으려는 의지가 확고했다.

I wish she would stop being so stubborn!
그녀가 그만 좀 고집부렸으면 좋겠어.

위의 두 문장에서 그녀에 대해 말하는 사람의 생각이 분명히 드러납니다. 전자는 다소 긍정적이나, 후자는 부정적이죠. 그녀에 대해 긍정적으로 말하는 전자의 문장에서는 stubborn을 쓰면 어색합니다. 마찬가지로 부정적인 문장인 후자에서 긍정적인 뉘앙스의 determined를 쓰면 어울리지 않습니다.

따라서 새로운 형용사를 만날 때에는 사용되는 문맥을 특히 주의 깊게 살펴보고 그 의미가 어떤 뉘앙스를 주는지를 살펴볼 필요가 있습니다.

그럼 형용사 중에서도 사람과 사물 등의 외관(appearance), 즉 겉모습을 묘사할 때 쓸 수 있는 표현을 한 번 살펴볼까요? 이 단어들은 해당 의미 외에도 일맥상통하는 유사한 의미를 갖고 있을 수 있습니다. 다른 의미가 궁금하다면 사전 등을 통해 확인해 주세요. 간혹 약간 확장된 내용이 더해지겠지만, 여기서는 주제에 해당하는 의미에만 중점을 두었습니다.

A. 외관을 표현하는 형용사 appearance adjectives

외관이 보기 좋거나(good-looking) 아름다움을 의미하는 긍정적인 표현부터 살펴보죠.

• **elaborate** [ɪˈlæbəreɪt]

elaborate는 매우 정교하고 세밀한 공이 들어간 것을 묘사할 때 쓸 수 있는 형용사입니다.

The elaborate wedding cake was decorated with some sugar-paste flowers.
그 정교한 웨딩케이크는 설탕꽃들로 장식되어 있었다.

- **exquisite** [ɪkˈskwɪzɪt; ˈekskwɪzɪt]

exquisite는 매우 아름답고 섬세한 혹은 정교한 것에 대해 말할 때 쓸 수 있는 표현입니다.

She was wearing an exquisite dress with shimmering beads around the neck area.
그녀는 목 주변에 반짝이는 구슬들이 달린 아주 아름다운 드레스를 입고 있었다.

- **fancy** [fænsi]

fancy는 주로 명사 앞에 쓰이면서 독특하고, 정교하며, 화려하거나 세련됨을 나타냅니다. 보다 구체적으로는 매우 장식이 많고, 색깔이 화려하거나 값비싸고, 품질이 좋음을 암시하기도 해요.

My husband took me to a fancy restaurant for our anniversary.
결혼기념일을 위해 남편이 나를 멋진 식당에 데려갔다.

I just want a basic work shirt – nothing fancy.
저는 그냥 기본적인 업무용 셔츠를 원해요, 전혀 화려하지 않은 것으로요.

- **glamorous** [glæmərəs]

우리말로 '글래머'라고 하면 대개 육감적인 여성의 이미지를 떠올리는데, 영어의 glamour는 화려함이나 부티 등을 의미합니다. 여기서 온 형용사 glamorous도 '화려한', '매력 있는' 등의 의미입니다. 보통 부와 성공과 연계된 풍요로운 매력을 암시합니다. 묘사 대상이 꼭 여성이어야 하는 것도 아니고, 육감적인 매력만을 의미하지도 않습니다.

We live in the most glamorous neighborhood in the city.
우리는 도시에서도 가장 부촌에 산다.

She looks so beautiful and glamorous on TV.
그녀는 TV에서 매우 아름답고 부티나 보인다.

• elegant [elɪgənt]

elegant는 사람이나 사물, 행동 등이 우아하고 품격 있을 때 쓸 수 있는 표현입니다.

The queen looked so elegant as she walked down the hallway.
왕비가 복도를 걸어가는 모습은 매우 우아했다.

• magnificent [mæg'nɪfɪsnt]

magnificent는 사람이나 사물, 경관 등이 매우 훌륭하고 아름다울 때 쓸 수 있는 표현입니다. 말하는 사람이 대상에게 깊은 인상을 받았음을 암시하지요.

The Taj Mahal was just magnificent! 타지마할은 단연 멋졌어요!

You look magnificent in that dress.
너 그 드레스를 입으니 정말 멋있어 보인다.

The Siberian Tiger is a magnificent animal.
시베리아 호랑이는 멋진 동물이다.

- **quaint** [kweɪnt]

quaint는 주로 오래되거나 구식이면서 진기한 것에 쓸 수 있는 형용사입니다. old-fashioned가 단순히 그것이 구식이라는 의미라면, quaint는 (그로 인해) 독특하고 색다른 매력이 있음에 초점이 맞춰져 있습니다.

We visited a small, quaint town with narrow streets and traditional buildings.
우리는 좁은 길과 전통적인 건물들이 있는 작고 고풍스런 마을을 방문했다.

아주 깨끗한(very clean) 것도 보기 좋고 긍정적인 의미로 쓰이죠?

- **spotless** [spɑːtləs]

spotless는 말 그대로 티끌이나 얼룩(spot) 하나 없이 깨끗하다는 의미예요. 추상적으로는 평판이나 경력에 오점 하나 없다는 의미로도 이해할 수 있습니다.

She didn't let anyone leave dirty spoons and cups on her spotless kitchen floor.
그녀는 그 누구도 자신의 깨끗한 부엌 바닥에 더러운 숟가락이나 컵을 두게 하지 않았다.

I wiped the kitchen counter until it was spotless.
나는 조리대 위를 얼룩 하나 없을 때까지 닦았다.

A medical laboratory needs to be spotless.
의학 실험실은 먼지 하나 없을 정도로 깨끗해야 한다.

His reputation was spotless until the scandal broke.
스캔들이 나기 전까지 그의 평판은 흠집 하나 없었다.

• **sparkling** [spɑːrklɪŋ]

탄산수의 '거품을 톡톡 쏘는'이라는 의미도 있어요.

반짝거리는 것은 sparkling으로 표현할 수 있어요. 그리고 반짝일 정도로 깨끗하다는 의미를 나타낼 수도 있지요

I loved her sparkling blue eyes.
나는 그녀의 반짝이는 푸른 눈을 사랑했다.

My mom always keep s her kitchen sparkling clean.
우리 엄마는 주방을 언제나 반짝일 정도로 깨끗하게 유지한다.

• **bling bling** [blɪŋ blɪŋ]

구어체에서는 bling bling을 써서 반짝거림을 표현하기도 합니다. 보통 금이나 보석류가 반짝이죠? 그래서 명사로 아예 그런 것들을 나타내기도 하고요.

Not everyone wants bling bling fancy cars and big houses.
모든 사람들이 삐까뻔쩍한 멋진 차와 큰 집을 원하는 건 아니다.

• good-looking [gʊd-lúkiŋ]

good-looking은 대화체에서 사람의 외모가 준수함을 나타내는 형용사로, 남녀 모두에게 쓸 수 있어요. '잘 생긴'의 의미로 많이 알고 있는 handsome은 요즘 덜 쓰는 편이에요.

Who is that good-looking guy with Jessica?
제시카와 함께 있는 저 준수한 남자는 누구래?

이번에는 다소 부정적인 뉘앙스를 전할 수도 있는 표현입니다. 하지만 문맥에 따라서는 그렇지 않을 수도 있어요.

• emaciated [ɪ|meɪʃieɪtɪd]

emaciated는 굶거나 질병으로 야윈 모습을 묘사할 때 쓸 수 있는 형용사입니다.

The dog was so emaciated that we could see the outlines of their ribs.
그 개는 너무나 야위어서 갈비뼈가 드러나 보일 정도였다.

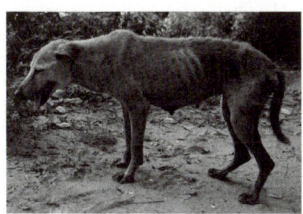

When the supply of food runs out, people may become emaciated.
음식 공급이 떨어지면 사람들이 앙상해질 수 있다.

• flimsy ['flɪmzi]

flimsy는 얇고 잘 찢어지는 종이나 직물을 묘사하거나, 다른 사물의 경우에는 조잡하고 엉성하게 만들어졌음을 의미합니다.

He was wearing a flimsy cotton shirt. 그는 얇은 면 셔츠를 입고 있었다.

You bought that flimsy table for $100?
그 부서질 듯한 탁자를 100달러를 주고 샀다고?

• tattered [tætərd]

낡거나 찢겨서 너덜너덜 넝마가 된 것은 tattered를 써서 묘사할 수 있어요.

The old woman in tattered clothes slowly stood up.
해진 옷을 입은 나이 든 여인은 천천히 일어섰다.

My old jeans are tattered and torn.
내 오래된 청바지는 낡고 찢어져 있다.

• drab [dræb]

drab은 '생기 없는', '칙칙한', '재미 없는' 등의 의미를 가진 형용사입니다.

Mr. Scrooge works in a cold drab little office.
스크루지 씨는 춥고 칙칙한 작은 사무실에서 일한다.

• unsightly [ʌnˈsaɪtli]

unsightly는 '보기 흉한(ugly)' 것을 묘사하는 표현이에요. '보는 것', '장면' 등을 의미하는 sight에 부정의 접두사 un이 붙었어요. 우리말에도 보기 흉한 것에 대해 '못 볼 꼴'이라고 하거나 '못 봐 주겠다'라는 표현을 쓰죠?

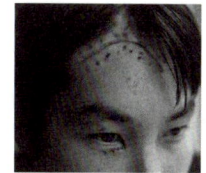

He has a terrible unsightly scar on his forehead.
그는 이마에 끔찍하게 흉한 흉터가 있다.

이번에는 긍정적인 의미와 부정적인 의미를 둘 다 갖고 있어서 문맥에 따라 잘 이해해야 하는 형용사입니다. 사용할 때에도 주의를 기울여야겠죠?

• fragile [ˈfrædʒl]

fragile은 보통 부서지거나 손상되기 쉬운 것을 말할 때 쓸 수 있어요. 하지만 경우에 따라서는 가녀린 꽃처럼 꺾이거나 부서지기 쉽지만, 매우 섬세하고 유약한 아름다움을 말할 때에도 쓰입니다.

The fragile glass broke when I dropped it on the floor.
그 약한 유리잔은 내가 바닥에 떨어뜨리자 깨져버렸다.

The wind ripped through the fragile paper kite.
바람 때문에 약한 종이 연이 갈기갈기 찢겼다.

Something fragile must be wrapped carefully.
깨지기 쉬운 것은 조심스럽게 포장해야 한다.

She has the fragile beauty of youth.
그녀는 어리고 섬세한 아름다움을 지녔다.

Her artwork is inspired by the natural and fragile beauty that surrounds her.
그녀의 작품은 그녀를 둘러싼 자연스럽고 섬세한 아름다움에 영감을 받았다.

• plain [pleɪn]

무언가의 외관이 plain하다는 것은 소박하고 꾸밈없다는 의미예요. 불필요한 장식 등이 없다는 의미에서 simple과도 일맥상통하지만, 때로는 아름답지 않거나 매력이 없다는 뜻으로도 쓰입니다.

My wedding ring is simple. It is a just plain gold ring.
내 결혼반지는 단순해. 그냥 장식 없는 금반지야.

She is a rather plain woman.
그녀는 다소 매력 없는 여자이다.

• stark [stɑːrk]

방이나 장소가 극도로 plain하다면 stark를 쓸 수 있습니다. 한마디로 황량하거나 삭막하다는 얘기지요.

In the cold dawn light, the old castle looked stark.
차가운 새벽 불빛 속에서 그 오래된 성은 황량해 보였다.

그런데 황량한 사막의 아름다움 등을 stark beauty라고 말하기도 한답니다.

Glencoe's valley has the stark beauty that makes the Scottish Highlands so compelling.
글렌코 계곡은 스코틀랜드의 하일랜드에 눈을 뗄 수 없게 만드는 황량한 아름다움을 갖고 있다.

• homely [hoʊmli]

homely는 장소에 대해 말할 때에는 아늑하고 편안하다는 의미이고, 영국 영어에서는 다정하고, 소박하며, 가정적인 사람을 말할 때에도 쓰입니다. 하지만 미국 영어에서는 외모가 매력 없고 못 생긴 사람을 의미할 수도 있습니다.

We stayed at a hotel with a homely atmosphere.
우리는 아늑한 분위기의 호텔에 묵었다.

The homely baby grew to be a cute little child.
그 못난이 아기는 자라서 귀여운 어린이가 되었다.

이번에는 사람의 성격이나 기질, 상태 등에 대해 묘사하는 형용사를 익혀 볼게요. 사람의 성격이나 특징 등도 자주 묘사하게 되는 것 중의 하나지요. 풍부한 표현을 위해서는 좀 더 구체적이고 상세한 의미의 단어가 필요합니다.

먼저 긍정적인 의미의 표현입니다.

B. 긍정적 의미의 성품/특징 형용사
character/personality adjectives - positive

• intelligent [ɪnˈtelɪdʒənt]

intelligent는 똑똑하고 현명한 사람에게 쓸 수 있는 표현입니다.

The top universities look for the most intelligent students.
최상위급 대학교들은 가장 똑똑한 학생들을 찾는다.

• smart, clever, bright, wise, brilliant
[smɑːrt]   [klevə]   [braɪt]   [waɪz]   [brɪliənt]

모두 '똑똑한'이라는 의미이지만, clever는 영국에서 많이 쓰이고, smart는 미국에서 intelligent의 의미로 대화체에서 많이 쓰입니다. 간혹 '약아빠진'과 같이 다소 부정적인 뉘앙스를 암시할 때도 있습니다. 어린이나 젊은이에게는 bright도 많이 쓰입니다. wise는 보통 경험이 많고 판단력이 좋다는 뉘앙스로 우리말의 '현명한'이라는 의미와 유사합니다. brilliant는 어떤 분야나 일에서 매우 똑똑하고 잘한다는 뉘앙스로 쓰입니다.

He's smart enough to be a lawyer.
그는 변호사가 될 정도로 똑똑하다.

How clever of you to think of that!
그런 생각을 하다니 넌 정말 똑똑하구나!

She's such a bright student.
그녀는 정말 명석한 학생이다.

A wise man once said that an error doesn't become a mistake until you refuse to correct it.
한때 현자가 말하기를, 잘못은 당신이 그것을 교정하기를 거부할 때까지는 실수가 되지 않는다.

She's brilliant at handling difficult customers.
그녀는 까다로운 고객을 다루는 데 매우 능숙하다.

• brainy [breɪni]

'똑똑하고 공부 잘하는'이란 의미로, brainy라는 캐주얼한 표현도 있어요.

Lina is the brainy one in the family. 리나는 가족 중에서도 똑똑한 사람이다.

• gifted [gɪftɪd]

재능이 있다는 의미로 gifted를 쓸 수 있습니다. gift가 신이 주신 선물, 즉 재능이란 의미가 될 수 있어요.

Is there special class for gifted children?
영재를 위한 특별반이 있나요?

• shrewd [ʃruːd]

shrewd는 상황 판단이 빠르고 똑똑한 사람에게 쓸 수 있는 표현이에요.

She's a shrewd businessperson who has a sense of proper timing and avoids risks.
그녀는 적적할 시간 감각과 위기를 피할 줄 아는 매우 똑똑한 사업가이다.

Honesty is golden. 이라는 말이 있습니다. 진실함을 갖추는 것이 얼마나 중요한지를 보여주는 속담이지요. 그래서인지 영어에는 진실하고 정직함을 나타내는 형용사가 많습니다.

• honorable [ánərəbl]

honorable은 고결하고, 정직하며, 지조 있는 사람이나 행동에 대해 쓸 수 있는 표현입니다.

It would not be honorable for a lawyer to reveal the client's business to anyone.
변호사가 고객의 일에 대해 다른 사람에게 누설하는 것은 정직하지 않은 일일 것입니다.

• candid [kændɪd]

candid는 자신의 의견이나 말할 때 거리낌 없이 솔직한 사람에게 쓸 수 있는 표현입니다.

The coach was brutally candid about his players' shortcomings.
코치는 자기 선수들의 단점에 대해서는 잔혹할 정도로 솔직했다.

• sincere [sɪn|sɪr]

sincere는 자신의 느낌이나 믿음에 대해 솔직하고 진실한 사람을 묘사하거나, 생각이나 말 등이 진실하다고 말할 때 쓸 수 있는 표현입니다.

David is such a warm-hearted, sincere man.
데이비드는 따뜻한 마음을 가진 진실한 사람이다.

Please, accept my sincere apology.
부디 제 진실된 사과를 받아 주세요.

때로는 솔직해지기 위해 용기가 필요할 때에도 있습니다. 다음의 단어들은 어떤 사람이 용기 있거나 용감하다는 의미를 나타내는 형용사입니다.

• brave, courageous [breɪv], [kəˈreɪdʒəs]

brave는 위험하거나 어려운 것을 두려워하지 않는 '용감한' 사람을 묘사하는 형용사지요. 글(문어체)에서는 courageous도 종종 볼 수 있습니다.

It was brave of you to speak in front of all those people.
그 모든 사람들 앞에서 말을 하다니 너 참 용감했어.

His courageous speech moved the audience.
그의 용기 있는 연설은 청중을 감동시켰다.

• bold [bould]

bold는 행동이 대담하고 용감한 것에 대해서 쓸 수 있는 표현입니다. 의미를 좀 더 확장하여 어떤 윤곽이나 색상 등이 굵직하고 과감한 것에도 쓸 수 있어요. 글자가 굵고 진한 활자체를 볼드체라고도 하죠.

It was a bold move for her to do that.
그녀가 그런 행동을 한 것은 대담했다.

She paints with bold strokes and vivid colors.
그녀는 과감한 붓질과 생생한 색으로 그림을 그린다.

Make sure all the headings are in bold type.
반드시 모든 제목을 볼드체로 하세요.

• have guts

형용사 표현은 아니지만, 구어체에서는 '배짱이 있다'라는 의미로 have guts 라는 표현도 씁니다.

I don't' think he has guts to do that.
나는 그가 그런 행동을 할 배짱이 없다고 봐.

• ambitious [æmˈbɪʃəs]

용감한 사람들은 대개 야심차지요. ambitious는 '야심찬'이라는 의미로 쓰입니다.

He was an ambitious young man with a desire to make a positive change in his community.
그는 그가 속한 지역사회에 긍정적인 변화를 만들고자 하는 욕망을 가진 야심한 젊은이였다.

• driven [drɪvn]

투지와 의욕이 넘치는 사람에 대해서는 driven을 쓸 수 있습니다.

He's a driven workaholic. 그는 의욕 넘치는 일 중독자이다.

driven은 명사 뒤에 하이픈(-)으로 이어져서 '…주도/중심의'라는 의미를 표현하기도 합니다.

I support a market-driven economy.
나는 시장 주도의 경제를 지지한다.

• passionate [pæʃənət]

열정이 넘친다면 passionate를 써 보세요.

What are you passionate about?
당신은 무엇에 대해 열정적인가요?

• upbeat [ʌpbi:t]

upbeat는 긍정적이고 낙관적인 사람이나 태도, 분위기 등에 쓸 수 있는 캐주얼한 표현입니다.

For all the trouble she's been through, Julie is remarkably upbeat.
그 모든 어려움을 겪고도 줄리는 놀라울 정도로 낙관적이다.

• agreeable [ə'gri:əbl]

agreeable은 다소 오래된, 주로 글에서 볼 수 있는 단어로, 기분이 좋고 쾌활함을 의미합니다.

I found him an agreeable person to work with.
나는 그가 함께 일하기 즐거운 사람이라고 생각했다.

Everybody spent an agreeable day.
모든 사람들이 즐거운 하루를 보냈다.

그럼 이제 다소 부정적인 뉘앙스의 표현으로 넘어가보죠.

C. 부정적 의미의 성품/특징 형용사
character/personality adjectives - negative

• dim [dɪm]

dim은 원래는 좀 어두침침하거나 흐릿한 형태 등을 묘사하는 표현인데, 약간 비격식적인 용도로 사람에게 쓰면 똑똑하지 않다는 부정적인 의미가 됩니다. 모욕적인 말이 될 수도 있죠. 따라서 정말 비난하고 욕하는 의도가 아니라면 상대방에게 직접 쓰면 안 되겠죠?

He's really dim sometimes.
그는 가끔 진짜 멍청해.

• cunning, crafty [kʌnɪŋ], [kræfti]

똑똑하지 않은 것도 부정적이지만, 똑똑하다고 무조건 긍정적이지만은 않습니다. cunning과 crafty는 영리하고 똑똑해서 남을 속이는 데 능한 사람을 묘사할 때 쓸 수 있는 표현이에요. 또는 그러한 재주를 말할 때에도 쓰이죠.

He's very cunning and likes to trick people into doing things for him.
그는 교활한 데다가 사람들을 속여서 자신을 위해 움직이게 만드는 것을 좋아한다.

What a crafty trick! 이런 약아빠진 재주를 봤나!

정직하지 않은(dishonest) 사람들을 묘사하는 표현도 다양합니다.

• sly [slaɪ]

sly는 자신의 진짜 생각이나 계획을 숨기는 음흉함을 나타내는 형용사입니다.

He's a sly old fox. 그는 음흉한 여우 같은 늙은이였다.

• devious [diːviəs]

정직하지 않고 남을 속이고 기만하는 데 능한 사람이라면 devious를 쓸 수 있습니다.

Some politicians are devious and manipulate their way to the top.
어떤 정치가들은 기만적이고 정상으로 오르기 위해 술수를 쓴다.

Sam can be devious at times. I wouldn't trust him.
샘은 종종 기만적일 수가 있어. 나라면 그를 믿지 않을 거야.

• corrupt [kəˈrʌpt]

corrupt는 부정직하고 부패한 사람이나 행동 등에 쓸 수 있는 표현입니다.

I hate those corrupt politicians.
나는 부패한 정치인들을 싫어한다.

Not all government officials are corrupt.
모든 정부 관리들이 부패한 건 아니다.

용기가 없거나 소심함을 나타내는 표현도 살펴보지요.

• timid [tɪmɪd]

timid는 용기나 자신감이 없는 소심한 사람을 묘사할 때 쓸 수 있는 표현입니다.

I was rather timid about taking action in a crisis.
나는 위기 상황에서 행동을 취하는 것에 대해 다소 주눅드는 편이다.

자신감이 너무 과해서 거만하거나 우쭐하는 것도 좋지는 않죠.

• arrogant [ærəgənt]

arrogant는 '거만' 또는 '오만한'이란 의미입니다.

He's rude and arrogant. I can't stand him anymore.
그는 예의 없고 거만하다. 나는 더 이상 그를 참을 수가 없다.

• conceited [kənˈsiːtɪd]

스스로 너무 잘났다고 생각하는, 자만심이 넘치는 사람에게는 conceited가 딱입니다.

He is so conceited that he thinks any girl would be happy to go out with him.
그는 너무나 스스로 잘나서 어떤 여자라도 그와 사귀는 것을 기뻐할 거라 생각한다.

- **bossy** [bɔːsi]

자기가 보스(boss)라도 된 것처럼 사람들에게 이래라저래라 하는 사람은 bossy하다고 할 수 있어요.

My big brother is really bossy. 우리 큰 형은 정말 무시무시하다.

My gran is a bit bossy. She's always ordering my poor grandad about.
우리 할머니는 무시무시하다. 그녀는 항상 불쌍한 할아버지에게 명령한다.

- **aggressive** [əˈgresɪv]

aggressive는 공격적이거나 대단히 적극적이고 저돌적인 사람에게 쓸 수 있는 표현이에요.

Tom gets a bit aggressive when he's drunk.
톰은 술에 취하면 좀 공격적이 된다.

I don't like aggressive people. I like people who are relaxed and calm.
나는 공격적인 사람을 좋아하지 않는다. 나는 느긋하고 차분한 사람을 좋아한다.

A businessperson needs to be aggressive at times.
사업가는 종종 저돌적일 필요가 있다.

- **egotistical** [iːgətístik(əl)]

  egotistical은 자기 중심적이거나 독선적인 성품을 말하는 형용사예요. egotistic으로 쓸 수도 있습니다.

  Simon is a bit egotistical. He tends to look down on others.
  시몬은 좀 자기중심적이에요. 다른 사람들을 좀 내려다보는 경향이 있죠.

D. 형용사로 쓰이는 과거분사 -P.P. adjectives

기질이나 특성을 나타내는 형용사 중에는 -p.p. 형태로 된 것들이 여러 개 있습니다. 이런 표현도 좀 짚고 넘어가야겠죠?

- **short-tempered** [ʃɔːrt-témpərd]

  우리말로 '다혈질의', '울컥하는'에 해당하는 표현입니다. 쉽게 화내거나 흥분하는 사람들에게 해당하는 형용사죠.

  I tend to be very short-tempered when I'm hungry.
  나는 배가 고프면 매우 울컥하는 경향이 있다.

- **single-minded** [sɪŋgl-maɪndɪd]

  한 가지에 꽂히면 오로지 그것만 생각하는 '외골수의' 기질을 나타내는 표현이에요.

  I'm very single-minded about my goals.
  나는 내 목표에 대해 아주 외골수이다.

• hot-headed [hɑːt-hedɪd]

생각 없이 덤비고 보는 아주 성질 급한 사람에게 쓸 수 있는 표현입니다.

Caravaggio was said to be a hot-headed genius.
카라바지오는 아주 성질 급한 천재라고 언급된다.

• big-headed [bɪg-hedɪd]

자만심이 많은 사람에 대해 쓸 수 있는 표현이에요.

Simon is a bit big-headed. He thinks more of himself than others do.
시몬은 좀 자만심이 좀 많다. 그는 자신을 남들보다 더 내세운다.

• thick-skinned [θɪk-skínd]

비판이나 모욕 등에 대해 무디거나 쉽게 동요하지 않는 사람을 피부가 두껍다고 말합니다. 우리말의 '얼굴 두껍다'라는 표현과 일맥상통할 때도 있죠. 그러나 우리말은 다소 뻔뻔하다는 부정적 뉘앙스가 크지만, 이 표현은 그렇게 부정적인 느낌만은 아니에요.

Sometimes you need to be thick-skinned.
때로는 얼굴이 좀 두꺼워질 필요가 있다.

• quick-witted [kwɪk-wítid]

두뇌 회전이 빠르고 아주 이해가 빠른 사람게 쓸 수 있는 표현입니다. 반대 말은 slow-witted가 되겠죠?

Lynn is a very bright and quick-witted student, who is highly valued by her teachers.
린은 아주 똑똑하고 두뇌 회전이 빠른 학생으로, 선생님들에게 높게 평가받고 있다.

E. 감정/태도 형용사 emotion/attitude adjectives

다음은 어떤 감정이나 태도를 묘사하는 형용사입니다.

• uptight [ʌp'taɪt]

먼저 한국 학생들이 많이 궁금해하고 질문하는 표현을 하나 알려 줄게요. 다소 긴장하고 편하게 늘어지지 못하는 그런 태도를 가진, 소위 '군기가 든' 것은 어떤 단어로 표현할 수 있을까요? 바로 uptight라는 형용사입니다.

uptight는 긴장하고 초조해서 다소 날이 선 듯하게 행동하는 모습을 묘사하기도 합니다. 하지만 일시적인 감정 상태가 아니라 평소에 그러한 태도를 갖고 있는 것에 대해서도 쓸 수 있어요.

He tries to be kind, but he always seems a little uptight.
그는 친절하려고 애쓰지만 항상 좀 긴장한 듯 보인다.

Being so uptight all the time isn't good for you.
항상 군기가 들어 있는 건 네게 좋지 않아.

Relax. You're getting too uptight about it.
긴장 풀어. 너 그것에 대해 너무 긴장하고 있어.

• desperate [despərət]

desperate는 필사적이고 절박한, 간절히 원하는 상황에 처했을 때 쓸 수 있는 표현입니다.

The desperate man reached out for the lifeboat to keep from drowning.
그 절박한 남자는 익사하지 않기 위해 구명보트로 손을 뻗었다.

• frustrated [frʌstreɪtɪd]

frustrated는 무언가가 뜻대로 되지 않아 몹시 불만스럽고 짜증나는 경우에 쓸 수 있습니다.

I was frustrated because he kept leaving things on the floor.
나는 그가 계속 바닥에 물건들을 늘어 놓는 것에 짜증이 났다.

• calm [kɑːm]

흥분하지 않고 차분한 태도나 성격은 calm으로 표현할 수 있지요.

She kept calm even in an emergency.
그녀는 심지어 응급상황에서도 침착성을 잃지 않았다.

9-2 묘사의 정도가 다르다
gradable/non-gradable

large와 huge는 서로 동의어지만 huge가 large보다 훨씬 더 크다는 느낌을 줍니다. 즉, huge는 very large라고 할 수 있지요. 이렇게 정도(degree)에서 차이가 나는 동의어들이 있습니다.

일상에서 쓰이는 형용사의 좀 더 센 표현의 동의어들을 먼저 익혀 보지요.

angry	<	**furious** 몹시 화가 난
bad	<	**awful** 끔찍한, 지독한
careful	<	**cautious** 조심스러운, 신중한
clear	<	**obvious** 명백한
confused	<	**perplexed** 당혹한, 당혹스러운
creative	<	**innovative** 획기적인
dirty	<	**filthy** 아주 더러운, 추잡한
dry	<	**arid** 매우 건조한
excited	<	**thrilled** 아주 신이 나서 흥분한
funny	<	**hilarious** 아주 우스운
hungry	<	**starving** 굶주린
interesting	<	**captivating** 마음을 사로잡는, 매우 흥미로운
tired	<	**exhausted** 기진맥진한
wet	<	**soaked** 흠뻑 젖은

'더 그러함'을 표현하기 위해 비교급을 쓰기도 합니다. 단어의 음절 수에 따라 ~er 형태가 되거나 앞에 more를 더하기도 하지요. 간혹 good – better처럼 형태가 전혀 다른 경우도 있습니다. 이에 대해서도 일단 간단히 정리해 보죠.

- 1음절(모음이 하나) 형용사 + ~er
  colder, faster, taller, warmer 등

- e로 끝나는 1음절 형용사 + ~r
  closer, larger, nicer 등

- 모음 하나 + 자음 하나로 끝나는 1음절 형용사 + 자음 + er
  bigger, hotter, thinner 등

- y로 끝나는 2음절(모음이 두 개) 형용사 + ~yier
  busier, earlier, happier, heavier 등

- 2음절 이상의 형용사: more + 형용사
  more beautiful, more important, more polite 등

- 기타
  far ➡ farther 또는 **further**
  good ➡ better
  bad ➡ worse

둘 사이에 더 그런 것이 아니라 셋 이상에서 가장 그렇다고 할 때에는 최상급 형태를 쓰면 됩니다. 비교급으로 ~er 형태를 쓰는 표현은 the ~est로, more를 더하는 표현이라면 the most …로 말하면 됩니다.

~er/est와 more/most를 둘 다 사용하는 표현도 있습니다. common과 polite, lovely 등이 대표적이지만, 너무 헷갈려 하지 말고 일단은 규칙대로 말하는 것에 익숙해지세요. 그리고 익숙한 형태가 아닌 것을 만나더라도 그냥 이해할 수 있으면 넘어가세요.

그런데 형용사 중에는 이렇게 비교급이나 최상급 형태를 쓸 수 없는 것들이 있습니다. 이미 해당 의미에서 극도로 그러함을 의미하기 때문에 더 이상 정도를 더하지 않아요. very, extremely, rather와 같이 정도를 나타내는 부사도 쓰지 않습니다. 예를 들면 gorgeous는 very beautiful 또는 extremely beautiful이라고 할 수 있습니다. 그냥 아름다운 정도가 아니라 엄청나게 아름다운 거죠. 이 단어 자체가 극도로 아름다움을 말하기 때문에 이보다 더할 수가 없습니다. 그래서 앞에 very를 쓰지 않고, 비교급이나 최상급을 쓰지도 않습니다.

정도 자체가 존재하지 않는 상태를 나타내는 형용사도 있습니다. '죽은'의 의미인 dead가 대표적이죠. 더 죽거나 덜 죽은 상태 같은 건 없잖아요? 그래서 dead도 앞에 very가 붙거나 비교급/최상급으로 사용할 일이 없습니다. 이렇게 정도를 따로 말하지 않는 형용사를 '절대 형용사(absolute adjective)'라고 합니다.

다음은 자주 쓰이는 절대 형용사입니다.

- **'극도로 어떠함'을 나타내는 절대 형용사**

    brilliant 멋진, 우수한, 뛰어난   **excellent** 훌륭한, 탁월한
    furious 몹시 화가 난   **exhausted** 기진맥진한
    ancient 아주 오래된   **enormous** 거대한
    awful 매우 끔찍한   **hilarious** 매우 우스운
    horrible 무시무시한, 매우 끔찍한   **superior** 우세한, 우월한

- **'정도'가 존재하지 않는 절대 형용사**

    alive 살아있는   **domestic** 집 안의, 국내의
    correct 맞는, 옳은   **digital** 디지털의
    final 최종적인   **impossible** 불가능한
    pregnant 임신한   **square** 정사각형 모양의
    true 사실인, 참인   **unique** 유일무이한, 독특한

그럼, 절대 형용사는 앞에 꾸며주는 말을 전혀 쓸 수 없을까요? 사실 형용사는 느낌을 나타내다 보니 말하는 사람의 감정 등에 의해 자연스럽게 무언가 말을 덧붙이고 싶을 때도 있을 것입니다.

정도를 말하는 것이 아니라 전적으로 그러하거나 확실히 그러함을 나타낸다면 가능합니다. 여기에는 다음과 같은 부사가 해당됩니다.

- 완전성을 나타내는 부사

- **completely** 전적으로, 완전히

  It's a **completely digital** bank.
  그것은 완전히 디지털로 된 은행이다.

- **utterly** 완전히, 순전히, 아주

  These **utterly ancient** party supplies will bring laughter.
  이 완전히 오래 된 파티용품은 웃음을 불러올 것입니다.

- **almost** 거의

  He was **almost dead**.
  그는 거의 죽은 것이나 다름없었다.

- **absolutely** 전적으로, 틀림없이

  You're **absolutely correct**. 네가 전적으로 맞아.

- **definitely** 절대, 확실히

  She's **definitely superior** to the other skaters.
  그녀는 확실히 다른 스케이트 선수들보다 뛰어나다.

9-3 마치 …와 같다 - 비유하기 similes

묘사를 위해 자주 쓰이는 비유가 있습니다. 예를 들면 창백한 얼굴을 백짓장 같다고 하거나, 예쁜 목소리를 은쟁반에 옥구슬 굴러가는 듯하다고 표현하는 것이지요. 영어에서도 이렇게 흔히 쓰는 비유가 있습니다. 보통 마치 …와 같다고 하는 as … as … 형태나 like를 써서 이야기하지요.

이런 비유는 식상해서 쓰지 말라는 사람들도 있지만, 그만큼 그들의 사고와 문화가 반영된 만큼 한 번쯤 알아둘 필요가 있습니다. **as light as a feather**(깃털처럼 가벼운)처럼 우리말 표현과 비슷한 비유도 있지만, 우리는 쓰지 않는 **as sick as a dog**(몹시 아픈, 개처럼 아픈) 같은 표현도 있어요. 이런 식의 비유를 영어에서는 similes(직유)라고 합니다.

또한 영어의 similes는 사물의 이미지뿐만 아니라 단어의 유사한 발음과도 연결됩니다. 소위 rhyme(라임)이라는 것이지요. 영어에서는 실제로 소리를 내었을 때의 음악적 요소/느낌을 살리는 것도 일종의 언어적 재치가 됩니다. 랩을 좋아한다면 랩 가사에서도 이런 rhyme을 많이 만날 수 있죠.

다음은 영어권에서 흔히 쓰이는 similes입니다. 미국 초등 저학년 수준에서 배우거나 접하는 표현이에요.

- **as busy as a bee** 벌처럼 바쁜

  He was **as busy as** a bee trying to finish his chores before dinner.
  그는 저녁식사 전에 자신의 할 일을 마치기 위해 벌처럼 바빴다.

• eat like a bird (새처럼) 소식하다, 적게 먹다

새가 모이를 조금씩 쪼아 먹듯이 깨작거리면서 소식하는 것을 묘사하는 표현이에요.

He lost 2 kilograms by eating like a bird.
그는 새처럼 (조금씩) 먹는 방법으로 2킬로그램을 뺐다.

• as hungry as a bear (곰처럼) 몹시 배고픈

몹시 배고픈 모양새를 곰에 비유한 표현입니다. 곰 대신 말(horse)을 쓰기도 해요.

After a long recess, I was as hungry as a bear.
긴 휴식 시간 이후 나는 (곰처럼) 몹시 배가 고팠다.

• as light as a feather 깃털처럼 가벼운

His empty book bag was as light as a feather.
그의 빈 책가방은 깃털처럼 가벼웠다.

• like a bump on a log 한가로운, 빈둥거리는

이리저리 굴러다니며 발에 채이는 통나무가 바빠 보이지는 않겠죠?

He just sat there like a bump on a log.
그는 그저 한가로이 거기 앉아 있었다.

- **as quick as a wink** 매우 빠른, 재빠르게

우리말로 무언가가 아주 빠른 것을 '눈 깜짝할 사이'에 비유하는데, 영어에서도 wink를 써서 나타낼 수 있어요.

I ran home from school as quick as a wink.
나는 재빨리 학교에서 집으로 달려갔다.

- **as slow as molasses** 매우 느린

molasses는 끈끈한 당밀시럽입니다. 물과 달리 아주 천천히 흘러내리기 때문에 매우 느린 움직임을 비유할 때 쓰여요.

The heavy traffic was as slow as molasses.
교통 상황은 매우 느렸다.

- **as strong as an ox** 황소처럼 힘 센

Lifting heavy weights had made him as strong as an ox.
역기를 들어올리는 것은 그를 매우 힘세게 만들었다.

- **act like a bull in a china shop** 고삐 풀린 망아지같이 행동하다

영어 표현의 직역은 '도자기 가게의 황소같이 굴다'입니다. 도자기 가게에서 황소가 움직이면 그릇이 다 깨지기 쉽겠죠? 우리말의 고삐 풀린 망아지처럼 제어하기 어렵거나 조심하지 못하는 행동을 묘사하는 표현이에요.

The kid acted like a bull in a china shop, running and shouting in the quiet museum.
그 아이는 조용한 박물관 안을 뛰어다니고 소리지르며 고삐 풀린 망아지처럼 행동했다.

- **as stubborn as a mule** 대단히 고집이 센, 황소고집인

My little brother is as stubborn as a mule when it came to eating his vegetable.
내 남동생은 채소를 먹는 것에 있어서는 황소고집이었다.

> 우리는 '황소고집'이라 하지만, 영어 표현의 mule은 노새예요.

이번에는 좀 더 난이도 있는 비유 표현입니다. 중·고급 정도의 읽기 또는 말하기 수준에서 만날 수 있는 표현이라고 보면 됩니다.

- **go down like a lead balloon** 전혀 효과가 없다

His joke went down like a lead balloon.
그의 농담은 전혀 효과가 없었다.

> 풍선에 바람을 넣어야 가볍게 뜰 텐데, 무거운 납(lead)이 채워진다면 바닥에 뚝 떨어질 수밖에 없겠죠? 그래서 영어에서는 기대한 효과를 얻지 못하는 경우에 납을 채운 풍선과 같이 되었다고 말합니다. 웃기려고 한 농담이 재미없는 경우에 우리말의 '썰렁해'와 같은 의미로 이해할 수 있지요.

- **like a magic wand** 마술지팡이 같이 놀라운

Each dollar bill was like a magic wand to cast away problems.
달러 지폐 하나하나가 문제를 물리치는 마법 지팡이 같았다.

• pop up like a toaster   토스터기의 토스트처럼 튀어 오르다

Do you roll out of bed after snoozing several times or pop up like a toaster?

당신은 알람시계를 스누즈 버튼을 몇 번이고 누른 뒤에 잠자리에서 빠져나오나요? 아니면 토스트기의 토스트처럼 바로 튀어나오나요?

• like a flat soda   김빠진 사이다 같은(재미없는)

Alan's jokes were like a flat soda to the children, surprisingly unpleasant.

앨런의 농담은 아이들에게 놀라울 정도로 재미없는, 마치 김빠진 사이다 같았다.

• like snow in the springtime   봄날의 눈처럼 흔적 없이

She went like snow in the springtime.

그녀는 흔적없이 가버렸다.

• like a bird of prey   맹금류같이

He raged like a bird of prey.

그는 마치 맹금류같이 격렬히 분노했다.

9-4 소리를 묘사하는 표현 onomatopoeia

생생한 묘사는 매력적인 언어 구사의 핵심입니다. 눈으로 직접 보는 것처럼, 귀로 직접 듣는 것처럼 서술할수록 생생한 표현이 되지요. 앞의 Unit에서 크기나 외모, 움직임 등 시각적 요소를 묘사하는 표현을 살펴보았다면, 이제 '쨍그랑'과 같이 '소리'를 흉내내는 표현인 의성어(onomatopoeia)를 익혀 보지요. 영어의 상당수 의성어들은 그 소리를 내는 것을 나타내는 동사가 그대로 쓰이는 경우가 많습니다.

먼저 동물들이 내는 소리에 해당하는 표현부터 살펴볼까요? 원어민 어린이들이 가장 먼저 익히는 의성어랍니다. 의성어와 함께 관련된 동사도 함께 알려 줄게요.

양은 baa baa 소리를 냅니다. 'Baa baa, black sheep, have you any wool?'
메에 메에 검은 양아, 양털이 있니? 라는 가사로 시작하는 동요도 있죠.

bleat라는 표현도 있어요. 양이나 염소가 내는 '메에~' 소리 또는 '그런 소리를 내다'라는 의미의 동사로 쓰입니다.

"Bleat, bleat," the goat kept bleating.
"메에, 메에" 염소는 계속 메에거렸다.

개가 '짖는다'고 할 때는 보통 bark라는 동사를 씁니다. 개가 짖는 소리에 해당하는 의성어는 다양한데, 보통 작은 개는 bow-wow, 다소 큰 개는 woof-woof로 표현합니다. 우리말로 '멍멍'과 '컹컹' 정도의 차이랄까요? 작은 개가 요란하게 '왈왈' 또는 '깽깽'거린다면 yap이란 표현을 쓸 수도 있습니다.

The big dog barked at the mail carrier. "Woof, woof."
그 큰 개는 우편배달부를 향해 "컹컹" 짖었다.

The puppies yapped, "Yap, yap, yap."
강아지들이 "깽깽" 짖었다.

고양이의 울음소리 '야옹'은 meow입니다. 고양이가 기분이 좋아서 '갸르릉' 또는 '골골골'거리는 것은 purr로 표현할 수 있고요. 둘 다 그러한 소리를 낸다는 의미의 동사로도 쓸 수 있습니다.

Cats meow.
고양이는 야옹하고 운다.

Cats purr when they're happy.
고양이는 기분이 좋으면 갸르릉거린다.

벌이 내는 '웅웅' 소리는 buzz라고 해요. 동사로 벌이 '윙윙거리다'라는 의미로도 쓰이고, '버저를 누르다'라는 의미도 돼요. '버저'가 영어로 buzz에 er을 더한 buzzer거든요.

Both bees and buzzers buzz.
벌과 버저 둘다 우웅~ 소리를 낸다.

비둘기의 '구구구' 소리는 coo로 표현합니다. '비둘기가 구구구하다'라는 동사도 되고요. 영어권에서는 비둘기의 '구구구' 소리를 부드럽고 조용한 속삭임에 비유해요. 그래서 보통 사랑하는 연인들 간의 속삭임 등을 묘사하는 동사로도 쓰죠. 또한 cooing voice라고 하면 아주 부드럽고 달콤한 목소리를 말한답니다.

"Hello, darling," she cooed.
"안녕, 자기." 그녀가 속삭였다.

새들이 '짹짹' 하고 우는 소리는 tweet이에요.

"Tweet, tweet," said the little bird.
"짹짹" 작은 새가 지저귀었다.

많이 사용하는 소셜 미디어(social media)인 트위터(Twitter)로 메시지를 올리거나 올린 메시지를 tweet이라고도 하죠. 트위터의 로고에도 새가 있고요.

How do I know who liked my tweet?
내가 남긴 트위터 메시지를 누가 좋아했는지 어떻게 알 수 있나요?

개구리의 '개굴개굴' 소리는 croak이에요. 역시 '개굴개굴하다'라는 동사로도 쓸 수 있고요. 뿐만 아니라 croak은 사람이 쉰 목소리로 꺽꺽거리듯 말하는 것도 나타냅니다.

Ben croaked because he had a sore throat.
벤은 인후염에 걸려서 쉰 목소리로 꺽꺽거렸다.

뱀이 내는 '쉭쉭' 소리는 hiss예요. 고양이들의 소위 '하악질'도 hiss로 표현할 수 있습니다. 그리고 '쉬익 소리를 내다' 또는 '속삭이듯 낮은 소리로 말하다'라는 의미의 동사도 되고요. 보통은 다소 화가 나거나 언짢아서 목소리가 가라앉은 것을 암시해요. 또한 관객들이 야유하며 소리내는 것도 hiss로 표현할 수 있습니다.

"Be quiet," the angry coach hissed.
"조용히 해." 화가 난 코치가 낮게 말했다.

The crowd hissed at the speaker.
군중은 연설자에게 야유했다.

사자와 같이 큰 짐승이나 맹수가 '어흥' 하고 울부짖는 것은 roar입니다.

The lion's roar could be heard across the Savannah.
그 사자의 어흥 소리는 사바나 건너편에서도 들릴 정도였다.

roar는 동사로서 짐승뿐만 아니라 군중들의 함성, 자동차나 기계의 요란한 굉음 등이 나는 것을 표현하기도 합니다.

The engine roared. 엔진이 웅웅 소리를 냈다.

howl은 개나 늑대 등이 '아오오~' 하고 길게 울부짖거나 그런 소리를 나타내고자 할 때 쓸 수 있는 단어입니다.

The wolf howled at the moon.
그 늑대는 달을 향해 길게 울부짖었다.

> 요것도 알아 두세요!

'Old MacDonald Had A Farm'은 동물들의 의성어를 익히기에 딱 좋은 노래죠. 멜로디는 이미 친숙할 거예요. 영어 가사에 맞춰 신나게 불러보면서 다양한 동물 소리 의성어를 익혀 보세요.

Old MacDonald Had A Farm

Old MACDONALD had a farm 맥도날드 할아버지는 농장이 있었어요.
E-I-E-I-O 이야이야이오
And on his farm he had a cow 할아버지 농장에는 소가 있었어요.
E-I-E-I-O 이야이야이오
With a moo moo here 여기서 음메 음메
And a moo moo there 저기서 음메 음메
Here a moo, there a moo 여기 음메, 저기 음메
Everywhere a moo moo 모든 곳에서 음메 음메
Old MacDonald had a farm 맥도날드 할아버지는 농장이 있었어요.
E-I-E-I-O 이야이야이오

Old MACDONALD had a farm 맥도날드 할아버지는 농장이 있었어요.
E-I-E-I-O 이야이야이오
And on his farm he had a pig 할아버지 농장에는 돼지가 있었어요.
E-I-E-I-O 이야이야이오
With a oink oink here 여기서 꿀꿀
And a oink oink there 저기서 꿀꿀
Here a oink, there a oink 여기 꿀, 저기 꿀
Everywhere a oink oink 모든 곳에서 꿀꿀
Old MacDonald had a farm 맥도날드 할아버지는 농장이 있었어요.
E-I-E-I-O 이야이야이오

Old MACDONALD had a farm 맥도날드 할아버지는 농장이 있었어요.
E-I-E-I-O 이야이야이오
And on his farm he had a duck 할아버지 농장에는 오리가 있었어요.
E-I-E-I-O 이야이야이오
With a quack quack here 여기서 꽥꽥

And a quack quack there 저기서 꽥꽥
Here a quack, there a quack 여기 꽥, 저기 꽥
Everywhere a quack quack 모든 곳에서 꽥꽥
Old MacDonald had a farm 맥도날드 할아버지는 농장이 있었어요.
E-I-E-I-O 이야이야이요

Old MACDONALD had a farm 맥도날드 할아버지는 농장이 있었어요.
E-I-E-I-O 이야이야이요
And on his farm he had a horse 할아버지 농장에는 말이 있었어요.
E-I-E-I-O 이야이야이요
With a neigh neigh here 여기서 히히힝
And a neigh neigh there 저기서 히히힝
Here a neigh, there a neigh 여기 히히힝, 저기 히히힝
Everywhere a neigh neigh 모든 곳에서 히히힝 히히힝
Old MacDonald had a farm 맥도날드 할아버지는 농장이 있었어요.
E-I-E-I-O 이야이야이요

Old MACDONALD had a farm 맥도날드 할아버지는 농장이 있었어요.
E-I-E-I-O 이야이야이요
And on his farm he had a lamb 할아버지 농장에는 양이 있었어요.
E-I-E-I-O 이야이야이요
With a baa baa here 여기서 매애애
And a baa baa there 저기서 매애애
Here a baa, there a baa 여기 매애, 저기 매애
Everywhere a baa baa 모든 곳에서 매애애
Old MacDonald had a farm 맥도날드 할아버지는 농장이 있었어요.
E-I-E-I-O 이야이야이요

Old MACDONALD had a farm 맥도날드 할아버지는 농장이 있었어요.
E-I-E-I-O 이야이야이요
And on his farm he had some chickens 할아버지 농장에는 닭들이 있었어요.
E-I-E-I-O 이야이야이요
With a cluck cluck here 여기서 꼬꼬댁
And a cluck cluck there 저기서 꼬꼬댁

Here a cluck, there a cluck 여기 꼬꼬, 저기 꼬꼬
Everywhere a cluck cluck 모든 곳에서 꼬꼬댁
With a baa baa here 여기서 매애애
And a baa baa there 저기서 매애애
Here a baa, there a baa 여기서 매애, 저기서 매애
Everywhere a baa baa 모든 곳에서 매애애
With a neigh neigh here 여기서 히히힝
And a neigh neigh there 저기서 히히힝
Here a neigh, there a neigh 여기 히히힝, 저기 히히힝
Everywhere a neigh neigh 모든 곳에서 히히힝
With a quack quack here 여기서 꽥꽥
And a quack quack there 저기서 꽥꽥
Here a quack, there a quack 여기 꽥, 저기 꽥
Everywhere a quack quack 모든 곳에서 꽥꽥
With a oink oink here 여기서 꿀꿀
And a oink oink there 저기서 꿀꿀
Here a oink, there a oink 여기 꿀, 저기 꿀
Everywhere a oink oink 모든 곳에서 꿀꿀
With a moo moo here 여기서 음메
And a moo moo there 저기서 음메
Here a moo, there a moo 여기 음메, 저기 음메
Everywhere a moo moo 모든 곳에서 음메 음메

Old MacDonald had a farm 맥도날드 할아버지는 농장이 있었어요.
E-I-E-I-O0000000… 이야이야이오…

이번에는 사물 또는 사람이 내는 다양한 소리에 관련된 의성어를 배울 차례입니다.

먼저 무언가가 서로 부딪쳐서 나는 소리를 소개할게요. 예문을 통해 실제 소리를 떠올리면서 그 소리와 단어의 발음을 연결해 보세요.

• bang

bang은 우리말의 '쾅' 또는 '탕'에 해당하는 의성어로, 무언가 세게 치거나 때렸을 때 나는 소리죠. 만화 등에서 종종 볼 수 있습니다.

동물의 소리를 나타내는 여러 의성어에서 보았듯이 이 표현도 동사로 쓰일 수 있어요.

Don't bang the door when you go out. 나갈 때 문 쾅 닫지 마.

• boom

boom은 주로 대포나 천둥 같이 '쿵' 하는 굉음 등을 나타낼 때 쓰이는 표현입니다. 갑작스럽게 나는 소리이다 보니 급격한 증가나 벼락 인기, 유행 등을 나타내는 말로도 쓰이죠.

The bomb exploded with a loud boom.
폭탄은 커다란 쿵 소리와 함께 폭발했다.

There was a sudden boom in the housing market.
주택 시장에 갑작스런 붐이 일었다.

• bump

bump는 '무언가에 부딪치다'라는 의미의 동사로도 쓰고 소리도 나타냅니다. 울퉁불퉁한 길을 가면서 차가 덜컹거리는 것도 표현할 수 있고요.

What is that bumping noise?
저 쿵쿵거리는 소음은 뭐지?

The car bumped along the rough mountain road.
그 차는 거친 산길을 따라 덜컹거리며 갔다.

• thud

thud는 무언가 무거운 것이 바닥 등에 떨어지면서 나는 둔탁한 소리입니다. 우리말의 '툭', '퍽', '쿵' 등에 해당해요.

The box fell with a thud. 상자가 툭 소리를 내며 떨어졌다.

• thump

thump는 세게 또는 무언가 묵직한 것으로 바닥을 쳐서 나는 소리를 나타내는 표현입니다.

My boss thumped his foot angrily.
우리 사장님이 화가 나서 발을 쿵쿵거렸다.

토끼가 바닥을 힘차게 디디면서 뛰어오르는 것도 thump라고 할 수 있죠. 유명한 애니메이션 밤비(Bambi)에 나오는 밤비의 토끼 친구 이름이 바로 썸퍼(thumper)죠. 우리말로는 '깡총이' 정도에 해당하는 표현이랄까요?

• tap

tap은 '톡톡 두드리다'라는 의미의 동사로, 가볍게 톡톡 두드려서 나는 소리를 말해요. 탭 댄스(tap dance)의 발재간과 소리를 떠올려 보세요.

She was tapping her foot to the rhythm.
그녀는 리듬에 맞춰 발을 두드리고 있었다.

• knock

knock은 '노크하다'라는 동사이지만, 문을 두드려서 나는 '똑똑' 소리이기도 해요. 문을 두드리는 경우가 아니라면 tap보다는 무언가를 세게 치거나 두드린다는 의미입니다. 이 경우 down이나 over가 함께 쓰이기도 하고요.

"**knock, knock.**" "똑똑"
"**Who is it?**" "누구세요?"

The glass shattered when I knocked it over.
내가 탁 쳐서 떨어뜨리자 유리잔이 산산조각났다.

이런 것을 'door knocker'라고 해요.

• rattle

rattle은 '달그닥'거리거나 '딸랑'거리는 소리를 나타내는 의성어입니다. 아기들이 가지고 노는 딸랑이가 rattle이에요. 방울뱀을 rattle snake라고 하고요.

I would have stepped on the snake if I had not heard the rattle of its tail.
뱀의 꼬리에서 나는 딸랑 소리를 듣지 못했다면 나는 그 뱀을 밟았을 것이다.

• clang

'쨍그랑'을 표현하고 싶다면 clang을 써보세요. 금속이 부딪치면서 나는 소리로, rattle보다는 다소 크고 시끄러운 느낌이에요.

"Clang, clang," the coin in the washing machine clanged.
세탁기 속의 동전이 "쨍그랑, 쨍그랑" 소리를 냈다.

The drums go bang and the cymbals clang.
북은 둥둥 소리를 내고, 심벌즈는 쨍 소리를 낸다.

• clap

손뼉이 마주쳐 나는 박수소리는 clap입니다. '박수치다'라는 동사로도 쓰이고요.

If you're happy and you know it, clap your hands. "Clap, clap"
당신이 행복하고 그걸 알고 있다면 손뼉을 치세요. "짝짝"
(우리말 노래 가사 '우리 모두 다 함께 손뼉을~'에 해당하는 영어 원곡 가사.)

'끼익' 또는 '삐익' 하는 다소 높고 시끄러운 소리는 다음과 같이 표현할 수 있답니다.

• squeak

squeak는 '끽' 하는 짧고 날카로운 소리를 나타내는 표현입니다.

The squeak of my shoes woke my family up.
내 신발에서 나는 끼이익 소리 때문에 가족이 깼다.

• creak

약간 길게 나는 '끼이익' 소리는 creak입니다. 예문을 통해 앞에서 소개한 squeak과 어떤 차이가 있는지 살펴보세요.

The cabinet door opened with a creak.
캐비넷 문이 끼이익 하고 열렸다.

• screech

귀에 거슬리는 길고 날카로운 '끼이익' 소리는 screech가 제격입니다. 자동차가 급브레이크를 밟았을 때 나는 소리를 연상해 보세요. 사람의 비명 소리를 나타낼 수도 있습니다.

Suddenly, there was a screech of brakes.
갑자기 브레이크에서 끼이익 하는 소리가 났다.

The young lady let out a screech of horror.
젊은 숙녀는 공포의 비명을 질렀다.

• beep

beep는 전자제품이나 자동차 경적 등의 '삐~' 소리 또는 '삐~ 소리가 나다'를 표현할 수 있어요.

Please, leave your message after the beep.
삐~ 소리가 나면 메시지를 남겨 주세요.

이번에는 좀 낮거나 조용한 소리에 해당하는 의성어 표현입니다.

• hum

콧노래를 흥얼거리는 것을 '허밍'이라고 하죠? 이렇게 '웅~' 하는 낮은 소리를 계속 낼 경우 동사 hum으로 표현할 수 있습니다. 물론 이런 '웅~' 하는 소리를 hum이라고 하고요.

The machines were humming. 여러 기계들이 웅웅거리고 있었다.

I could hear the hum of voices. 사람들의 웅성거리는 소리가 들렸다.

• rustle

종이, 나뭇잎, 옷감 등이 서로 마찰되면서 나는 '사각사각' 하는 소리를 rustle이라고 해요. 이런 소리를 낸다는 동사로도 쓰이고요.

I heard a rustle of leaves behind me.
나는 등 뒤에서 나뭇잎이 사각거리는 소리를 들었다.

The leaves rustled in the spring breeze.
나뭇잎들이 봄바람에 사각거렸다.

• rumble

rumble은 우리말의 '우르릉', '우르르르' 소리로 표현되는 의성어입니다. 천둥 치거나 기차가 달리거나, 돌들이 쏟아져 내리는 것처럼 묵직한 소리가 계속 길게 나는 것을 표현하지요.

I heard a rumble of thunder.
나는 '우르릉' 하는 천둥소리를 들었다.

트림, 딸꾹질, 기침 등 사람도 다양한 소리를 내지요. 이런 소리를 나타내는 단어들은 의성어로서뿐만 아니라 이런 소리를 내는 동사, 이런 소리를 내는 행동을 나타내는 명사로도 쓰입니다.

• burp

burp는 '꺽'하는 트림이자, 트림 소리의 의성어이고, '트림하다'라는 동사로 쓰이는 단어예요.

The strange guy burped loudly.
이상한 사내는 큰 소리로 트림을 했다.

I can't hold back a burp.
나는 트림을 참을 수가 없다.

• hiccups

'딸꾹질하다'와 '딸꾹' 소리는 hiccups로 나타낼 수 있습니다. '딸꾹질'이라는 명사도 되고요.

> 딸꾹질은 한 번으로 끝나지 않으므로, 보통 복수 형태로 쓰입니다.

If you have the hiccups, try drinking a glass of water.
딸꾹질이 나면 물을 한 잔 마셔보렴.

• cough

cough는 '기침', '기침하다', '콜록콜록'에 해당하는 단어입니다.

If you're going to cough, please cover your mouth.
기침을 할 것 같으면 입을 가려라.

• gulp

gulp는 물 등을 벌컥벌컥 삼키거나, 침을 꿀꺽 삼키거나, 숨을 크게 들이마시거나 하는 행동을 표현할 때 사용합니다.

He gulped down the water.
그는 물을 벌컥벌컥 마셨다.

She took in a large gulp of air.
그녀는 숨을 크게 들이마셨다.

• smack

만화 등에서 뽀뽀할 때 나는 '쪽' 소리를 smack으로 표현하는 것을 볼 수 있는데, 이런 입맞춤도 smack이라고 합니다. smack one's lips라고 하면 '입술로 쩝쩝 소리를 내다'라는 의미입니다. 입맛을 다실 때 많이 사용하죠.

The little kid gave his mother a smack on her cheek.
그 꼬마아이는 엄마의 뺨에 '쪽' 하고 뽀뽀를 했다.

He smacks while he chews.
그는 씹으면서 쩝쩝거리는 소리를 낸다.

동사로는 보통 '탁' 소리가 나게 치거나, 때리거나, 부딪치다라는 의미로 쓰입니다.

I smacked my forehead on the door.
나는 문에 이마를 부딪쳤다.

• groan

groan은 '끄응' 하는 낮은 신음소리를 나타내는 의성어이자, 고통이나 짜증 또는 기쁨 등의 감정에 신음이나 낮은 탄성을 내다라는 의미로 쓰입니다.

The crowd let out a groan when the other team scored.
군중들은 상대팀이 득점하자 끄응 하고 신음했다.

Gary groaned with pleasure when he saw her.
게리는 그녀를 보자 기쁨으로 낮게 탄성을 질렀다.

다음은 이외의 여러 가지 의성어입니다.

• ring

'따르릉' 하는 전화나 '뎅' 하는 종소리 등을 ring으로 표현할 수 있습니다. '벨이 울리다'라는 뜻뿐만 아니라 '전화를 하다'라는 의미의 동사로도 쓰여요.

A: "Ring, ring" "따르릉"
B: "Hello." "여보세요."

Could you answer the door if someone rings the bell?
누가 벨을 울리면 문에 좀 나가 주겠어요?

• pop

pop은 '펑' 또는 '빵' 정도에 해당하는 의성어입니다. 무언가가 펑하고 터지거나, 소리를 내거나, 불쑥 나타난다는 의미로도 쓸 수 있습니다.

The cork came out of the wine bottle with a pop.
코르크 마개가 '펑' 소리를 내며 와인병에서 빠져나왔다.

Pop! The bottle opened.
펑! 병이 열렸다.

• splash

splash는 물이 '철벅'거리거나 '후두둑' 떨어지다라는 의미로 쓸 수 있는 표현이자, 물이 내는 소리를 나타내는 의성어입니다.

Lydia jumped into the pool with a big splash.
린디아는 크게 첨벙 하고 풀장에 뛰어 들어갔다.

He threw the rock into the water. Splash!
그가 돌을 물 속에 던졌다. 풍덩!

• click

click은 '마우스로 클릭하다'라는 동사뿐만 아니라 이럴 때 나는 '딸깍' 소리를 나타낼 수도 있습니다.

The padlock opened with a click.
자물쇠가 딸깍 하고 열렸다.

Don't forget to click 'like'.
'좋아요' 클릭하는 것을 잊지 마세요.

Click! Click! He kept opening the page.
클릭! 클릭! 그는 계속해서 페이지를 열었다.

• tick-tock

tick-tock은 시계의 '똑딱' 소리를 나타내는 의성어입니다. tick은 '시계가 똑딱 또는 째깍거리다'라는 동사로도 쓰이며, '시간이 지나가다'라는 의미도 나타냅니다.

Tick-tock, tick-tock. 똑딱똑딱

Can you hear the clock ticking? 시계가 똑딱거리는 소리가 들리니?

• sizzle

sizzle는 우리말의 '지글지글'에 해당하는 표현입니다. 요리 등을 할 때 음식이 지글지글 소리를 내며 익는다는 의미의 동사로도 쓸 수 있습니다.

The bacon sizzled on the pan.
베이컨이 후라이팬 위에서 지글거렸다.

• fizz

음료 등의 거품이 내는 소리 또는 그런 소리를 내다는 의미를 fizz로 표현할 수 있습니다. 거품이 나는 탄산음료를 fizzy drink라고도 하죠.

The cola fizzed in the glass. 콜라가 잔에서 쉬익 거품을 냈다.

• whiz

whiz는 바람을 가르는 '휙' 또는 '윙' 같은 소리를 나타내는 단어입니다. 또는 이러한 소리를 내면서 움직인다는 의미의 동사로도 쓰입니다.

The racing car whizzed past.
경주용 차가 휙 지나갔다.

• flip-flap

flip-flap은 퍼덕퍼덕거리는 소리를 나타내는 표현입니다. flip은 동사로 무언가가 휙 뒤집히거나 젖혀지다는 의미로 쓸 수 있어요. flap은 날개 같은 것이 펄럭거린다고 하거나, 그렇게 펄럭거리는 덮개나 날개 같은 것을 말하기도 하고요.

I could hear the flip-flap of the awning in the wind.
나는 바람 속에 차양이 펄럭펄럭거리는 소리를 들을 수 있었다.

The flag flapped in the wind. 깃발이 바람에 펄럭였다.

flip-flop이라고도 말하는데, 이 단어는 엄지발가락과 검지발가락 사이에 끈을 끼워 신는 종류의 샌들이나 슬리퍼를 의미하기도 합니다. 이런 신발을 신고 다니면 퍼덕퍼덕 소리가 나죠?

• ta-da

우리말의 '짜잔~'에 해당하는 소리를 ta-da로 표현할 수 있습니다. 무언가 멋진 소식을 전하거나 등장할 때 멜로디와 함께 입으로 내는 소리지요.

Ta-da! Here comes the cake! 짜잔! 여기 케이크가 왔어요!

다음의 지문을 보면서 이번 Unit에서 익힌 몇 가지 의성어를 복습해 보죠. 빈 칸에 들어갈 가장 적합한 표현을 보기에서 골라 넣어 보세요. 또한 이러한 의성어 표현이 어떻게 글을 더 생생하게 전달해 주는지도 느껴 보세요.

> bang   creak   groan   hiss   hum   rumble

At first I thought my friends were inventing the stories to make a fool of me. A ghost in the restroom of the library? Who would ever believe that? But something changed my mind. It was on a Thursday evening. Suddenly the men's room felt cold when I was alone there. I thought I heard a _____ sound. I wanted to leave the restroom, but the door wouldn't open. Then, the hand dryer started _____ and blew out the wind though I wasn't close to it. The toilets also began flushing at the same time with a loud _____ noise. The windows _____ like they might shatter into pieces. I _____ with fright. Finally, I decided to kick the door open, but even before I lifted my foot it opened with a _____. I screamed and ran away without even looking back.

At first I thought my friends were inventing the stories to make a fool of me. A ghost in the restroom of the library? Who would ever believe that? But something changed my mind. It was on a Thursday evening. Suddenly the men's room felt cold when I was alone there. I thought I heard a hissing sound. I wanted to leave the restroom, but the door wouldn't open. Then, the hand dryer started humming and blew out the wind though I wasn't close to it. The toilets also began flushing at the same time with a loud rumbling noise. The windows creaked like they might shatter into pieces. I groaned with fright. Finally, I decided to kick the door open, but even before I lifted my foot it opened with a bang. I screamed and ran away without even looking back.

처음에 나는 내 친구들이 나를 놀리기 위해 꾸며낸 이야기라고 생각했다. 도서관 화장실의 귀신? 누가 그걸 믿겠는가? 하지만 무언가가 내 마음을 바꾸었다. 어느 목요일 저녁이었다. 내가 남자 화장실에 혼자 있는데 갑자기 춥게 느껴졌다. 무언가 쉭 하는 소리를 들었던 것 같다. 나는 화장실을 나가고 싶었지만 문이 열리지 않았다. 그러더니 손 건조기가 낮게 웅 소리를 내기 시작했고 내가 가까이 가지도 않았는데 바람을 뿜었다. 변기들도 동시에 시끄러운 우르릉 소리를 내며 물을 내리기 시작했다. 창문들은 산산이 부서질 듯 삐걱거렸다. 공포에 질려서 나는 신음했다. 마침내 나는 문을 발로 차서 열기로 했다. 하지만 내가 발을 들기도 전에 문이 쾅 소리를 내며 열렸다. 나는 소리를 지르며 뒤도 돌아보지 않고 도망쳤다.

• 문장으로 연습하기

    단어와 표현은 실제 문장에서의 쓰임과 함께 연습해야 합니다. 의성어 표현은 생동감 있고 재미있지만, 실제로 사용하지 못한다면 아무 소용없겠죠?
    지금까지 살펴본 소리를 나타내는 표현은 대부분 '동사'로 많이 쓰입니다.

The telephone rang. 전화벨이 울렸다.

Why do cats meow at night? 고양이는 왜 밤에 야옹거릴까?

동물의 경우에는 go를 써서 말하기도 합니다.

Cows go moo moo. 소는 음매 음매합니다.

~ing를 더해서 형용사로 사용할 수도 있죠.

What is that bumping noise? 저 쿵쿵 거리는 소음은 뭐지?

'소리'를 나타내는 표현은 명사로서 그런 소리가 났다는 의미로, hear 또는 There is/are를 써서 문장을 만들 수 있습니다.

I heard a bang. 나는 탕 소리를 들었다.

There were squeaks from the floor. 바닥에서 끼이익 소리가 났다.

'어떤 소리를 내면서'라는 표현은 with를 써서 나타낼 수 있고요.

The spoon dropped on the floor with a clang.
숟가락이 쨍그랑 소리를 내며 바닥에 떨어졌다.

소리 표현을 좀 더 생생하게 만들어 주는 형용사도 함께 연습하면 더욱 효과적이겠죠?

먼저 loud or noisy sound(크거나 시끄러운 소리)를 강조하고 싶을 때 쓸 수 있는 표현입니다.

- **thundering** 우레 같은, 천둥 같은

  The horses created a thundering rumble as they galloped.
  말들이 질주하며 천둥 같은 우르릉 소리를 냈다.

- **deafening** 귀청이 터질 듯한

  With a deafening bang, the bomb exploded.
  귀청이 터질 듯한 '펑' 소리와 함께 폭탄이 터졌다.

- **earsplitting** 고막을 찢는 듯한, 귀청이 떨어질 듯한

  The crowd's roar was earsplitting.
  군중들의 함성은 귀청이 떨어질 듯했다.

soft sound(작은 소리)라면 이런 표현과 함께 할 수 있습니다.

- **faint** 소리, 빛, 냄새 등이 희미한, 약한

  There was a faint buzzing noise from the speaker.
  스피커에서 희미한 웅웅 소리가 들렸다.

- **cooing** 소리가 작고 부드러운

   Her cry turned into a cooing hum.
   그녀의 울음은 부드러운 웅얼거림으로 바뀌었다.

- **whispering** 속삭이는 듯한, 살랑거리는

   With a whispering rustle of the dress, she stood up.
   드레스가 속삭이듯 사각사각 소리를 내며 그녀가 일어섰다.

9-5 구체적이고 선명한 동사 graphic verb

마치 눈에 보이듯 생생하게 묘사하기 위해서는 그만큼 구체적인 단어를 써야 합니다. 또한 특정한 대상이 있다면 그것을 나타내는 구체적인 명사를 쓰는 것이 좋습니다. 내가 이용한 교통 수단을 표현할 때 일반적인 차량 종류를 말하는 단어인 vehicle보다 scooter나 bus 등이 듣거나 읽는 사람에게 보다 정확하게 의미가 전달되지요.

느낌이나 감정, 정도 등을 보다 구체적으로 말하기 위해서는 구체적인 뉘앙스를 담은 형용사나 부사를 쓰는 것이 좋습니다. 예를 들어 thin보다는 emaciated가 앙상할 정도로 마른 상태를 표현하기에 보다 효과적입니다.

마찬가지로 어떤 동작이나 움직임을 설명하기 위해서는 보다 구체적인 의미를 담은 동사를 쓰는 것이 효과적입니다. 특히 말보다는 글에서 이런 '선명한(graphic)' 동사가 권장됩니다. 부사를 사용해서 일반적인 동사를 꾸며주는 것보다 간결하면서도 의미가 구체적이기 때문이지요.

예를 들어 eat는 '먹다'라는 최소한의 의미를 전달하지만, gobble은 '게걸스럽게 먹다'라는 보다 구체적인 의미를 전달합니다. eat quickly and greedily 라고 하는 것보다 훨씬 더 경제적이면서도 읽는 사람에게 명확한 이미지를 줍니다.

그럼 일반적인 동작이나 움직임을 보다 구체적으로 설명하는 동사들을 익혀 볼까요? 먼저 걷거나(walk) 뛰는(run) 의미의 동사들을 살펴보죠.

다음은 '걷다'라는 의미의 walk보다 구체적인 의미를 가진 동사들입니다.

• march

결혼식에서 신랑과 신부의 행진을 웨딩마치라고 하죠? march는 '행진하다'라는 의미가 있어요. 그냥 걷는 것과는 다소 다른 태도가 느껴지나요? 무언가 당당하고 씩씩하게 걸어가는 모습입니다.

The soldiers marched in the parade.
군인들은 퍼레이드에서 행진했다.

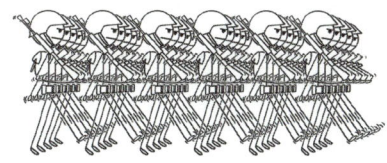

• strut

strut은 '아주 뽐내면서 걷다'라는 의미의 동사입니다. march와 비슷한데, 좀 더 거만하거나 자신만만한 느낌을 주죠.

He strutted around as if he were a king.
그는 자신이 마치 왕인 것처럼 뽐내면서 걸어 다녔다.

• swagger

힙합 용어인 '스웩'이 swagger에서 온 단어예요. strut과 비슷하게 아주 으스대면서 거들먹거리고 걷는 모습을 말합니다.

The rapper swaggered onto the stage.
그 래퍼는 거들먹거리면서 무대로 올라왔다.

• stride

성큼성큼 걷는 모습을 표현하고 싶다면 stride를 쓸 수 있습니다.

The giant strode across the field.
그 거인은 들판을 성큼성큼 가로질러 갔다.

• shuffle

shuffle은 발을 질질 끌며 걷는 모양새를 말하는 동사입니다. 한때 셔플댄스가 유행했었는데, 그 춤을 안다면 '아하~' 할지도 모르겠네요. 발을 바닥에서 끌면서 추는 춤이었어요. 유튜브에서 관련 비디오를 찾아보세요.

An old man with a cane shuffled in.
지팡이를 든 한 노인이 발을 질질 끌며 안으로 들어왔다.

Don't shuffle around in slippers.
슬리퍼 신고 발을 질질 끌며 돌아다니지 마라.

• stagger

금방이라도 넘어질 듯이 휘청거리고 걷는 모양새는 stagger로 말할 수 있어요. 보통 술이 취하거나 아픈 사람들이 이렇게 걷죠.

The drunk man staggered across the room.
술 취한 사람은 휘청거리며 방을 가로질렀다.

• wobble

아기가 뒤뚱뒤뚱 걷는 모양은 wobble로 표현할 수 있어요. 중심이 잘 안 잡히는 움직임이라고 보면 됩니다. 무언가가 불안정하게 흔들리거나 떨리는 모양새를 말할 수도 있습니다.

The baby wobbled over to her mother.
아기는 뒤뚱뒤뚱거리며 엄마에게로 갔다.

The glasses on the table wobbled during the earthquake.
지진이 일어나는 동안 탁자 위의 유리잔들이 흔들렸다.

Some people wobble in this pose.
어떤 사람들은 이 자세에서 몸이 흔들린다.

The calf wobbled a bit and fell down.
송아지는 조금 뒤뚱거리더니 넘어졌다.

• crawl

crawl은 '엉금엉금 기어가다'라는 의미의 동사입니다.

The baby crawled across the room.
아기가 방을 기어갔다.

기어가는 속도가 빠르지는 않죠? 그래서 차량이 느리게 가는 것도 crawl로 표현할 수 있어요.

The traffic was crawling. 차량들이 기어가고 있었다.

이번에는 '뛰어'가는 것과 관련된 동사입니다.

• jump

jump는 굳이 우리말로 설명하지 않아도 아는 단어일 거예요. 무언가를 뛰어넘거나, 아래에서 위로 혹은 반대로 뛰어오르거나 내려가는 것 등을 말하는 가장 일반적인 표현이죠.

He jumped over the fence and ran away.
그는 울타리를 뛰어넘어 도망가 버렸다.

• hop

'모두가 홉홉홉 뛰어라~'라는 노래를 아나요? 그 노래를 부르면서 제자리에서 통통통 뛰어오르던 그 동작이 hop이에요. jump가 무언가를 뛰어넘거나 위, 아래, 어떤 방향으로 이동하는 느낌이라면, hop은 제자리에서 살짝 뛰거나, 크게 이동하지 않거나, 한 발로 콩콩 뛰는 모습입니다. 그래서 한 발로 뛰면서 노는 우리의 땅따먹기 비슷한 놀이를 영어에서는 hopscotch라고 해요. 여기에도 hop이 들어가지요.

Hop in. I'll drive you home.
(차 안으로 뛰어 들어오듯이 타라는 의미로) 타렴. 차로 집에 데려다 줄게.

I hopped over the puddle.
나는 웅덩이를 폴짝 뛰어넘어갔다.

• skip

skip은 보통 '건너뛰다'라는 의미로 알고 있을 거예요. 이것을 걷는 모양새로 응용하면, 무언가를 깡충깡충 넘듯이 걷는 모습으로 이해할 수 있습니다. jump보다는 다소 동작폭이 작은 표현입니다. '줄넘기하다'라는 뜻도 있는데, 역시 공통되는 이미지가 있죠?

The little girl skipped happily along the path.
소녀는 길을 따라 즐겁게 깡충거리며 갔다.

• leap

hop이나 skip이 다소 작은 느낌의 jump라면 leap은 반대예요. 크게 뛰어오르는 우리말의 '도약하다'에 가까운 말이죠.

The basketball player leapt high to catch the ball.
야구선수는 공을 잡기 위해 높이 도약했다.

Look before you leap.
뛰어오르기 전에 잘 살펴라.

leap은 명사로도 쓰입니다. 그래서 최초로 달에 발을 디딘 우주비행사 루이 암스트롱(Louis Armstrong)이 이런 말을 했죠.

That's one small step for a man, one giant leap for mankind.
이것은 한 인간에게는 한 발자국일 뿐이지만, 전 인류에게는 큰 도약이다.

• bounce

bounce는 무언가에 튀거나 튀어서 뛰어 오르는 모습을 말하는 동사입니다.

The little kids bounced up and down on the bed.
그 아이는 침대 위에서 위아래로 방방 뛰었다.

• bolt

엄청 빠른 전설적인 육상선수 우사인 볼트(Usain St. Leo Bolt)를 연상하면 쉽게 외워질 것 같네요. bolt는 갑자기 후다닥 뛰거나 튀어 나가는 거예요. 보통 깜짝 놀라서 또는 급히 도망가는 것을 묘사할 때 bolt를 씁니다.

The thief bolted through the open window.
도둑은 열린 창문으로 후다닥 튀었다.

• sprint

달리기 주자들을 '스프린터'라고 하는 것을 들어 보았을 겁니다. sprint는 전력으로 질주하는 거예요.

He sprinted up the hill without looking back.
그는 뒤도 돌아보지 않고 언덕을 전력질주했다.

다음은 일반적인 동사로 설명하기 어렵거나 애매한 동작이나 움직임을 나타내는 동사들을 살펴보지요.

• shrug

잘 이해가 안 가거나 모르겠을 때 자연스럽게 양손을 들면서 "글쎄, 잘 모르 겠는데?" 하고 어깨를 으쓱할 때가 있죠? shrug는 바로 그 동작을 설명하는 말이에요.

"I don't know what's happening," she said, shrugging.
"무슨 일이 벌어지고 있는 건지 모르겠네." 그녀가 어깨를 으쓱하며 말했다.

• slouch

slouch는 구부정하게 서거나 앉는 등 움직이는 모양새를 말합니다.

Sit up straight. Don't slouch.
똑바로 앉아. 구부정하게 있지 말고.

• swipe

휴대폰 잠금을 해제할 때 '밀어서 해제'하죠? 이렇게 미는 동작이 swipe예 요. 신용카드로 결제할 때 기계에 신용카드를 대고 스윽 긁는 동작도 swipe입 니다.

Swipe to the right to unlock your phone.
오른쪽으로 밀어 전화기를 해제하세요.

• bend

무언가를 구부린다면 bend입니다. 몸을 굽히는 것도 bend이고요.

He bent the pipe easily. 그는 파이프를 쉽게 구부렸다.

I bent over to pick it up. 나는 그것을 집기 위해 몸을 구부렸다.

• twist

구부리다 못해 비틀어 버리면 twist입니다. 꽈배기를 생각하면 되겠네요. 고개나 몸을 휘익 돌리는 것도 twist이고, 발목이나 손목 등을 삐거나 접질리는 것도 twist입니다.

Don't twist my arm. It hurts. 내 팔 비틀지마. 아파.

I fell and twisted my ankle. 나는 넘어져서 발목을 접질렀다.

• poke

무언가를 손가락 등으로 찌르는 동작이 poke입니다.

Don't poke your sister with your finger.
여동생을 손가락으로 찌르지 마.

식사할 때 사용하는 포크냐고 묻는 사람들도 있는데, 이미지는 비슷하지만 그건 fork랍니다.

• shake

shake는 무언가를 흔들거나 흔들리는 모습을 나타내는 동사입니다. 악수를 한다고 할 때에도 shake hands라고 하지요.

Sometimes Mom has to shake Dad to wake him up.
가끔 엄마는 아빠를 깨우기 위해 흔들어야 한다.

The old houses shake when trains go past.
기차가 지나갈 때면 오래된 집들은 흔들린다.

I shook hands with Mr. Baily.
나는 베일리 씨와 악수를 나누었다.

• sway

전후좌우로 다소 크게 흔들리는 모습은 sway로 표현할 수 있습니다.

I swayed and fell on the ground.
나는 흔들리다가 바닥에 쓰러지고 말았다.

꽉 중심을 잡지 못하고 이렇게 이리저리 흔들리는 모습을 추상적으로 확장하면 마음이 이리저리 흔들리고 동요되는 것으로 이해할 수 있을 거예요.

He's easily swayed by others.
그는 다른 사람들에게 쉽게 휘둘린다.

• swing

swing은 sway와 많이 비슷해요. 전후좌우로 흔들린다는 공통점이 있죠. 다만 sway는 중심 없이 이리저리 흔들리는 느낌인데, swing은 축이 고정된 상태에서 위아래 또는 전후로 흔들리는 거예요. 예를 들면 그네나 시계 추 같은 것이죠.

The little girl swung her arms as she walked in.
그 소녀는 걸어 들어오면서 팔을 흔들었다.

The large door swung shut.
큰 문이 휙 닫혔다.

Her mood swings from joy to despair.
그의 감정은 기쁨에서 절망으로 크게 바뀌었다.

• roll

무언가가 돌돌 말린 것을 roll이라고 하죠? 동사로는 그렇게 굴러 가거나 굴리는 동작을 말할 수 있습니다. 또는 뒹굴거나 도는 동작을 표현하기도 해요.

The balls rolled down the hill. 그 공들은 언덕 아래로 굴러 내려갔다.

My baby girl can roll over now. 내 딸아이는 이제 몸을 뒤집을 수 있어요.

• tumble

계단 같은 것에서 굴러 떨어지는 것을 표현할 수 있는 동사가 tumble이에요. roll보다는 동작이 좀 더 큰 느낌이고 부드럽게 굴러가는 것이 아니라 무언가에 걸리거나 모양새가 덜컹덜컹함을 암시합니다. 건조기에 옷을 넣으면 내부에서 옷이 크게 회전하고 구르면서 마르지요? 그래서 tumble dryer라고 한답니다. 이런 옷 모양처럼 데굴데굴 굴러가면 tumble이에요. 앞구르기나 뒷구르기를 '텀블링'이라고도 하죠.

I was careful not to tumble down the stairs.
나는 계단에서 굴러 떨어지지 않기 위해 조심했다.

• spin

spin은 빙빙 도는, 회전하는 것을 표현할 수 있는 동사입니다. 팽이나 도예의 물레처럼 제자리에서 돌거나, 아주 넓지 않은 범위 안에서 빙빙 돌거나, 다소 속도가 빠르게 휙 도는 느낌 등을 암시하지요.

The ice skater is really good at spinning.
스케이터는 정말 회전에 능하다.

My head was spinning. 머리가 빙빙 도네요.

• **soar**

무언가가 높이 솟구쳐 오르는 것은 soar로 표현할 수 있습니다. 로켓이나 새 등이 날아오르는 모양새를 묘사하거나, 물가 등이 급격히 치솟아 오르는 것을 말할 때에도 쓰이죠.

The rocket soared into the air. 그 로켓은 공중으로 날아올랐다.

Unemployment has soared to 11%. 실업률이 11%로 치솟았다.

Build-up Vocabulary 본격적인 어휘 확장/불리기

어근 학습으로 어휘 열 배로 뻥튀기하기
Using word association and mnemonic devices

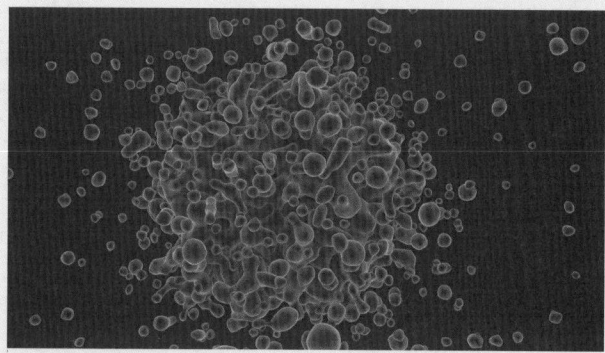

10-1 단어의 기능/품사를 정하는 접미사 suffix
10-2 단어의 의미를 바꾸는 접두사 prefix
10-3 여러 가지 어근 word roots
10-4 수를 나타내는 접두사/어근 number prefix

Unit 10 어근 학습으로 어휘 열 배로 뻥튀기하기
Using word association and mnemonic devices

영어 단어는 의미의 핵심이 되는 어근(root)을 갖고 있으며, 여기에 접두사 (prefix) 또는 접미사(suffix) 등을 추가할 수 있습니다. 영단어의 구성 요소라고 할 수 있는 어근, 접두사, 접미사를 이해하는 것은 단어를 무턱대고 외우는 것보다 훨씬 더 효과적으로 내 것으로 만들 수 있는 KEY가 됩니다. 또한 기억이 가물가물하거나 처음 보는 단어에 대해서도 그 뜻을 대략 파악할 수 있게 해 주는 단서가 되기도 하지요. 한마디로 어휘를 보는 눈이 생기게 됩니다.

10-1 단어의 기능/품사를 정하는 접미사
suffix

suffix(접미사)는 단어의 뒤에 붙어서 기능 또는 품사를 정하거나 바꾸어 줍니다. 셀 수 있는 명사의 뒤에 붙어 복수임을 알려 주는 s와 es도 일종의 suffix라고 할 수 있습니다. 여기서는 품사를 결정하는 주요 suffix를 익혀 보고, 대표적인 몇 가지 단어도 자세히 살펴보겠습니다.

A. 동사를 만드는 접미사 verb suffixes

'~하게 만들다' 또는 '~하다'라는 의미의 동사를 만드는 접미사에는 ~ate, ~en, ~fy/ify, ~ise/ize, ~ish 등이 있습니다.

접미사	사용 예
-ate	activ<u>ate</u>, evalu<u>ate</u>, particip<u>ate</u>
-en	damp<u>en</u>, fast<u>en</u>, tight<u>en</u>
-fy, -ify	puri<u>fy</u>, humidi<u>fy</u>, classi<u>fy</u>, speci<u>fy</u>, terri<u>fy</u>, uni<u>fy</u>
-ise, -ize	jeopard<u>ize</u>, emphas<u>ize</u>, hospital<u>ize</u>, industrial<u>ize</u>, computer<u>ize</u>
-ish	aboli<u>sh</u>, accompli<u>sh</u>, astoni<u>sh</u>, establi<u>sh</u>

• **activate** [ˈæktɪveɪt]

activate는 act(행동하다)나 active(활동적인)란 단어를 안다면 '작동시키다', '활성화시키다'라는 의미와 쉽게 연결할 수 있을 거예요.

Is the security alarm activated by movement?
도난 경보기는 움직임으로 작동되나요?

• **evaluate** [ɪˈvæljueɪt]

evaluate는 가치, 중요성 등을 의미하는 단어 value에서 온 동사로, '(가치나 품질 등을) 평가하다', '감정하다'라는 의미입니다.

You should be able to evaluate your own work.
여러분은 스스로의 일을 평가할 수 있어야만 한다.

• **participate** [pɑːtɪsɪpeɪt]

무언가의 일부(part)가 된다는 것은 '참가하다', '참여하다'라는 의미로 이해할 수 있겠죠?

Workers in companies with more than 150 employees have the right to participate in management decisions.
150명 이상을 고용한 회사의 직원들은 경영 관련 결정에 참여할 권한이 있다.

• **dampen** [ˈdæmpən]

damp는 '축축한', '젖은'이란 의미의 형용사입니다. 여기에 '~하게 만들다'라는 의미의 접미사 ~en이 더해져서 '(물에) 적시다', '(물에) 축이다'의 의미가 되었어요.

She dampened a cloth and held it to his forehead.
그녀는 천을 적셔서 그의 이마에 올려놓았다.

• **fasten** [ˈfæsn]

fast에는 '(보트 등이) 단단히 고정된'이란 의미도 있답니다. 그래서 fasten이 '매다', '잠그다', '조이다'라는 뜻이에요.

Make sure your seat belt is securely fastened.
반드시 안전벨트를 단단히 잠가 주세요.

- **classify** [ˈklæsɪfaɪ]

class는 '학급', '계층', '계급', '부류', '종류' 등의 의미가 있습니다. ~fy는 '~가 되다', '~화하다'라는 의미의 동사를 만들어 주는 접미사죠. 그래서 classify의 의미가 '분류하다', '구분하다'가 되었고요.

Even though it's classified as a compact camera, it weighs almost a kilogram.
소형카메라로 분류되어 있어도 그건 거의 1킬로그램이나 나간다.

- **jeopardize** [ˈdʒepədaɪz]

jeopardy는 '위험'이란 의미의 명사로, risk와 동의어입니다. jeopardize는 여기서 온 동사로, '위태롭게 하다'라는 의미예요.

The scandal jeopardized his political career.
스캔들이 그의 정치 경력을 위태롭게 했다.

- **hospitalize** [hɑːspɪtəlaɪz]

단어 속의 hospital을 금방 알아볼 수 있죠? '~하게 만들다', '~로 되다'라는 의미의 접미사 ~ize를 만나 '병원에 입원시키다'라는 의미가 되었습니다.

His wife has been hospitalized for depression.
그의 아내는 우울증으로 병원에 입원했다.

• **abolish** [əˈbɑːlɪʃ]

abolish는 법률이나 제도, 조직 등을 '폐지하다'라는 의미의 동사입니다. ab는 away의 의미를 가진 어근이고, 중간의 ol은 grow의 의미의 어근이고요. 따라서 '점점 멀어지다'에서 어떤 제도나 조직 등이 폐지된다는 의미가 되었습니다.

I think bullfighting should be abolished.
나는 소싸움이 폐지되어야 한다고 생각한다.

B. 명사를 만드는 접미사 noun suffixes

명사를 만드는 접미사는 매우 다양합니다. 접미사 리스트를 달달 외우기보다는 각 접미사의 대표적인 단어들을 우선 익힌 뒤에 같은 접미사를 가진 단어를 알아볼 수 있도록 꾸준히 다양한 문장이나 지문을 접하는 것이 좋습니다. 예를 들면 이미 알고 있거나 친숙한 mileage(주행거리)나 language(언어)를 통해 ~age로 끝나는 단어들이 명사임을 이해하고, 이후 breakage(파손) 같은 단어를 만났을 때 이를 break(깨지다, 부서지다)와 관련된 명사임을 유추하는 것이지요.

여기서도 우선 대표적인 쉬운 단어를 표시했습니다. 여러분이 아는 그 단어가 맞다는 의미로 간단한 해석을 달아 놓았어요. 그리고 좀 더 이야기해 볼 만한 단어들은 표의 뒤에서 따로 더 설명했습니다.

접미사	사용 예
-age	mile<u>age</u>(주행거리), langu<u>age</u>(언어), break<u>age</u>, bagg<u>age</u>
-al	arriv<u>al</u>(도착), tri<u>al</u>(시험, 시도), deni<u>al</u>, refus<u>al</u>
-an, -ian	music<u>ian</u>(음악가), beautic<u>ian</u>

접미사	사용 예
-ance, -ancy	assistance(도움, 지원), expectancy
-ence, -ancy	confidence(확신, 자신감), presidency
-ant, -ent	agent(에이전트, 대행자), student(학생), inhabitant, tenant
-dom	freedom(자유), kingdom
-er, -or	teacher(교사, 선생님), painter, actor, visitor, engineer
-gram	telegram(전보), cardiogram
-graph	phonograph(사진), seismograph
-ic	classic(고전, 명작)
-ion, -tion, -ation	information(정보), condition, civilization, automation
-ism	optimism(낙천주의), criticism, capitalism
-ist	specialist(전문가), cyclist
-logue, -log	dialogue(대화), monolog
-logy	biology(생물), dermatology
-meter, -metry	kilometer(킬로미터), geometry, parameter
-ment	entertainment(오락, 유흥), amazement, statement
-phobia	agoraphobia(광장공포증), xenophobia
-phone	telephone(전화기), homophone
-ty, -ity	electricity(전기), certainty, cruelty, loyalty, royalty, similarity
-y	victory(승리), jealousy

• breakage [ˈbreɪkɪdʒ]

breakage는 앞의 예에서 언급했듯이 break에서 온 명사입니다. 접미사 ~age에서 a의 발음이 [eɪ](에이)가 아닌 [ɪ]이라는 점에 유의하면서 계속 입으로 소리 내어 읽으면서 익혀 주세요.

All breakages must be paid for. 모든 파손은 변상되어야 한다.

• classic [ˈklæsɪk]

명사로서 classic은 '명작', '고전'이란 의미입니다. 또한 형용사로 '전형적인', '대표적인'이란 의미도 있죠. 참고로 '클래식 음악'은 틀린 표현입니다. classical music이라고 해야 해요.

The Harry Potter series is a modern classic.
해리포터 시리즈는 현대의 명작이다.

The Coca-Cola bottle is one of the classic designs of the last century.
코카콜라병은 지난 세기의 대표적인 디자인 중의 하나이다.

• **loyalty** vs. **royalty** [ˈlɔɪəlti], [ˈrɔɪəlti]

loyalty는 '충성', '충성심'입니다. loyal은 '충성스러운'이란 의미의 형용사예요. royalty는 우리가 보통 '로열티'라고 하는 저작권 사용료나 인세 등을 말하는 단어입니다. 그리고 '왕실의'라는 의미의 royal에서 온 명사로, '왕족'이란 의미도 있죠. L과 R의 발음 차이에 유의하면서 두 단어를 잘 구분해 주세요.

They swore their loyalty to the king.
그들은 왕에게 충성을 맹세했다.

He has noticed a falloff in loyalty to particular brands of car.
그는 특정 브랜드의 자동차에 대한 고객의 충성도 하락을 주목했다.

We were treated like royalty.
우리는 왕족같이 대접받았다.

The writer gets a 10% royalty on each copy of his book.
그 작가는 자신의 책 한 권당 10%의 인세를 받는다.

C. 형용사를 만드는 접미사 adjective suffixes

형용사는 특히 접미사 형태를 통해 알아볼 수 있는 단어가 매우 많습니다. 동사 뒤에 붙는 ~ing나 ~ed도 대표적인 형용사 접미사지요. 명사와 마찬가지로 대표적인 단어들을 통해 접미사 형태를 정리하고, 이것은 바탕으로 꾸준히 단어들을 쌓아가는 것을 권합니다.

접미사	사용 예
-able, ible	visible(눈에 보이는, 알아볼 수 있는), remarkable, convertible, sensible
-al, -ical	equal(같은, 동등한), annual, accidental, regional, universal, magical, logical, practical
-ant, -ent	pleasant(쾌적한, 즐거운), significant, different(다른), urgent, affluent
-ar	familiar(친숙한), similar(비슷한), muscular
-ary	solitary(혼자 하는, 혼자서 잘 지내는), planetary, customary, complimentary, complementary
-ate	passionate(열정적인), fortunate
-ed	interested(관심 있는, 흥미 있어 하는), excited, confused, relaxed
-ful	beautiful(아름다운), wonderful, skillful, successful, useful
-ial	partial(부분적인), colonial
-ic	automatic(자동의), scenic, economic, basic, scientific, Arabic, horrific, specific
-ine	feminine(여성스러운), serpentine, divine
-ing	interesting(흥미로운), exciting, relaxing
-ish	foolish(어리석은), childish, selfish
-ive	expensive(값비싼), explosive, descriptive, informative, creative, sensitive
-less	homeless(노숙자의), powerless, worthless, useless
-like	lifelike(실물과 똑같은), childlike, warlike
-ly	friendly(다정한), costly, monthly, daily
-ory	sensory(감각의), mandatory

접미사	사용 예
-ous	dangerous(위험한), famous, poisonous, mountainous, glamourous, mysterious, sensuous
-y	sunny(화창한), cloudy, rainy, funny, dirty, fussy, messy

• horrific vs. terrific [hə'rɪfɪk], [tə'rɪfɪk]

비슷해 보이는 단어지만 뜻은 완전히 상반됩니다. horrific은 '끔찍한', '지독한', '불쾌한' 등 부정적인 의미를 가진 형용사지만, terrific은 주로 대화에서 '아주 좋은', '멋진' 등의 긍정적인 의미로 쓰입니다.

The race was stopped after a horrific accident in which two drivers were killed.
두 명의 운전자가 죽는 끔찍한 사고 이후 경주가 중단되었다.

The actor who played the detective was terrific.
형사를 연기한 배우는 아주 멋졌다.

• childlike vs. childish ['tʃaɪldlaɪk], ['tʃaɪldɪʃ]

똑같이 child(어린이)에서 온 단어이지만, 의미를 구분할 필요가 있습니다. childlike는 어린아이처럼 순진하거나 천진난만함을 의미하는 형용사이지만, childish는 다소 부정적인 '유치한'이란 의미로 쓰입니다.

She has a childlike way of looking at things.
그녀는 사물을 보는 데 있어 어린아이 같은 순진한 면이 있다.

Grow up and stop being childish.
철 좀 들고 유치하게 구는 것 좀 그만해.

• explosive [iksplóusiv]

explode는 '폭발하다'라는 의미의 explode의 형용사로, '폭발하는 성질이 있는', '폭발하기 쉬운'이란 의미를 갖고 있습니다. 사람의 성격이 아주 불같고 격정적인 경우에도 explosive를 써서 묘사할 수 있죠. '폭발적으로 증가하는'이란 의미도 있고요. '폭탄'이나 '폭발'이 주는 이미지를 다양한 의미로 확장하여 이해해 보세요. 이때 explosive가 명사로 '폭발물', '폭약'의 의미로도 쓰인다는 것에 주의하세요.

Because the gas is highly explosive, it needs to be kept in high-pressure containers.
그 기체는 매우 폭발성이 높아서 고압용기에 보관할 필요가 있다.

The politician has an explosive temper.
그 정치인은 격정적인 기질을 갖고 있다.

There was an explosive growth of microcomputers.
초소형 컴퓨터가 폭발적으로 증가했다.

A terrorist placed an explosive in the building.
테러리스트가 건물에 폭발물을 설치했다.

• useful vs. useless [ˈjuːsfl], [ˈjuːsləs]

꽤 많은 단어들이 ~ful과 ~less로 반의어 쌍을 이룹니다. useful과 useless도 마찬가지로, 전자는 '유용한', 후자는 '쓸모없는'이란 의미의 형용사지요.

Their website has some useful tips on selling your home.
그들의 웹사이트는 귀하의 집을 파는 데 유용한 조언을 담고 있다.

The doctor concluded that further treatment would be **useless**.
의사는 더 이상의 치료가 소용없을 것이라고 결론지었다.

• **sensible** vs. **sensitive** vs. **sensory** vs. **sensuous** [ˈsensəbl], [ˈsensətɪv], [ˈsensəri], [ˈsenʃuəs]

모두 sense에서 온 단어들로, sense는 감각, 의식, 느낌 등의 의미를 갖고 있습니다. '감지하다'라는 의미의 동사로도 쓰이지요.

sensible은 '분별 있는', '합리적인', '실용적인' 등의 의미입니다.

It's **sensible** to keep a note of your passport number.
여권 번호를 따로 적어 놓는 것은 합리적이다.

Eat a **sensible** diet and exercise daily.
합리적인 식단으로 먹고 매일 운동해라.

sensitive는 '민감한'이란 뜻으로, 감각이 예민한 것뿐만 아니라 다른 사람의 감정이나 문제에 대해 잘 이해할 수 있는 것도 의미합니다.

My teeth are really **sensitive** to hot and cold.
내 치아는 뜨겁고 찬 것에 정말 민감하다.

She's very **sensitive** about her weight.
그녀는 몸무게에 무척 예민하다.

It's made me much more **sensitive** to the needs of the disabled.
그 일은 내가 장애인들의 욕구에 대해 훨씬 더 이해할 수 있도록 만들었다.

sensory는 시각, 청각, 후각, 미각, 촉각 등의 '감각의' 또는 '감각기관의'라는 의미입니다.

Sensory information passes through the spinal cord.
감각 정보는 척수를 통해 전달된다.

sensuous는 '오감을 만족시키는' 또는 '감각적인'이란 뜻의 형용사로, 종종 문학 작품 등에서 '육감적인', '관능적인'이란 의미로도 쓰입니다.

We saw a performance of Wagner's sensuous opera, "Tristan und Isolde."
우리는 바그너의 오감을 만족시키는 오페라 공연인 '트리스탄과 이졸데'를 보았다.

His closely shaven face was tense and his usually sensuous mouth set in a grim line.
그의 바짝 면도한 얼굴은 긴장감이 있었고, 평소의 육감적인 입은 단호하게 다물어져 있었다.

• **glamourous** [glǽmərəs]

glamourous는 명사 glamour에서 온 형용사입니다. 우리말로 '글래머'라고 하면 육감적인 여성이나 몸매를 떠올리는데, 영어의 glamour는 '화려한 매력' 또는 '부티', '귀티'를 의미합니다. 따라서 glamourous는 '부티/귀티 나는' 또는 부나 신분에 따라 '화려한 매력이 있는' 등의 의미로 이해할 수 있지요. 역시 육감적인 몸매와는 직접적인 연관이 없습니다.

She led an exciting and glamorous life.
그녀는 신나고 화려한 삶을 살았다.

On television she looks so beautiful and glamorous.
텔레비전에서 그녀는 매우 아름답고 부티 나 보인다.

• fussy ['fʌsi]

fuss는 우리말의 '호들갑'과 비슷합니다. 별것 아닌 것에 대해 야단법석을 부리거나, 화내고 불평하는 것을 말하지요. fussy는 그에 대한 형용사로 '몹시 호들갑 떠는', '까다롭게 구는' 등의 의미로 이해할 수 있고, '지나치게 장식이 많거나 복잡한'의 의미로도 쓰입니다.

He's very fussy about the color.
그는 색깔에 대해 지나치게 까다롭다.

The furniture looked comfortable, nothing fussy or too elaborate.
가구는 전혀 장식이 과하거나 너무 공들이지 않고 편안해 보였다.

• messy ['mesi]

messy는 '지저분한', '어수선한', '엉망인'의 의미로 쓸 수 있는 형용사입니다. mess는 당연히 이러한 상태를 나타내는 명사겠죠?

Does my hair look messy? 내 머리가 너무 엉망으로 보이니?

His room is always messy. 그의 방은 항상 지저분했다.

D. 부사를 만드는 접미사 adverb suffixes

부사는 대개 형용사의 뒤에 ~ly가 더해진 형태입니다. 간혹 late이나 fast처럼 형용사와 형태가 같거나, ~ways나 ~wise와 같은 접미사를 갖는 부사들만 잘 챙겨 주세요.

접미사	사용 예
-ly, –ily, -ally	quick<u>ly</u>, absolute<u>ly</u>, terrib<u>ly</u>, eas<u>ily</u>, politic<u>ally</u>
-ways, -wise	side<u>ways</u>, clock<u>wise</u>, like<u>wise</u>, other<u>wise</u>

• **clockwise** [klɑːkwaɪz]

clockwise는 '시계 방향으로' 또는 '시계 방향의'라는 의미로 쓸 수 있는 부사이자, 형용사입니다.

Turn the dial clockwise. 다이얼을 시계 방향으로 돌리시오.

The Sun, the Moon, the planets and stars seem to move clockwise across the northern sky.
북반구 하늘에서는 태양, 달, 행성과 별들이 시계 방향으로 움직이는 것 같다.

• **sideways** [saɪdweɪz]

sideways는 '옆으로', '옆에서'의 의미로 쓸 수 있는 부사입니다.

A strong wind blew the car sideways into the ditch.
강풍이 차를 옆으로 날려 도로 가장자리의 배수로로 밀어 넣었다.

• likewise ['laɪkwaɪz]

likewise는 '똑같이', '비슷하게', '또한' 등의 의미를 가진 부사입니다. 대화체에서는 '마찬가지야' 또는 '동감이야'라는 뜻입니다.

The mussels were delicious. Likewise, the eggplant was excellent.
홍합은 아주 맛있었다. 가지도 똑같이 훌륭했다.

A: "I'm exhausted from the flight." "난 비행으로 완전히 지쳤어."
B: "Likewise." "마찬가지야."

접미사가 어느 정도 익숙해졌다면 이제 단어의 앞에 더해지는 접두사(prefix)로 넘어가 보죠.

10-2 단어의 의미를 바꾸는 접두사 prefix

prefix(접두사)는 단어의 앞에 붙어서 단어의 의미를 바꾸는 어근입니다.

다시 한 번 강조하지만, 한꺼번에 모든 접두사와 단어들을 외우려고 하지 마세요. 이미 알고 있거나 쉬운 대표 단어를 통해 그 안의 접두사를 먼저 익히고, 이후 계속 다양한 문장과 지문을 통해 공통의 접두사가 있는 표현을 알아보는 방식으로 어휘를 늘려 가세요. 또는 우선 대표 단어로 접두사를 익힌 뒤에 접두사별로 한두 개씩 차근차근 단어를 늘려 가세요.

다양한 접두사 표현이 익숙해지고 단어도 어느 정도 쌓였을 때 표와 자료를 보면서 전체적으로 다시 한 번 정리하는 것이 가장 학습 효율이 높습니다. 대표 단어들도 잘 모르는 상태이거나 단어의 접두사를 알아보는 것도 잘 안 되는 상태에서 접두사와 연관 단어를 한꺼번에 외워서 단기에 끝내버리려는 것은 실제 어휘력을 늘리는 데 전혀 도움이 되지 않습니다.

먼저 반대나 부정의 의미를 주는 접두사들을 살펴보겠습니다.

• de-, down-

de-는 단어에 '반대'나 '감소'의 의미를 부여합니다. degrade는 de+grade여서 '비하', '모멸하다'라는 의미를 갖습니다. 화학적으로는 '분해되다'라는 뜻으로도 쓰이죠. 그럼 demotivate는 어떤 의미일까요? motivate가 '동기를 부여하다'라는 말이니까 demotivate는 반대로 '의욕을 꺾다'라는 의미로 이해할 수 있습니다.

Pornography degrades women. 포르노그래피는 여성을 비하한다.

'감소'의 의미를 가진 또 다른 접두사는 down-입니다. downsize는 '크기나 규모를 줄이다'라는 뜻이에요. 쉽게 이해가지요? downgrade는 등급이나 수준, 중요성 등을 '격하시키다'라는 의미입니다. degrade와 유사해 보이지만 명확하게 구분해서 사용해야 합니다.

Police tended to downgrade the seriousness of violence against women in the home.
경찰은 종종 가정 내 여성에 대한 폭력의 심각성을 낮추는 경향이 있었다.

They threatened to downgrade my credit rating if I don't pay the bill immediately.
그들은 요금을 즉시 내지 않으면 내 신용 등급을 내리겠다고 위협했다.

- ## dis-

dis-도 단어에 반대나 부정의 의미를 더합니다. agree의 반대말이 disagree이고, appear의 반대말은 disappear예요. qualify는 어떤 자격이나 자질을 '충족/취득하다' 또는 '부여하다'라는 의미의 동사지요. 그래서 disqualify는 '자격을 박탈하거나 실격시키다'라는 의미가 됩니다.

The sun disappeared behind the clouds.
태양이 구름 뒤로 사라졌다.

They disqualified the team for fielding an underage player.
그들은 미성년자 선수를 경기에 출전시킨 이유로 팀을 실격시켰다.

• in-

in-은 대표적인 부정 의미의 접두사 중 하나입니다. '안전한', '안정적인'이란 의미의 secure의 반대말이 insecure지요. '안전하지 못한', '불안전한' 등의 의미 외에도 자기 자신이나 다른 사람과의 관계에서 자신이 없는, 즉 '자존감이 부족한'의 뜻으로도 쓸 수 있습니다.

They've never been financially insecure.
그들은 재정적으로 불안정했던 적이 한 번도 없었다.

People can be insecure about a lot of things.
사람들은 많은 것들에 대해 자존감이 부족할 수 있다.

• im-, il-, ir-

in-과 마찬가지로 부정과 반대의 의미를 더하는 접두사들로, 단어의 철자에 따라 달라집니다. im-은 p, il은 l, ir은 r로 시작하는 단어 앞에 붙지요. impossible, illegal, irregular를 통해 기억하세요.

It's impossible to please everybody.
모든 사람들을 만족시키는 것은 불가능하다.

Don't ask me to do anything illegal.
내게 그 어떤 불법적인 것도 하라고 요구하지 말아요.

Having irregular meals can lead to obesity.
불규칙적으로 식사를 하는 것은 비만으로 이어질 수 있다.

• mis-

mis-가 더해진 단어는 부정확하거나 잘못됨을 암시합니다. '실수'라는 의미의 mistake가 가장 대표적인 단어지요. misspell은 '철자를 잘못 쓰다', misread는 '잘못 읽다'라는 뜻이 되죠. misread는 글뿐만 아니라 '상황 등을 잘못 해석하거나 오해하다'라는 의미로도 쓰입니다. mislead는 잘못(mis) 이끄는(lead) 것이니 '호도하다', '잘못 인도하다'라는 뜻으로 이해할 수 있고요.

The government has repeatedly mised the public, and we're here to protest.
정부가 반복적으로 대중을 호도해 왔고, 우리는 그것에 저항하기 위해 여기에 왔다.

• non-

non-도 단어에 not의 의미를 부여합니다. 이치(sense)에 맞지 않는(not) '터무니없는 생각이나 말을 nonsense라고 하지요. 금연 구역을 말하는 nonsmoking area에 쓰인 nonsmoking은 '금연의'라는 뜻이고요.

What he says is all nonsense.
그가 말하는 건 전부 터무니없는 소리야.

• un-

un-은 동사나 형용사에 반대 또는 취소나 역전되는 의미를 더하는 접두사입니다. unhappy는 happy의 반대인 '불행한', '불만스러운' 등을 의미하고, unfinished는 아직 끝나거나 마치지 못한 것을 말할 때 쓸 수 있는 형용사지요. undo는 단추나 지퍼 같이 무언가를 닫거나, 묶거나, 조인 것을 풀거나, 어떤 일을 원래의 상태로 돌리거나 무효화한다고 할 때 쓸 수 있는 동사입니다. 컴퓨터 명령어 중 '취소' 또는 '되살리기'는 undo입니다.

We have some unfinished business to take care of.
우리는 신경 써야 하는 못 끝낸 일이 좀 있다.

Can you help me undo my seatbelt?
제가 안전벨트 푸는 것 좀 도와 주시겠어요?

Isn't it too late to undo the damage?
그 손상을 원상복구하기에는 너무 늦지 않았나?

• a-, an-

접두사 a- 또는 an-은 없거나 부족하다는 의미를 부여합니다. archy는 '통치', '정치체제' 등을 나타내는 말로, anarchy는 '무정부 상태', '난장판' 등을 의미합니다. 여기에 사람을 나타내는 접미사 ~ist가 연결되면 anarchist, '무정부주의자'라는 뜻이 되지요. amoral은 a + moral (도덕적인)로, '도덕 관념이 없는', '도덕과 관계없는' 등의 의미를 갖는 형용사입니다.

Business is an amoral activity focused coldly on success.
사업이란, 도덕 관념과는 관계없는, 냉정하게 성공에만 초점을 둔 활동이다.

Civil war might lead to anarchy.
내전은 무정부 상태를 이끌 수도 있다.

- ## ante- vs. anti-

ante-는 '이전', '앞' 등을 암시합니다. 그래서 antecedent는 '선조', '이전에 있었던 사건', '선행하는' 등의 의미가 되지요. 단어에 따라 ante-가 아니라 anti-의 형태가 될 때도 있습니다. '예상하다', '예측하다'라는 의미의 anticipate가 그 예이죠. 그런데 또 다른 접두사 anti-는 '반대'라는 의미를 갖고 있어서 헷갈릴 수 있습니다. 이 접두사의 예로는 antibiotic(항생제)이나 antiseptic(소독약, 살균되는) 등의 단어들이 있지요.

Jack felt a great curiosity to find out about his antecedents.
잭은 그의 선조들에 대해 알고 싶은 호기심을 강하게 느꼈다.

Antiseptic is used to sterilize the skin before giving an injection.
소독약은 주사를 놓기 전에 피부를 소독하기 위해 사용된다.

- ## contra-, contro-

맞서거나(against) 반대(opposite)의 의미를 갖는 접두사입니다. '차이' 또는 '대조', '대비' 등을 의미하는 contrast와 '논란을 일으키는', '찬반양론이 치열한' 등의 뜻을 가진 controversial이 이 접두사의 대표적인 단어들이죠.

I tried to avoid controversial topics such as politics and religion.
나는 정치나 종교 같은 논란을 일으킬 만한 주제는 피하려고 애썼다.

이번에는 안팎과 주변과 관계된 의미의 접두사들을 살펴보죠.

• in-

in-은 부정의 의미를 가진 접두사지만, '안쪽' 또는 '내부로'라는 의미를 갖는 접두사일 수도 있습니다. insert(삽입하다)나 inspection(사찰, 점검) 등이 바로 이런 in- 접두사 단어의 예입니다.

Our engineers will carry out an inspection of the system.
우리 엔지니어들이 시스템을 점검할 것이다.

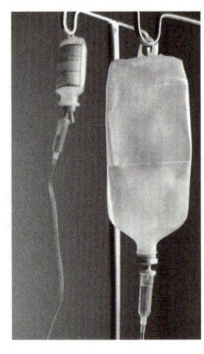

• intro-, intra-

'안으로'의 뜻을 가진 접두사입니다. 내향적인 성격의 사람을 introvert라고 하지요. 우리가 '링거'라고 부르는 주사액은 영어로 IV라고 하는데, '정맥으로 들어가는'이란 의미의 intravenous를 줄여 말한 것이에요.

Albert is an introvert who spends all his free time surfing the web.
앨버트는 여가시간을 웹서핑하는 데 다 쓰는 내향적인 사람이다.

Is the patient on IV now? 환자는 지금 링거 주사를 맞고 있나요?

• en-

en-은 무언가의 속에 넣거나 이러한 상황에 빠지게 하는 것을 암시하는 접두사입니다. enclose는 울타리 등으로 '두르거나 에워싸다' 또는 '동봉하다'라는 의미의 동사입니다. enslave는 '노예로 만들다'라는 뜻이 되죠.

The garden is enclosed with fences.
그 정원은 울타리로 에워싸여 있다.

I've enclosed a copy of my resume.
제 이력서를 한 부 동봉해요.

• e-, ex-

'밖으로(out)', '…로부터(out of)'의 의미를 갖는 접두사입니다. 밖으로 나가는 비상구가 exit이죠. '제외하다'라는 의미의 동사 exclude나 '추출하다'라는 의미의 동사 extract에서도 ex-를 볼 수 있고요. extract는 명사로 '발췌', '추출물'이란 의미로도 쓰입니다.

그런데 ex-는 '이전의(former)'라는 뜻의 접두사로도 쓰입니다. 예를 들어 ex-husband는 전남편, ex-president는 전직 대통령을 말합니다. 사실 이전에 그랬다는 건 이제는 그 상태에서 빠져나갔다는(out) 의미이므로 뜻이 일맥상통합니다.

Don't exclude children from the funeral.
장례식에서 아이들을 제외시키지 말아요.

I'm looking for something that contains natural plant extracts.
저는 무언가 천연 식물성 추출물이 함유된 것을 찾고 있어요.

Barack Obama is one of the youngest ex-presidents ever.
버락 오바마는 가장 젊은 전직 대통령 중의 한 사람이다.

• inter-

inter-는 '사이의' 또는 '상호 간의'의 뜻을 나타내는 접두사입니다. 국가와 국가 간의, 즉 '국제적인'을 international이라고 하죠? 사이에 끼어들어 '방해하다' 또는 '가로막다'가 interrupt고요. '간섭/개입/참견하다'라는 의미로 interfere란 동사도 있습니다. 사이에 들어가서 하는 '개입'이나 '조정', '중재'하는 단어는 intervention입니다. 두 사건 사이의 간격은 interval이라고 하고요.

Sorry to interrupt, but the boss wants to see you.
방해해서 미안한데, 사장님이 보자고 하세요.

Do not interfere with my work. 내 일에 끼어들지 마.

I'm against military intervention. 나는 군사 개입에는 반대한다.

이번에는 위나 아래, 많거나 적음, 전과 후, 기준치를 초과하거나 미달하는 등 서로 상반된 의미를 갖는 접두사 쌍으로 넘어가 봅시다.

• sur- vs. sub

sur-는 '위로' 넘어서거나 초월하는 것을 암시합니다. surpass는 '능가하거나 뛰어넘다'라는 의미의 동사예요. surreal은 '초현실적인', 즉 아주 비현실적이거나, 이상하거나, 꿈같은 것을 말할 때 쓸 수 있어요.

He had surpassed all our expectations.
그는 우리의 모든 기대를 뛰어넘었다.

Salvador Dali's paintings are surreal.
살바도르 달리의 그림은 초현실적이다.

반면 sub-는 '…의 아래' 또는 '…보다 적은' 또는 '이하'를 나타냅니다. submarine은 바다 밑을 다니는 '잠수함'이고, sub-zero는 '영하' 온도를 나타내죠. subside는 무언가 강하고 센 것이 '가라앉다' 또는 '진정되다'라는 의미로 쓸 수 있는 동사입니다. 홍수 등으로 불어난 '물의 수위가 내려가다', 즉 '물이 빠지다'의 의미로도 쓰입니다. 기업의 자회사를 subsidiary라고 하고, 형용사로 '부수적인'이란 의미도 갖습니다.

The flood is beginning to subside. 홍수 물이 빠지기 시작하고 있다.

All the major record companies had subsidiary labels.
모든 주요 레코드 회사들은 자회사 음반사들을 거느렸다.

• over- vs. under-

단어 앞에 over가 더해지면 '기준을 넘어서서' 과도함을 암시합니다. under는 이에 반대의 의미를 나타내어 over와 함께 한 쌍의 반의어를 이룰 수 있습니다. 몇 가지 예를 들자면, overcook은 '음식을 너무 익히다', undercook은 '음식을 설익히다'라는 의미로 쓸 수 있고요. overestimate는 '과대평가하다', underestimate는 '과소평가하다'라는 의미의 동사예요. overcharge는 제값보다 많이 청구하는, 즉 '바가지 씌우다'라는 말이 되고, undercharge는 보통 실수로 '제값보다 싸게 청구하다'라는 의미입니다.

The fish is undercooked. 생선이 덜 익었어요.

The taxi driver overcharged him by about $10.
택시기사가 10달러 정도 그에게 바가지를 씌웠다.

We underestimated how long it would take to get there.
우리는 거기까지 가는 데 얼마나 걸릴 것인지에 대해 과소평가했다.

이 외에 underlying은 '밑에 깔려 있는'에서 출발하여, 그렇기 때문에 겉으로는 잘 드러나지 않는 '근본적인'이란 의미로까지 확장될 수 있어요.

Stress is the underlying cause of most illnesses.
스트레스는 거의 모든 질병의 근원적인 원인이다.

• up- vs. down-

down-의 반대 의미를 갖는 접두사입니다. upgrade는 downgrade의 반대로, '승급하다' 또는 기계나 컴퓨터 시스템 등을 '개선하다'라는 의미로 쓸 수 있지요. 컴퓨터나 인터넷에서 데이터나 파일을 보내는 것은 upload, 반대로 내려받는 것은 download고요.

They upgraded my room to a suit with an ocean view.
그들은 내 방을 바다가 보이는 스위트룸으로 업그레이드해 주었다.

We need to upgrade our computers.
우리는 컴퓨터를 업그레이드할 필요가 있어요.

I'm having trouble uploading and downloading files.
나는 파일을 업로드하거나 다운로드하는 것에 어려움을 겪고 있다.

• hyper- vs. hypo-

발음도 철자도 비슷한 이 둘은 서로 상반된 의미를 갖기 때문에 헷갈리기 쉽습니다. hyper-는 과도하거나 기준치를 넘어가는 것을 암시하고, hypo-는 반대로 기준치 이하거나 매우 적은 것을 말합니다. hyperactive는 '활동과잉'이라는 의미이고, hypertension은 '고혈압'을 말합니다. hypothermia는 '저체온증'이고, hypoallergenic은 종종 화장품에서 볼 수 있는 표현으로, 알레르기를 극소화한, 즉 '저자극성의'라는 의미로 이해할 수 있습니다.

It's a myth that sugary food and drinks make children hyperactive.
설탕이 들어간 단 음식과 음료가 아이들을 행동과잉으로 만든다는 것은 근거가 없다.

The survivors were suffering from hypothermia.
생존자들은 저체온증으로 고생하고 있었다.

I only use hypoallergenic cosmetics. 나는 저자극성 화장품만 쓴다.

• macro- vs. micro-

macro는 크거나 넓은 것을 암시하고, micro는 반대로 아주 작음을 나타내는데, 주로 학문적인 표현에서 많이 쓰입니다. 예를 들어 macroeconomics는 '거시경제학', microeconomics는 '미시경제학'이죠. micro-가 쓰인 표현에는 좀 더 친숙한 것들이 있습니다. 아주 작은 것도 볼 수 있게 해 주는 현미경은 microscope이고, 컴퓨터나 교통카드 등에 들어가는 초소형칩은 microchip이라고 해요.

He believes he has a microchip in his body.
그는 그의 몸 안에 초소형칩이 들어 있다고 믿는다.

• pre- vs. post-

pre-는 '이전'을, post-는 '이후'를 나타내는 접두사입니다. pre-가 쓰인 단어는 매우 많습니다. 미래가 오기도 전에 그에 대해 말하는 것, 즉 '예언/예측하다'가 predict이지요. 선사시대는 prehistoric times라고 하고, 미리 영화를 선보이는 '시사회'나 동사로 '시사평을 쓰다'라는 의미로 preview를 씁니다.

'…에 앞서다', '선행하다'의 의미로 precede라는 동사도 있고, 사전에 미리 취하는 '예방책'이나 '예방 조치'를 precaution이라고 해요.

무언가를 자꾸 이후로 '미루다'라는 의미의 동사는 postpone이죠. post-war는 전후, 즉 '전쟁 이후의'라는 의미로, 특히 제2차 세계대전 이후에 대해 말할 때 많이 씁니다.

It is impossible to predict earthquakes.
지진을 예측하는 것은 불가능하다.

Dark clouds precede rains. 비 오기 전에 먹구름이 낀다.

They decided to recall all their products as a precaution.
그들은 사전 예방조치로 그들의 모든 상품을 리콜하기로 결정했다.

The exam has been postponed until next week.
시험이 다음 주까지 미뤄졌다.

• homo- vs. hetero-

homo-는 '같음', '동일함'을 뜻합니다. homophone이 바로 '동음이의어'지요. homogeneous는 '동종/동질의'라는 의미이고, homosexuality는 '동성애'를 말합니다. 여기에서 온 형용사 또는 사람을 의미하는 명사가 homosexual이고요.

The U.S. is not homogeneous. 미국은 단일 민족 국가가 아니다.

hetero-는 반대로 '다름'을 나타냅니다. homosexual의 반대가 heterosexual이죠. homogenous의 반의어가 heterogeneous고요.

The U.S. has a very heterogeneous population.
미국은 매우 다양한 민족으로 구성되어 있다.

그 외의 접두사들을 알아볼 차례입니다.

• re-

re-는 '다시'를 의미하는 접두사로, 매우 많은 단어들에서 볼 수 있습니다. redo는 무언가를 '다시 하다'라는 의미지요. rewrite는 '다시 쓰다', reconsider는 '재고하다'라는 뜻입니다. reassuring은 재차 '안심시키는', '불안감을 없애 주는'이란 의미의 형용사입니다. 동사형은 당연히 reassure겠죠?

They refused to reconsider their decision.
그들은 그들의 결정을 재고하는 것을 거부했다.

It was reassuring to hear her voice again.
그녀의 목소리를 다시 들으니 안심이 되었다.

• auto-

auto-는 '자신(self)', '스스로' 등의 의미를 갖습니다. 그래서 말이 끌지 않고도 움직이는 자동차가 automobile인데, 보통 줄여서 auto라고도 씁니다. autobiography는 스스로 쓴 자신의 이야기, 즉 '자서전'입니다.

Tada Motors is India's largest automobile company.
타다(Tada)는 인도에서 가장 큰 자동차 회사이다.

• co-, com-, con-

co-로 시작하는 단어라면 '서로', '상호', '함께' 등의 의미와 관련이 있을 수 있습니다. coworker는 '함께 일하는 동료'를 말하는 표현이고, companion은 '동반자', '동행'이지요. '연락하다'라는 의미의 contact도 '상호'의 개념이 담겨 있어요.

Books are my lifetime companion. 책은 나의 평생의 동반자이다.

• mid-

mid가 더해지면 '중간'의 의미를 나타냅니다. midday는 한낮을, midnight는 한밤중이나 자정을 의미하지요. midsummer는 한여름이고, midSeptember라고 하면 9월 중순이에요.

Daylight hours are long in midsummer. 한여름에는 낮 시간이 길다.

• mega-

mega-가 붙은 단어에서는 '엄청나게 큰'이라는 의미가 연상됩니다. 엄청나게 큰 매장은 megastore라고 하고, 초대형 거래나 계약은 megadeal이라고 합니다. 목소리를 크게 해 주는 확성기는 megaphone(메가폰)이고요. megaton(메가톤)은 폭발력의 특정 단위로, 1메가톤이라고 하면 다이너마이트 100만 톤 상당이라고 합니다. 정말 어마어마하죠?

A young woman was speaking into a megaphone. 한 여인이 확성기를 통해 말하고 있었다.

• omni-

omni-는 '모든'을 의미하는 접두사입니다. 여러 편을 하나로 묶은 프로그램 등을 omnibus라고 하죠. omnivorous는 육식, 채식을 모두 하는 '잡식성의'라는 뜻입니다. omnipotent는 '전능한'이란 뜻으로, omnipresent라고 하면 '어디에나 있는'이란 의미입니다.

Many mammals are omnivorous. 많은 포유류들이 잡식성이다.

Microorganisms are omnipresent in nature.
미생물은 자연계 어디에나 있다.

• pseudo-

pseudo-는 '허위', '모조' 또는 '진짜인 척하는'의 의미를 암시하는 접두사입니다. pseudoscience는 진짜 과학이 아니면서 과학인 척하는 '유사과학'을 말합니다. pseudonym은 주로 작가들이 쓰는 '가명' 또는 '필명'을 말합니다.

She wrote under a pseudonym. 그녀는 필명으로 글을 썼다.

• semi-

semi-는 '절반' 또는 '일부 혹은 어느 정도 그것의 성격을 갖고 있음'을 암시하는 접두사입니다. semicircle이라고 하면 '반원'을, semi-final은 '준결승전'을 말합니다. 오른쪽 사진처럼 주택의 한쪽 벽면이 옆집과 붙어 있는 집을 semi-detached house라고 합니다. detach는 '(서로) 떨어지다'라는 동사인데, semi-detached라고 하면 서로 반만 떨어졌다는 얘기니까 말 되죠?

• sym-, syn-

'함께', '동시에', '비슷한'의 뜻을 가진 접두사입니다. 요즘은 artistic swimming 으로 명칭이 바뀌었지만, 둘 혹은 그 이상의 선수들이 함께 수영과 발레가 어우러진 연기를 하는 것을 synchronized swimming(싱크로나이즈드 스위밍)이라고 하죠. synchronize가 '동시에 발생하다/움직이다'라는 뜻이거든요. 다른 사람에 대한 '동정', '연민', '동조' 등을 sympathy라고 합니다. 여기서 온 형용사가 '동정적인'이란 의미의 sympathetic이고, '동정하다', '측은히 여기다'라는 동사가 sympathize입니다.

I sympathized with him, but didn't know what to do to help.
나는 그를 동정했지만, 도움을 주기 위해 무엇을 해야 할지는 몰랐다.

• tele-

> 영국에서는 television을 구어체로 telly라고도 해요.

tele-는 '먼 거리에 떨어져 있음'을 암시하는 접두사입니다. 그래서 멀리 있는 것을 볼 수 있게 해 주는 망원경이 telescope이지요. 멀리 있는 사람과 음성으로 대화할 수 있게 해 주는 전화가 telephone이고, television은 멀리서 영상 정보를 받아서 보여주는 장치입니다. telepathy(텔레파시)는 멀리 있는 사람과도 정신적으로 감응하는 것을 말합니다.

It would be great to communicate by telepathy.
텔레파시로 소통하는 건 근사할 거야.

• pro-

pro-는 단어에 '…에 대해 찬성/지지하는'의 의미를 주는 접두사입니다. 예를 들어 prodemocracy라고 하면 '친 민주주의'라는 뜻이 되지요. pro-는 '앞', '이전'이란 의미도 있습니다. prologue는 연극이나 책의 도입부, 머리말 등을 말합니다. progress는 앞으로 나아가는 '진전', '진보' 등을 의미하고, proceed는 이미 시작된 일을 '계속 진행하다'라는 의미의 동사입니다.

There was a prodemocracy demonstration.
친 민주주의 데모가 있었다.

There has been significant progress in education.
교육에서 상당한 진전이 있어 왔다.

The government proceeded with the election.
정부는 선거를 계속 진행했다.

• trans-

trans-로 시작하는 단어는 한쪽에서 다른 쪽으로 가로지르는 '횡단' 또는 '초월' 등의 뜻을 포함합니다. translate는 한 언어에서 다른 언어로 '번역하다'라는 의미이고, transfer는 '옮기다' 또는 '이동하다'라는 의미입니다. 버스나 전철 등을 '갈아 타다'라고 할 때에도 쓸 수 있지요.

Her books have been translated into 14 languages.
그녀의 책은 14개국 언어로 번역되었다.

How can I transfer money from my account to another?
내 계좌에서 다른 계좌로 어떻게 송금할 수 있나요?

He transferred at L.A. for a flight to Vancouver.
그는 L.A.에서 밴쿠버로 가는 비행기로 갈아탔다.

• extra-, super-, ultra-

extra-는 '추가', '…를 넘어선(beyond)' 또는 '대단히', '특별히' 등의 뜻을 갖습니다. extraordinary는 기이하거나 놀라운 것에 대해 쓸 수 있는 형용사입니다. 우리가 외계인의 의미로 종종 쓰는 E.T.는 extraterrestrial에서 따온 표현이에요. 우리 땅, 지구를 넘어선 곳에서 온 존재라는 뜻이죠.

What happened was quite extraordinary. 벌어진 사건은 꽤나 기이했다.

super-도 '대단히' 또는 '보통 이상의' 등의 의미를 나타냅니다. superrich는 '엄청나게 부유한'이고, supersonic은 '초음속의'라는 의미지요. 영화 속에 나오는 인간을 넘어선 대단한 능력을 가진 존재들을 superhero라고 하고요.

Only superrich people can afford that kind of car.
엄청나게 부유한 사람들만 그런 종류의 차를 감당할 수 있다.

ultra는 '극도로' 그러함을 암시합니다. 보통 super보다 더 강한 인상을 줍니다. ultracompact는 극도로 작은, 즉 '초소형의'라는 의미입니다. ultrasound는 '초음파' 또는 '초음파 검사'를 말하지요.

An ultrasound scan revealed that the baby was a girl.
초음파 스캔은 아기가 여자아이라는 것을 밝혀냈다.

10-3 여러 가지 어근 word roots

어근은 말 그대로 단어의 뿌리라고 할 수 있습니다. 단어의 근본적인 의미가 어근에서 시작됩니다. 하나의 어근을 알면 그 어근이 쓰인 수많은 영단어들을 이해할 수 있습니다.

예를 들어 med가 들어간 단어는 '가운데', '중간'의 의미와 관련이 있습니다. '중재하다'라는 의미의 mediate, 너무 뛰어나지도 않고 떨어지지도 않은 평범함을 나타내는 형용사 mediocre, '중세시대의'라는 의미의 medieval 모두 med가 들어간 단어들이고, 어근과 관계된 의미를 갖고 있습니다. 따라서 어근을 안다는 것은 낯선 단어라도 그 의미를 어느 정도 유추할 가능성이 있다고 볼 수 있습니다. 여기에 이전에 이야기했던 문맥 등을 통한 유추를 동원하면 그 단어의 의미를 파악할 가능성은 더욱 높아지죠. 한마디로 종합적인 어휘의 기술의 완성이라고 할 수 있습니다.

영단어의 의미의 핵심이 되는 어근은 대부분 라틴어나 그리스어에서 유래한 것입니다. 특히 과학이나 학문 관련 단어들은 이런 어근에서 출발한 것이 매우 많아요. 그래서 어근을 이해하면 특정 분야의 난이도 높은 많은 단어들을 보다 효과적으로 빠르게 익힐 수 있다는 장점이 있습니다.

라틴어나 그리스어에서 유래한 가장 자주 쓰이는 어근들과 대표적인 단어들을 알려 줄게요. 내가 이미 알고 있는 단어들 중에도 이런 어근들이 포함되었는지를 기억해 보고 의미를 비교해 보기 바랍니다.

• psych

psych는 마음이나 심리를 의미하는 어근입니다. 대표적인 단어가 심리학을 뜻하는 psychology지요. 다소 비격식적으로 폭력적이고 매우 심각한 정신병자를 말하는 단어인 psycho(사이코)는 이미 알고 있을 거예요. 무서운 살인마가 나오는 히치콕 감독의 유명한 영화도 'Psycho'이지요.

• phil

phil은 사랑을 의미하는 어근으로, 가장 대표적인 단어는 '철학'을 뜻하는 philosophy입니다. '지혜를 사랑하다'라는 뜻이 내포되어 있습니다. philanthropy는 '박애주의', '자선활동' 등을 뜻합니다. 사람을 의미하는 접미사 –ist가 더해진 philanthropist는 '박애주의자'라는 의미고, –phile 형태는 보통 무언가를 광적으로 좋아하는 사람을 일컬을 때 쓰입니다.

예를 들면 cinephile은 영화광이고, 범죄물 등에서 종종 보게 되는 pedophile은 소아성애자를 말합니다. bibliophile은 책을 사랑하는 애서가, technophile은 신기술에 열광하는 사람이고요.

Factory owners in Victorian times were often also philanthropists.
빅토리아 시대의 공장주들은 종종 박애주의자이기도 했다.

• struc

'건축물' 또는 '구조'를 뜻하는 단어 structure에서 알 수 있듯이 struc은 '건설', '구조'과 관계된 어근입니다. '건설하다'라는 의미의 동사도 construct이고, 명사형은 construction입니다.

Good sentence structure is essential to good writing.
좋은 문장 구조는 우수한 작문의 핵심이다.

The construction industry is having a hard time at the moment. 건설업계가 현재 어려움을 겪고 있다.

• vac

'진공'을 의미하는 vacuum에서 알 수 있듯이 vac은 '텅 비어 있음'을 암시하는 어근입니다. vacant는 '텅 빈'이란 의미의 형용사입니다. 명사형은 vacancy로, 일자리의 공석이나 호텔 등의 빈 방이란 의미로 자주 쓰입니다. 학업이나 업무 일정을 비우는 '방학'을 의미하는 vacation에도 vac이 포함되어 있어요.

My vacuum cleaner takes XXX type bags.
내 진공청소기는 XXX 타입 봉투를 사용한다.

"Sorry. There is no vacancies," said the receptionist.
"죄송합니다. 빈 방이 없습니다."라고 접수 담당자가 말했다.

• mal

mal은 '나쁜'이란 의미를 가진 어근입니다. malfunction은 장기나 기계 등이 제대로 작동하지 않은 '기능 부전'이나 '오작동'을 의미합니다. '제대로 작동하지 않다'라는 의미의 동사로도 쓰이고요. malice는 '악의', '적의'라는 의미의 명사이고, malicious는 여기서 온 형용사로, '악의적인'이란 뜻이에요. malignant는 의학에서 종양 등이 악성이라는 의미의 형용사입니다. 영양 상태가 좋지 못한 '영양실조'를 malnutrition이라고 하고요. 나쁜 단어란 단어는 여기 다 모인 것 같죠?

If your heating system is **malfunctioning**, call Marco Electric today.

난방 시스템이 제대로 작동하지 않는다면 오늘 마르코전기로 전화하세요.

He had a surgery to remove a **malignant** tumor in his liver.

그는 간에 있는 악성종양을 제거하는 수술을 받았다.

• manu, mani

'손'을 의미하는 어근입니다. 대표적인 단어가 손이나 손톱을 다듬는 시술인 manicure(매니큐어)지요. 기계가 아닌 손으로 한다는 의미에서 '육체노동의' 또는 '수동의'라는 의미로 manual을 쓸 수 있고요. 이러한 (손으로 만드는) 노동에서 출발하여 나온 단어에는 '생산하다'라는 의미의 동사 manufacture와 '원고, 필사본' 등을 뜻하는 manuscript 등이 있어요.

Who would want those low-paid **manual** jobs?

누가 그런 저임금의 육체 노동일을 원하겠어?

Her company **manufactures** aluminum products.

그녀의 회사는 알루미늄 제품을 생산한다.

• mort

> 반대로 신처럼 '죽지 않는' 또는 '불멸의'을 나타내는 형용사는 immortal입니다. immortal love라고 하면 '불멸의 사랑'이라는 의미지요.

mort는 '죽음'을 의미하는 어근입니다. 문학 작품 등에서 영원히 사는 신과 달리 '영원히 살 수 없는', 즉 '언젠가 반드시 죽는' 존재라는 의미에서 인간을 mortal로 묘사하지요. '목숨을 건', '필사적인'이란 의미로도 써요. mortal combat는 목숨을 건 전투란 이야기입니다. 장의사를 mortician이라고 하고요.

We are all mortal and will eventually die.
우리는 모두 영원히 살 수 없고 결국은 죽을 것이다.

• terr

    terr은 '흙'이나 '땅'을 암시하는 어근입니다. '지역', '영토', '영역' 등을 의미하는 territory와 여기서 온 형용사 territorial이 대표적인 단어입니다. territorial은 단순히 '영토의'라는 의미뿐만 아니라 동물 등이 '텃세가 아주 강한' 것을 뜻하기도 합니다. 흙으로 구워 만든 세공품 등을 terracotta(테라코타)라고 하죠. 주택 등의 terrace(테라스)도 terr를 포함합니다. 혹시 계단식 논이나 밭도 terrace라고 하는 것을 알고 있나요?

Penguins are very territorial by nature.
펭귄은 본능적으로 매우 텃세가 세다.

• bene

    bene는 모 커피숍 브랜드명에도 쓰이는 '좋은'이란 의미를 가진 어근입니다. 대표적인 단어는 '혜택', '이득' 등의 의미로 쓰이는 benefit이죠. '유익하다', '득을 보다'라는 뜻의 동사로도 쓰입니다. benefit의 형용사형은 beneficial인데, 철자의 변화에 유의하세요. '이로운', '유익한' 등의 의미지요. benevolent는 '자애로운'이란 의미의 격식 있는 형용사 표현이고, benefactor는 학교나 자선단체 등의 후원자를 말해요.

• sens, sent

sens 또는 sent를 포함한 단어는 '느낌'과 관련이 있습니다. '감각'을 의미하는 명사이면서 '느끼다', '감지하다'라는 동사로도 쓰이는 sense와 '감정적인', '(지나치게) 감상적인'이란 의미의 형용사 sentimental이 대표적인 단어입니다.

Whales have a keen sense of hearing and can hear sounds from far away.
고래는 청각이 매우 예민해서 먼 곳의 소리도 들을 수 있다.

I could sense that something was wrong.
나는 무언가 잘못되었다는 것을 느낄 수 있었다.

I get very sentimental about animals.
나는 동물에 대해서는 대단히 감정적이 된다.

She keeps her old bags for sentimental reasons.
그녀는 감상적인 이유로 오래된 가방들을 보관하고 있다.

• bio

bio가 포함된 '생명'과 관련이 있습니다. 생물학을 의미하는 biology가 대표적이죠. 이 외에도 환경 관련 지문에서 많이 볼 수 있는 생물 다양성이란 뜻의 biodiversity, 생체 조직 검사를 말하는 biopsy, 박테리아 등에 의해 분해되어 환경에 해가 되지 않는다는 '생분해성의'라는 의미의 biodegradable 등이 있어요. biography(전기)에서도 bio가 포함되어 있고요.

Uganda opens first investment window for tourism businesses to protect biodiversity and boost economy.
우간다가 생물 다양성을 지키고 경제를 활성화하는 관광 산업을 위한 투자 창구를 처음으로 열다.

What did the biopsy report say? 조직 검사 보고서에 뭐라고 써 있었나요?

• vis

vis는 '보다'라는 의미를 가진 어근이에요. visual은 '시각의' 또는 '시각자료'라는 의미를 갖고 있습니다. visible은 '눈으로 볼 수 있는', '보이는'이란 의미로, 명사형인 visibility는 눈으로 볼 수 있는 범위나 한계를 말하는 '시계' 또는 '가시성'이란 의미를 갖고 있습니다.

Various visual aids are used in the classroom.
다양한 시각 자료가 교실에서 사용된다.

Visibility on the roads is down to 10 meters, so please drive carefully.
가시거리가 10미터까지 떨어졌으니 조심해서 운전하세요.

• aqua

물이나 수분을 의미하는 aqua는 그렇게 낯선 단어가 아니죠? aquarium은 수족관입니다. 별자리에 관심 있다면 물병자리를 뜻하는 Aquarius도 들어보았을 거예요.

• voc

voc는 '목소리'의 의미를 가진 어근입니다. 형용사 접미사 –al이 더해진 vocal은 '목소리의', '발성의'라는 의미예요. 성대를 vocal cords라고 하는데, '자기의 의견을 소리 높여 말하는'이란 의미로도 쓸 수 있습니다. 동사의 접미사 –ize가 더해진 vocalize는 '말로 표현하다', '입으로 소리를 내다'라는 뜻이 됩니다. '공개적으로 지지하다' 또는 '옹호자', '지지자'라는 의미의 advocate에도 voc을 발견할 수 있어요.

Jenny is very vocal in her complaints.
제니는 불만 사항에 있어서는 매우 분명하게 표현한다.

I'm an advocate for animals who have no voice.
나는 목소리를 내지 못하는 동물들의 수호자이다.

• mar

mar는 '바다'를 의미합니다. 대표적인 단어가 '바다의', '해양의'라는 의미의 marine이고, 바다 밑을 다니는 잠수함은 submarine입니다. 작은 보트나 요트용 선착장 또는 항구를 말하는 marina도 한 번쯤 들어보았을 것 같네요.

I'm studying marine biology. 저는 해양 생물학을 전공하고 있어요.

• luc

luc은 '빛'을 의미하는 어근입니다. 글이나 말이 '명확/명료한'이란 의미의 lucid가 대표적인 단어지요. 밝은 빛이 있으면 명확하게 보이니까요. 명사형은 lucidity입니다. '빛을 내는', '투명한' 등의 뜻을 가진 형용사 lucent, 여자 이름 Lucy와 악마 Lucifer도 luc을 어근으로 한답니다.

We were looking at the lucent moon.
우리는 빛나는 달을 바라보고 있었다.

• scrib, scrip

'글을 쓰다'라는 의미의 어근입니다. '대본', '원고', '글씨' 등의 뜻을 가진 script가 가장 친숙할 것 같네요. '서술/묘사하다'라는 의미의 describe와 '의사가 처방전을 쓰다'라는 의미의 prescribe, '글씨를 새겨 넣다'는 의미의 inscribe도 scrib를 어근으로 합니다. 명사형은 모두 ~scription으로 끝납니다.

Is that line in the script? 저 대사는 대본에 있는 건가요?

She beautifully described her hometown in her essay.
그녀는 에세이에서 자신의 고향을 아름답게 묘사했다.

I'll get the prescription filled on my way home.
집에 오는 길에 처방전으로 약을 받아 올게.

• ambi, amphi

'양쪽(both)' 또는 '둘레(around)'를 의미하는 어근입니다. '양쪽'의 의미를 가진 단어로는 ambidextrous(양손잡이의)와 amphibian(양서류) 등이 있고, '둘레'의 의미를 가진 단어로는 원형 경기장이나 계단식 관람석이나 교실을 말하는 amphitheater가 있습니다.

I'm ambidextrous, which means I can use both my hands equally skillfully.
나는 양손잡이야. 그 말은 내가 양손을 똑같이 능숙하게 쓸 수 있단 얘기지.

The Colosseum is the largest amphitheater in the world.
콜로세움은 세계에서 가장 큰 원형 경기장이다.

• anthro, andro

'사람(people)'을 의미하는 어근입니다. 문화인류학을 말하는 anthropology와 박애주의자란 뜻의 philanthropist에서 anthro를 발견할 수 있지요. andro도 '사람(people)'을 의미하는 어근입니다. 문화인류학을 말하는 anthropology와 박애주의자란 뜻의 philanthropist에서 anthro를 발견할 수 있지요. andro도 '사람', '남자(male)'를 의미하는 어근입니다. 여기서 유래한 대표적인 단어가 android(안드로이드)지요.

Is Harrison Ford an android in the film Blade Runner?
영화 '블레이드 러너'에서 해리슨 포드는 안드로이드야?

• astro, aster

'별(star)'을 의미하는 어근입니다. 우주를 탐험하는 우주인을 astronaut이라고 하지요. 천문학자는 astronomer, 천문학은 astronomy이고, 별을 보고 점을 치는 점성술은 astrology입니다. 이 단어들을 헷갈리지 않아야겠죠? 전화기 자판의 맨 아래의 왼쪽에서 볼 수 있는 * 표시를 asterisk라고 합니다. 우리도 종종 '별표'라고 하죠? 특이한 단어 중에는 '재난'이란 의미의 disaster가 있습니다. 옛날에는 지진이나 해일 같은 재난이 불운한 별의 영향 때문에 일어난다고 생각했어요. 그래서 별을 의미하는 aster 앞에 부정적인 의미의 접두사 dis를 붙여 disaster가 되었답니다.

Galileo Galilei was an Italian physicist and astronomer.
갈릴레오 갈릴레이는 이탈리아의 물리학자이자, 천문학자였다.

Do you believe in astrology? 넌 점성술을 믿니?

The ancients believed that disasters like earthquakes were the result of the gods being angry.
고대인들은 지진과 같은 재해가 신이 노한 결과라고 믿었다.

• aud

audio(오디오)나 audition(오디션) 등에서 알 수 있다시피 aud가 들어간 단어들은 '듣는 것'과 관련이 있습니다. 이 외에도 '강당', '객석' 등을 의미하는 auditorium, '잘 들리는'이란 뜻의 audible 등이 aud를 어근으로 합니다. 그리고 '회계 감사' 등을 뜻하는 audit에는 '청강하다'라는 뜻도 있어요.

I have an audition for a musical next week.
나는 다음 주에 뮤지컬 오디션이 있다.

His voice was barely audible. 그의 목소리는 거의 들리지 않았다.

• capt, cept, ceive

무언가를 '잡거나', '쥐고 있는' 것과 관련된 어근입니다. capt가 들어간 단어에는 '포로로 잡다', '억류하다' 또는 '생포', '구금' 등의 의미를 가진 capture나 '매혹적인', '마음을 사로잡는'이란 뜻의 captivating이 있습니다. cept가 포함된 intercept는 '가로막다', '가로채다'라는 뜻이에요. '감지/인지하다'라는 의미의 perceive와 '받다', '받아들이다'라는 뜻의 receive는 ceive가 들어간 대표적인 단어입니다.

More than a hundred soldiers were captured in the battle.
백 명이 넘는 병사들이 전투에서 포로로 잡혔다.

The singer's voice was captivating.

그 가수의 목소리는 매혹적이었다.

His letter was intercepted.

그의 편지는 중간에 가로채였다.

Cats are not able to perceive colors.

고양이는 색깔을 인지할 수 없다.

• cred

cred는 '믿다'라는 의미를 가진 어근입니다. 신용카드(credit card)의 credit이 cred를 어근으로 하는 대표적인 단어지요. '도저히 믿을 수 없이 놀라운' 것을 나타내는 형용사가 incredible이지요. credentials는 '자격', '인증서' 등을 의미하는 단어이고, accredited는 '공인된', '인가받은'의 의미를 가진 형용사입니다.

It was incredible that they survived.

그들이 살아남았다는 것은 믿기 힘들 만큼 놀라웠다.

He has excellent credentials for the position.

그는 그 자리에 필요한 훌륭한 자격을 갖추었다.

Is it an accredited language school?

그곳은 인가받은 어학원인가요?

• dict

dict는 '말하다'라는 의미를 가진 어근입니다. dictionary(사전), '발음'이나 '말씨'를 의미하는 diction, '받아 적게 하다', '지시하다'라는 뜻의 dictate, 누군가의 말을 '부정하다', '반박하다' 또는 '모순되다'라는 의미의 contradict는 모두 '말'과 관계된 단어들입니다.

Good actor must have clear diction. 좋은 배우는 명확한 발음을 해야 한다.

The dictator couldn't stand being contradicted.
독재자는 반박당하는 것을 참지 못했다.

• duc

duc은 lead, 즉 '이끌다'라는 의미를 가진 어근입니다. 물이나 가스 등을 흘러가게 하는 배관 등을 duct(덕트)라고 하고, 오케스트라를 이끄는 지휘자는 conductor라고 해요. 이 외에도 '소개하다', '도입하다'라는 뜻의 introduce나 '생산하다'라는 의미의 produce도 duc을 어근으로 하는 단어들입니다.

Karajan is one of the greatest conductors of the 20th century.
카라얀은 20세기의 가장 위대한 지휘자 중의 한 사람이다.

They've introduced a new digital payment system.
그들은 새로운 디지털 지불 시스템을 도입했다.

• fac

fac은 '하거나(do) 만들다(make)'라는 의미의 어근입니다. '생산/제조하다'라는 의미의 동사 manufacture나 factory(공장)이 대표적인 단어지요. 이 외에도 '(천연이 아닌) 만들어진 물품이나 유물'을 의미하는 artifact, '가능하게 하다', '용이하게 하다'라는 의미의 동사 facilitate도 어근 fac이 담긴 단어들입니다.

Manufacturing cell phones requires the use of toxic chemicals in various processes.
휴대폰 제조는 다양한 공정에서 독성 화학 물질의 사용을 요구한다.

The museum has a large collection of ancient Egyptian artifacts.
박물관은 고대 이집트 유물을 대량 보유하고 있다.

Music can be used to facilitate language learning.
언어 학습을 용이하게 하기 위해 음악이 사용될 수 있다.

• gen

gen은 '탄생(birth)' 또는 '기원(origin)'의 의미를 가진 어근입니다. '발생시키다', '생성하다'라는 뜻의 generate, '성별'을 의미하는 gender, '진품의', '진실한'이란 뜻의 genuine 등이 gen과 관련된 단어들입니다.

The United States uses many different energy sources and technologies to generate electricity.
미국은 전기를 생산하기 위해 많은 다양한 에너지원과 기술을 사용한다.

Young men and women alike are challenging traditional gender roles.
젊은 남성과 여성이 똑같이 전통적인 성 역할에 도전하고 있다.

It's a genuine Picasso! 그건 피카소 진품이야!

• ped

ped는 '발(foot)'을 의미하는 어근이에요. 대표적인 단어가 발로 밟는 pedal(페달)이죠. '보행자'를 나타내는 pedestrian이나 발이 아주 많은 centipede(지네)는 모두 발과 관련이 있는 단어들입니다. 뿐만 아니라 어떤 진행 등을 '지연시키다', '방해하다'라는 의미의 impede에도 ped가 들어 있어요. 우리말도 '발목 잡는다'고 하잖아요?

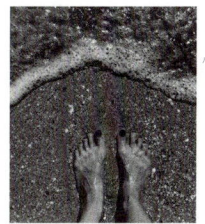

Lincoln Road in Miami Beach became a pedestrian only street in 1960.
마이애미 비치의 링컨로드는 1960년에 보행자 전용 거리가 되었다.

The research was impeded by the lack of funds.
연구는 자금 부족으로 지연되었다.

• port

port는 무언가를 '나르는(carry)' 것과 관계된 어근입니다. 예로부터 port(항구)는 물품들이 오가는 교역의 핵심 역할을 해 왔죠. 물품을 나르는 짐꾼은 porter라고 하고, portable은 '쉽게 들고 다닐 수 있는' 물건들을 말할 때 쓸 수 있어요. 한마디로 '휴대용'이죠. transport는 '수송', '차량', '이동'을 말하거나 동사로 '수송하다'의 의미입니다.

My only means of transport is my motorcycle.
내 유일한 교통수단은 오토바이다.

A boombox is a portable stereo.
붐박스는 휴대용 스테레오이다.

• nom

nom은 '이름'을 의미하는 어근입니다. 수상자나 중요한 요직의 '후보로 지명한다'라고 할 때 nominate를 씁니다. 아카데미나 그래미 같은 유명 시상식이 있을 때마다 자주 듣는 단어지요. 그렇게 지명된 후보는 nominee라고 해요. 좀 더 난이도 있는 단어를 알려주자면, 잘못 붙여진 부적절한 또는 부정확한 명칭은 misnomer라고 합니다. nominal은 '이름뿐인', '명목상의'이란 의미의 형용사예요.

BTS was nominated for a Grammy Award in 2018.
BTS는 2018년에 그래미 시상식에 후보로 지명되었었다.

Dry cleaning is a misnomer because the clothes are cleaned in a fluid.
드라이클리닝은 잘못된 명칭이다. 왜냐하면 옷이 액체 안에서 세탁되기 때문이다.

He is just a nominal boss. 그는 그냥 명목상의 사장일 뿐이다.

• tact, tang

만지거나 접촉(touch)과 관계된 어근입니다. 대표적인 예가 contact로, '연락', '접촉' 또는 '연락하다' 등을 의미하는 단어죠. 서로 마구 닿다 보면 뒤엉키고 헝클어지고 복잡해지겠죠? 이런 상태를 말하는 형용사 tangled에도 tang이 들어 있습니다. 좀 더 난이도 있는 단어에는 tangible이 있는데, tang에 '가능함'을 의미하는 접미사 ible이 더해졌어요. 만질 수 있다는 건 '실체'가 있다는 얘기죠? 즉, '분명히 실재하는', '유형의'라는 의미입니다. '만지거나 느낄 수 있는'이란 의미도 되고요. 어떤 증거 등이 충분히 실체가 있는, 신빙성이 있다는 의미로 종종 볼 수 있어요.

My hair easily gets tangled. 내 머리는 쉽게 엉켜요.

I have tangled emotions about him.
나는 그에 대해서 감정이 복잡하다.

Do we need tangible evidence of God's presence?
우리에게 신의 존재를 입증하는 실체적인 증거가 필요한가?

• vor

vor은 '먹다(eat)'라는 의미를 가진 어근입니다. 초식동물을 herbivore, 육식동물을 carnivore, 잡식동물을 omnivore라고 하는데, 각각의 형용사형은 –vorous 예요. voracious는 음식에 대해 '게걸스러운' 것을 뜻하기도 하고, 어떤 지식 등에 대해 열렬히 익히고자 하는 것을 묘사할 때에도 쓰입니다.

Some herbivores don't eat the entire plant, but only eat certain parts.
어떤 초식동물들은 식물 전체를 먹지 않고 일부분만 먹는다.

He has voracious appetites. 그는 식탐이 있다.

She's such a voracious reader. 그녀는 대단한 독서광이다.

10-4 수를 나타내는 접두사/어근
number prefix

단어의 앞에 더해져서 특정 수의 의미를 더하는 접두사들이 있습니다. 굉장히 많은 단어에서 쓰이고 있기 때문에 따로 한 번 챙겨볼 필요가 있어요.

• mono-, uni-

단어 앞의 mono-는 '하나' 또는 '혼자'라는 의미를 더합니다. 혼자 말하는 '독백'을 monologue라고 하죠. monotonous는 '단조로운' 또는 '변함없는'이란 의미의 형용사입니다. 시장을 '독점'하거나 '전매'하는 것 또는 '독점상품'이나 '전유물'을 monopoly라고 하고요.

My job is monotonous, but my coworkers make it worthwhile.
내 일은 단조롭지만, 동료들이 할 만하게 만들어준다.

DeBeers has had a monopoly in the Diamond market.
드비어스는 다이아몬드 시장을 독점해 왔다.

uni-도 '하나' 또는 '하나로 통합된'이란 의미를 갖습니다. uniform은 하나로 통일된 제복이죠. 외발자전거는 unicycle이고, 뿔이 하나 있는 상상의 동물은 unicorn입니다. unique는 하나밖에 없기 때문에 '독특한'이란 의미의 형용사입니다. unify는 uni-에 동사 접미사 -fy가 더해져서 '하나로 통합/통일하다'가 됩니다. 명사형은 unification이에요.

Can you ride a unicycle? 외발자전거를 탈 줄 아니?

The survey results show 52.8 percent of the respondents answered that unification is necessary.
설문 결과는 응답자의 52.8퍼센트가 통일이 필요하다고 답했음을 보여준다.

• bi-, du-

2를 의미하는 접두사입니다. 바퀴가 둘인 자전거는 bicycle이죠. bigamy는 '중혼'이나 '일부이처제' 또는 '일처이부제'를 말하는 단어입니다. bilingual은 '2개 국어를 할 줄 아는' 또는 '이중 언어의'라는 의미입니다.

Bigamy is common among some cultures.
일부이처제는 일부 문화에서 보편적이다.

du-도 2를 뜻합니다. '이중의'라는 의미의 dual은 많이 들어 보았을 것 같아요. 두 개로 만든다는 뜻의 '복사하다', '복제하다'라는 duplicate입니다. 형용사로는 '똑같은', '사본의'라는 의미로, 명사로는 '사본'이란 의미로 쓰입니다. 이중주나 이중창은 duet이고요.

I have dual nationality. 나는 이중국적자이다.

You will not be required to submit a duplicate form.
사본을 제출하라는 요구를 받지는 않을 것이다.

• tri-

tri-는 3을 뜻합니다. triangle은 삼각형이고, 세발자전거는 tricycle이라고 하면 됩니다. trio는 3인 또는 세 개가 한 조로 된 것을 말하는 명사로, 음악에서의 3중주단이나 3중주곡을 말하기도 해요. triplet은 세쌍둥이랍니다. triple은 '세 개 또는 3부로 이루어진' 또는 '세 배의'라는 의미의 형용사이자, '세 배로 만들다', '3배가 되다'라는 뜻의 동사예요. triple jump(트리플 점프)는 피겨 스케이트 선수의 3회전 점프, 육상에서는 3단 뛰기를 말해요.

The musicians are playing as a trio.
연주자들이 3중주로 연주하고 있다.

His company has tripled in size.
그의 회사는 규모 면에서 세 배가 되었다.

• quadr-, quart-

4를 의미하는 표현이에요. quarter는 4분의 1이고, quadruple은 '4배로 만들다' 또는 '네 배가 되다'라는 의미입니다. 네쌍둥이를 quadruplet이라고 해요.

Sales have quadrupled in the last two years.
매출이 지난 2년 동안 네 배가 되었다.

• penta-

penta-는 5를 의미하는 표현이에요. pentagon은 오각형을 말하는데, The Pentagon은 오각형으로 생긴 미국 국방부 건물이에요.

- **hexa-**

hexa-는 6을 의미합니다. 육각형은 hexagon이라고 하면 되죠.

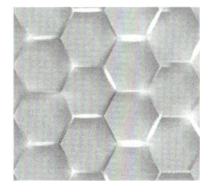

- **sept-**

sept-는 7을 의미하는 접두사예요. 9월을 의미하는 September에도 sept-가 포함되어 있죠. 9월인데 왜 sept-냐고요? 옛날에는 3월이 일 년의 첫 달이었거든요. 그래서 그때 기준으로는 September가 일곱 번째 달이었답니다.

- **oct-**

다리가 여덟 개인 문어를 octopus라고 하죠? oct-가 바로 8을 의미해요. 격투기 경기장이 팔각으로 되어 있어서 팔각형이란 의미의 Octagon(옥타곤)이라고 하더라고요. 옛날 기준으로 10월이 여덟 번째 달이었기 때문에 October라고 합니다.

- **nona-**

nine, 9를 의미하는 nona-는 구각형이란 의미의 nonagon 외에는 별로 볼 일이 없습니다.

- **dec-, deca-**

10을 의미합니다. 10년을 decade라고 하죠. 옛날 기준으로 열 번째 달이었던 12월이 December이고, decimal은 '십진법의'라는 의미입니다.

• cent-

cent-는 100을 뜻합니다. 1달러(dollar)의 100분의 1이 1센트(cent)지요. 100년, 1세기는 century라고 하고요. 200살의 나이까지 살다 인간으로서 죽음을 맞게 된 로봇의 이야기를 담은 영화 '바이센테니얼맨'의 bicentennial은 2를 의미하는 bi, 100을 의미하는 cent-에 year란 뜻을 가진 어근 ennial이 더해져서 '200년의'라는 뜻이랍니다.

• mill-

mill-은 숫자 천의 뜻을 갖고 있습니다. 천 년이 바로 millennium(밀레니엄)이죠. 백만을 million이라고 하는데, 이것은 1,000을 1,000번 곱한 수여서 그래요. 여기서 백만장자라는 의미의 millionaire란 단어도 나왔답니다.

Build-up Vocabulary 본격적인 어휘 확장/불리기

Unit 11 — 유래와 함께 하면 더 재미있는 어휘 학습
Origin of words

11-1 그리스/로마 신화 originating from Greek/Roman mythology

11-2 영어의 외래어 borrowed words

11-3 이름에서 유래된 표현 words from names

11-4 인터넷 시대의 신조어 newly coined words

11-5 '돌려 까기'와 '브로맨스' – 그 외 다양한 합성 신조어 other new words

Unit **11** 유래와 함께 하면 더 재미있는 어휘 학습
Origin of words

한자성어 등을 표현의 유래와 함께 익혀서 더 재미있고 효과적으로 공부했던 기억이 있다면 더욱 공감할 것입니다. 영어 어휘에도 다양한 유래가 있습니다.

11-1 그리스/로마 신화
originating from Greek/Roman mythology

영어의 많은 표현은 그리스 신화에서 비롯되었습니다. 대략 15만 개의 영어 단어들이 그리스를 기원으로 합니다. 이런 단어들의 유래를 아는 것은 단순히 암기를 돕는 것뿐만 아니라 영어권의 문화를 이해하는 데도 도움이 될 수 있습니다.

• galaxy

은하계 또는 은하수를 뜻하는 **galaxy**는 그리스어로 '우유'를 뜻하는 단어 **gala**에서 유래했습니다. 신들의 왕 제우스(Zeus)의 혼외자식인 헤라클레스(Hercules)가 아기였을 때 잠들어 있던 새엄마인 헤라(Hera) 여신의 젖을 먹고 있었습니다. 이에 놀라 잠에서 깬 여신이 헤라클레스를 뿌리치면서 여신의 젖이 온 우주에 뿌려졌는데, 이것이 은하수가 되었다고 해요. 또 다른 말로 **Milky Way**라고도 하죠.

• music, museum

music은 음악과 예술을 관장하는 아홉 명의 여신인 **the Muses**에서 온 단어입니다. 그리고 이 여신들을 위한 신전이 **museum**이랍니다.

• narcissism, narcissist, echo

자아도취를 뜻하는 **narcissism**과 자아도취자를 말하는 **narcissist**는 그리스 신화에 등장하는 미남 **Narcissus**(나르시스)에서 유래했습니다. 그는 연못에 비친 자신의 모습에 반해 종일 여러 님프(nymph, 요정)들의 구애도 마다하고 넋 놓고 물 속만 바라보다 죽었다고 해요. 그가 죽은 자리에 피어난 곳이 바로 수선화, **narcissus**입니다. 그리고 그런 나르시스를 밤낮으로 짝사랑하며 시름시름 앓다가 목소리만 남기고 사그러진 님프의 이름이 **Echo**입니다. 그녀는 본래 몹시 명랑하고 수다스러웠는데, 헤라 여신의 저주를 받아 남의 말만 따라 할 수 있고 먼저 말을 하지는 못하게 되었다고 합니다. 그래서 메아리를 **echo**라고 하게 되었답니다. 또한 수선화에는 독성이 있는데, 여기서 '마약'이나 '진정제', '진통제', '수면제' 등을 의미하는 **narcotic**이란 단어가 유래되었어요.

• panic

극심한 공포, 공황이나 이러한 상태에 빠진다는 의미의 panic은 목축의 신 판(Pan)에서 온 단어입니다. 숲에 사는 판은 숲을 지나는 여행자들을 놀래 키곤 했다고 해요. 판은 피리를 만들어 불었다고 하는데, 이것이 바로 악기 panpipes(팬파이프) 또는 pan flute(팬플루트)의 유래지요.

• atlas

지도책이란 의미의 atlas는 세계를 어깨로 떠받치고 있는 거인 아틀라스(Atlas)에서 온 단어입니다. 온 세계를 다 담은 지도책과 세계를 짊어진 거인은 일맥상통하는 것이 있죠?

• chronicle, chronology, chronological

chron은 '시간'을 의미하는 어근으로, 시간의 신 크로노스(Chronos)에서 왔습니다. 질병 등이 '장기간에 걸쳐진', 즉 '만성의'라는 의미의 chronic, 연대기를 뜻하는 chronicle, 연대순이나 연대표를 말하는 chronology, 그리고 여기에 형용사 접미사 –al이 더해져 '연대순의', '발생 순서대로 정리한' 등을 뜻하게 된 chronological 등이 chron을 어근으로 한 대표적인 단어들입니다. 명품 시계 브랜드 등에서도 종종 chron을 써서 모델명들을 짓곤 합니다.

His father is suffering from chronic back pain.
그의 아버지는 만성 요통에 시달리고 있다.

Please state in chronological order, starting with the most recent.
가장 최근의 것으로 시작하여 연대순으로 서술하시오.

• nectar

예전에는 캔음료를 '넥타'라고 많이 불렀는데, 요즘은 잘 안 쓰는 것 같더군요. 올림푸스의 신들이 마시는 음료를 nectar라고 했답니다. 오늘날에는 꽃의 꿀이나 진한 과일즙 등을 의미하고, 여기에서 온 단어가 천도복숭아를 말하는 nectarine이에요. 신들의 음료에서 비롯한 nectarine과 천계의 과일이라는 천도(天桃)복숭아는, 동서양의 공통점이 느껴져서 더 재미있네요.

• typhoon

태풍을 의미하는 typhoon은 신화 속의 괴물로, 불을 뿜는 100개의 머리를 가지고 있고 날개가 달린 뱀 Typhon(티폰)에서 왔습니다. 어찌나 무섭고 힘이 강했는지 올림포스의 신들도 티폰을 보고 놀라 도망쳤다고 해요. 해마다 인간들을 두렵게 하는 태풍의 어원이 될 만하지요?

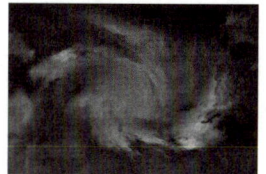

• cereal

곡물, 곡류 또는 아침에 우유에 말아먹는 시리얼을 뜻하는 cereal은 그리스 신화에 나오는 농업의 여신 Ceres에서 온 단어입니다.

• morphine

강력한 진통제인 morphine(모르핀)은 꿈의 신 Morpheus(모르페우스)에서 왔습니다. 영화 〈Matrix(매트릭스)〉는 여러 가지 상징이 가득한 것으로 유명합니다. 주인공 네오(Neo)에게 일종의 꿈에 불과한 허상인 세계에 남을 것인지, 진짜 세계에 남을 것인지를 선택할 수 있는 알약을 주는 캐릭터의 이름이 바로 Morpheus(모피어스)였죠. 모르페우스는 꿈 속에서는 어떤 인간의 모습으로도 나타날 수 있는 능력이 있었다고 합니다. 하지만 그의 실제 모습은 날개가 달린 반신반인이었다고 해요. 이러한 특징에서 '형태'를 의미하는 어근이자, 단어 **morph**가 유래했어요. 다소 어려운 표현이지만, **morphology**는 생물이나 언어학에서의 '형태학'을 의미하고, **metamorphosis**는 애벌레가 나비가 되는 것과 같은 '변태'나 '탈바꿈', '변형' 등을 뜻하는 단어예요.

• hypnosis, hypnotize, hypnotic

최면을 의미하는 **hypnosis**는 잠의 신 **Hypnos**에서 유래했습니다. 직전에 언급한 꿈의 신 **Morpheus**의 아버지라고 하네요. 동사형은 **hypnotize**로, '최면을 걸다' 또는 '혼을 빼놓다', '홀리다'라는 의미로 쓰입니다. 형용사인 **hypnotic**은 '최면을 거는 듯한', '최면술의' 등의 뜻입니다.

Her voice is soft and hypnotic.
그녀의 목소리는 부드럽고 최면을 거는 듯했다.

• odyssey [ɑ́ːdəsi]

odyssey는 보통 '오디세이'라고 많이 표기하는데, 일단 영어 발음은 '어-디씨'에 가깝습니다. '긴 여정'을 뜻하는 단어인데, 종종 '대모험'으로 이해하면 느낌이 딱 떨어집니다. 이 단어는 그리스 신화의 영웅 오디세우스(Odysseus)에서 유래했습니다. 그는 트로이 전쟁이 끝나고 고향으로 돌아오는 데 무려 10년이나 걸렸다고 해요. 온갖 고생은 두말할 필요도 없죠. 그리스 시인 호메로스(Homeros)는 그의 이런 '대모험'을 서사시 'Odyssey'에서 그렸어요.

• erotic, psycho, psychology

사랑의 신 Eros(에로스)에서 온 표현입니다. '에로틱한', '성적인' 등을 의미하지요. 에로스의 아내 Psyche(프쉬케, 사이키)는 원래 인간이었습니다. 그녀는 처음에 에로스의 어머니인 미의 여신 Aphrodite(아프로디테)의 미움을 받아 많은 고생을 했으나 결국은 사랑을 쟁취하지요. 그녀의 이름인 Psyche는 그리스어로 원래 '숨', '생명'을 의미하는데, '정신'을 의미하는 어근 psych의 어원입니다. 신화나 전설을 보면 무생물이나 죽은 것에 '숨'을 불어 넣어 '생명' 또는 '의식'을 갖게 하는 내용이 종종 보이는데, 이와 연관해서 이해하면 될 것 같아요. 심각한 정신병자를 의미하는 psycho, 심리학을 말하는 psychology 등이 psych를 어근으로 한 단어들입니다.

• tantalize

Tantalus(탄탈루스)는 신들의 음식인 ambrosia(앰브로시아)를 훔친 죄로 지옥에서 영원한 갈증에 처해지는 벌을 받은 자입니다. 그는 턱까지 오는 높이의 물속에 잠겨 있는데, 목이 말라 물을 마시려고 고개를 내리는 순간 물이 저 멀리로 도망간다고 해요. 여기서 온 단어가 '감질나게 하다'라는 뜻의 tantalize와 형용사형인 tantalizing입니다. 물이 코앞에 있는데도 마시려고 하면 물이 도망가는 바람에 먹고 싶어도 먹지 못해 안타까워하는 탄탈루스의 심정이 그대로 표현된 단어로, 음식을 묘사할 때 종종 쓰입니다. 예를 들어 tantalizing smell of smoked salmon이라고 하면 '아주 먹고 싶어 안달 나게 하는' 훈제 연어의 냄새란 의미죠.

• iridescent

iridescent는 진주나 비눗방울의 표면처럼 '각도에 따라 색이 변하는' 또는 '무지개빛의'를 의미하는 형용사로, 무지개의 여신 Iris(아이리스)에서 유래했습니다. iris는 눈의 '홍채'나 붓꽃을 의미하기도 하는데, 여신 아이리스가 지상에 내려와서 이 꽃이 되었다고 해요.

• chaos

세상이 생기기 전의, 땅과 하늘의 구분조차 없었던 무(無) 또는 '혼돈'의 상태를 Khaos(카오스)라고 하는데, 여기서 '혼돈', '혼란' 등을 의미하는 영단어 chaos가 유래했습니다. 형용사형은 chaotic이에요.

My brother's room is in chaos.
내 남동생의 방은 엉망이다.

Working at a department store before Christmas is chaotic.
크리스마스 전에 백화점에서 일하는 것은 혼란스럽다.

• ocean

ocean은 큰 바다, 즉 대양(大洋)의 신인 Oceanus에서 온 단어예요. the Pacific Ocean(태평양), the Atlantic Ocean(대서양), the Antarctic Ocean(남극해), the Arctic Ocean(북극해) 등의 큰 바다들을 모두 ocean으로 표기합니다.

• zephyr

zephyr는 문학적인 표현에서 많이 쓰이는, 산들바람이나 미풍 등을 의미하는 단어로, 서풍의 신 Zephyrus(제피로스)에서 왔습니다. 유명한 보티첼리의 그림 '비너스의 탄생(The Birth of Venus)'에서 입으로 비너스에게 바람을 뿜고 있는 왼쪽의 커다란 날개를 단 신이 바로 제피로스예요.

• titanic

titanic은 '아주 거대한', '엄청난' 등의 의미를 가진 형용사입니다. 영화로 잘 알려진 'Titanic(타이타닉)'은 빙하에 부딪쳐 침몰한 큰 배에 붙여졌던 이름이기도 하죠. 그리스 신화의 거인신인 Titan에서 온 표현입니다. 현대에서는 어떤 분야의 '거물'을 의미하기도 합니다.

He is one the richest business titans in the U.S.
그는 미국에서 가장 부유한 사업가 거물 중의 한 사람이다.

• martial

martial은 '싸움의', '전쟁의'라는 의미를 가진 형용사로, martial art는 태권도와 같은 무술을 말합니다. 그리스 신화에 나오는 전쟁의 신 Mars(마르스)에서 온 단어입니다.

• heliotrope, heliosphere

태양의 신 Helios(헬리오스)에서 어근인 helio가 유래했습니다. 따라서 helio-가 들어간 단어들은 '태양'과 관련이 있지요. Heliotrope는 해바라기처럼 태양을 따라 움직이는 식물을 말합니다. '헬리오트로프'라는 보랏빛 꽃을 말하기도 하고, 그 꽃과 같은 보라색을 의미하기도 합니다. 이 외에도 heliocentric은 '태양을 중심으로 하는' heliosphere는 '태양권'이라는 의미의 천문학 용어입니다. 이런 단어들을 달달 외우고 있을 필요는 없지만, 지문 등에서 만났을 때 전반적인 문맥과 어근 helio를 통해 의미를 파악할 수 있어요.

• Achilles' heel

'아킬레스건'이란 말을 들어본 적이 있나요? 어떤 사람의 결점 또는 취약점 등을 의미하는 표현입니다. 그리스의 영웅 아킬레스(Achilles)는 어릴 때 어머니가 그를 불사신으로 만들기 위해 신들의 강인 스틱스(Styx)에 아킬레스의 몸을 담갔습니다. 이때 어머니가 아킬레스를 붙잡느라 그의 발뒤꿈치만 강물에 닿지 못하면서 그곳이 그의 유일한 약점이 되었다고 합니다. 결국 그는 트로이 전쟁에서 발뒤꿈치에 화살을 맞고 죽었죠.

• aegis

aegis의 발음은 [íːdʒis] '이-지스'에 가까워요.

aegis는 아테네(Athena) 여신이 들고 다니던, 벼락을 맞아도 부서지지 않는 힘을 가진 방패의 이름입니다. 이런 강력한 이미지 때문에 미국 해군의 방공 시스템과 함대의 이름이 되었죠. 군대나 무기 등에 관심이 있다면 이지스 함대에 대해 들어보았을 거예요.

• herculean

Hercules의 발음은 [háːrkjuliːz]에 가까워요.

herculean은 영웅 헤라클레스(Hercules)에서 온 형용사입니다. 그는 제우스의 아들이었지만, 계모인 헤라 여신의 미움을 받아 지옥의 개 케르베로스(Cerberus)를 데려오는 등 열두 가지의 매우 힘든 임무를 수행해야 했다고 해요. 그래서 herculean은 '엄청나게 힘든'이란 뜻을 갖습니다. 또한 '매우 어려운 일'이란 의미로 a herculean task라는 표현도 있어요.

The Panama Canal required herculean effort and several decades to build.
파나마 운하는 건설하는 데 엄청난 노력과 수십 년의 시간이 요구되었다.

Balancing work life and your home life is a herculean task.
일과 사생활의 균형을 이루는 것(워라벨)은 엄청나게 힘든 일이다.

• lethal, lethargic

고대 그리스인들은 사람이 죽으면 레테(Lethe)라는 강을 건너 망자의 세계로 간다고 믿었습니다. 이 강의 물을 마시면 과거의 모든 것을 망각한다고 하여 '죽음'과 '망각'의 상징이 되었지요. 이 강의 이름에서 유래한 단어가 '치명적인'이란 의미의 lethal [ˈliːθl]과 '무기력한', '혼수 상태인' 등의 의미를 가진 lethargic [ləθáːrdʒik]입니다.

The psychological damage of alcohol abuse can be lethal.
알코올 남용의 정신적 폐해는 치명적일 수 있다.

I felt lethargic after eating too much.
나는 과식 후에 무기력함을 느꼈다.

• hygiene, panacea

의술의 신 Asclepius(아스클레피오스)에게는 두 딸이 있었는데, 하나는 건강의 여신인 Hygeia(히게이아)이고, 다른 하나는 Panacea(파나케아)로, 약초로 모든 질병을 고칠 수 있었다고 합니다. 전자에서 유래한 단어가 '위생'을 뜻하는 hygiene [ˈhaɪdʒiːn] 이고, 후자에서 유래한 단어가 '만병통치약'이란 의미의 panacea [pænəˈsiːə] 랍니다.

• victory

victory는 로마 신화의 승리의 여신 Victoria(빅토리아)에서 유래한 단어입니다. 이 여신의 그리스 신화에서의 이름이 Nike(나이키)인데, 딱 생각나는 스포츠 브랜드가 있죠?

• volcano

그리스 신화의 Hephaestus(헤파이스토스)이자, 로마 신화의 대장장이 신 Vulcan에서 '화산'이란 의미의 vocano가 유래했습니다. 고대인들은 이 신이 일할 때 피우는 불이 화산의 불꽃이라고 믿었다네요.

다음으로 태양계의 행성 이름을 살펴보죠. 이 별들의 이름은 로마 신화와 연관이 있습니다.

태양에서 가장 가까운 수성은 Mercury입니다. 그리스 신화의 Hermes지요. 날개 달린 신을 신고 신들의 메신저 역할을 했던 신이라 동에 번쩍, 서에 번쩍하면서 아주 빨랐겠죠? 그래서 태양계에서 태양 둘레를 가장 빨리 뺑뺑 도는 행성에 이 신의 이름을 붙였나 봐요. 여행자 가방으로 시작했다는 명품 브랜드의 이름도 여행을 다니던 이 신의 이름 Hermes(에르메스)입니다.

새벽에 아름답게 빛나는 별, 금성은 미의 여신 Venus입니다. 그리스 신화에서는 Aphrodite(아프로디테)죠.

붉은 빛의 화성은 불과 전쟁을 연상시킨다고 전쟁의 신 Mars의 이름을 붙였습니다. 그리스 신화에서의 Ares(아레스)예요.

토성은 농경의 신 사투르누스(Saturnus)에서 온 Saturn입니다. 토요일인 Saturday도 여기서 온 표현이에요. 한자로 흙을 의미하는 土(토)를 쓰는 토성과 토요일은 농경의 신과 잘 맞아 떨어지지요?

천왕성은 Uranus입니다. 제우스 신의 할아버지 신으로, '하늘'의 상징이었다는군요.

해왕성은 바다의 신 Neptune에서 이름을 따 왔어요. 그리스 신화의 Poseidon(포세이돈)에 해당합니다.

태양계 행성이냐, 아니냐로 말 많은 명왕성은 태양에서 가장 멀리 떨어진 별답게, 머나먼 저승의 신 Pluto입니다. 그리스 신화의 Hades(하데스)지요.

11-2 영어의 외래어 borrowed words

영어에도 외래어가 있습니다. 이번 Unit에서는 외국어에서 유래한 영어 단어들을 공부해 보겠습니다.

먼저 French(프랑스)에서 유래한 단어들이에요. 이미 잘 알려진 ballet(발레), café(카페)나 buffet(뷔페) 같은 단어 외에도 많은 단어들이 불어에서 왔어요.

• cuisine

cuisine은 요리법 또는 요리를 의미하는 단어입니다. 보통 특정 지역이나 나라의 고유한 요리나 요리법을 의미하는 경우가 많습니다.

Korean cuisine is largely based on rice, vegetables, and meats.
한국요리는 대체로 밥, 채소, 고기를 기반으로 한다.

• entrepreneur [ɑːntrəprəˈnɜːr]

entrepreneur은 사업가를 의미하는 단어입니다. 원어민들도 종종 발음이 헷갈린다고 하는 단어이므로 꼭 발음과 함께 익히세요.

Elon Musk is one of the most famous entrepreneurs in the world.
엘론 머스크는 세계에서 가장 유명한 사업가 중의 한 명이다.

• lingerie [lɑːndʒəˈreɪ]

lingerie는 우리말로 종종 '란제리'라고 하는 여성용 속옷을 의미하는 단어입니다. 철자와 발음이 약간 다른 것에 유의하세요.

• rendezvous [ˈrɑːndɪvu]

rendezvous는 '만남', '약속' 등을 의미하는 단어입니다. 역시 철자와 발음에 유의해서 연습해 주세요.

이번에는 스페인어에서 온 단어들입니다. 미국의 경우에는 인구 비율로만 보면 영어보다 스페인어를 쓰는 사람들이 더 많다고 해요. 그만큼 스페인어 표현도 영어에서 많이 쓰입니다.

• patio [ˈpætioʊ]

patio는 보통 지붕 없이 벽돌이나 콘크리트로 깔린 바닥에 테이블과 의자를 놓은 테라스를 의미하는 단어입니다.

How about having a nice meal on a patio?
파티오에서 근사한 식사나 하는 거 어때?

• aficionado

aficionado는 스페인어에서 온 단어로, 무언가에 대해 열렬한 팬이나 마니아 또는 '…광'을 뜻합니다.

I'm an aficionado of the Harry Potter series.
나는 해리포터 시리즈의 광팬이다.

• boomerang

우리가 보통 '부메랑'이라고 부르는 boomerang은 호주 원주민들이 사용하던 것이었답니다. 영어에서는 동사로 '남에게 하려던 해로운 짓이 되돌아오다'라는 의미로도 쓰이게 되었어요.

His evil plan boomeranged on him.
그의 사악한 계획이 그에게 그대로 되돌아왔다.

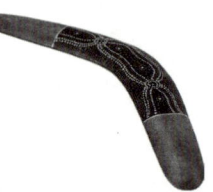

• macho

과도하게 남성성을 과시하는 남자를 뜻하는 macho(마초)도 스페인어에서 비롯했습니다.

The actor has played a typical macho in countless films.
그 배우는 수없이 많은 영화에서 전형적인 마초를 연기해 왔다.

• plaza

'광장'을 의미하는 plaza도 스페인어에서 왔습니다. 쇼핑몰이나 비즈니스센터 등의 이름에도 많이 쓰입니다.

There are many vendors around the plaza.
그 광장 주변에는 많은 노점상이 있다.

이번에는 독일어에서 온 표현입니다.

• kindergarten

유치원을 의미하는 kindergarten은 독일어로 '어린이의 정원'이란 뜻입니다. 미국에서는 보통 5세 정도가 되면 1~2년간 kindergarten에 다녀요.

My little sister is in kindergarten now.
내 여동생은 지금 유치원에 다녀요.

• delicatessen, deli

delicatessen 또는 deli는 샌드위치나 커피 등을 가볍게 먹을 수 있는 식당, 치즈와 소시지 같은 육가공품류를 판매하는 가게를 의미합니다.

> delicatessen은 독일어로 '맛있는 음식'이라는 뜻입니다.

There are several family-owned delicatessens and restaurants.
가족 소유의 델리나 식당이 몇 군데 있다.

• Gesundheit

누군가가 재채기를 하면 미국인들은 Bless you라고도 하지만, Gesundheit 라고도 합니다. 독일어로 '건강'을 의미하는 표현이라고 하네요.

A woman said, "Gesundheit," when I sneezed.
내가 재채기를 하자 한 여자분이 "Gesundheit"라고 했다.

끝으로 그 외의 외국어에서 유래한 영단어 차례입니다.

• klutz

klutz는 자꾸 물건을 떨어뜨리거나 잃어버리는 칠칠맞거나 덤벙거리는 사람을 의미하는 표현이에요. 유럽의 유대인들이 쓰는 Yiddish(이디시어)에서 왔어요.

Tony is such a klutz. He keeps dropping things.
토니는 정말 칠칠맞아. 그는 계속 물건을 떨어뜨리지.

• glitch

glitch도 Yiddish에서 온 표현으로, 작은 문제나 결함을 뜻합니다.

Thousands of university applications are thought to have been delayed by a glitch in a new computer system.
수천 개의 대학교 지원서가 새 컴퓨터 시스템의 결함으로 인해 지연된 것으로 여겨진다.

• tsunami

지진 등으로 인한 엄청난 해일을 의미하는 '쓰나미(tsunami)'는 원래 일본어 표현입니다. 2004년 동아시아와 2011년의 일본에서 발생한 어마어마한 쓰나미 때문에 널리 알려지게 되었습니다.

Fortunately, the area was not affected by the recent tsunami.
다행히 그 지역은 최근 쓰나미의 영향을 받지 않았다.

• paparazzi

유명인들을 따라다니며 사진을 찍는 사람들을 일컫는 paparazzi(파파라치)는 이탈리아어에서 온 표현입니다. 단수형은 paparazzo예요.

Celebrities are always followed by paparazzi.
유명인들은 항상 파파라치에 쫓긴다.

11-3 이름에서 유래된 표현 words from names

다양한 유래를 가진 영단어들 중에는 사람의 이름에서 따온 것들도 있습니다. 이번에는 이렇게 이름에서 유래된 표현을 익혀 보죠.

• braille [breɪl]

Louise Braille (루이 브라이)는 점자의 체계를 완성한 발명가입니다. 영어의 점자를 나타내는 단어 braille은 바로 그의 이름에서 왔어요.

My cousin, who is blind, is leaning how to read in braille.
시각장애인인 내 사촌은 점자 읽는 법을 배우고 있다.

• Fahrenheit [færənhaɪt]

화씨를 의미하는 Fahrenheit는 현대 개념의 온도계를 최초로 만든 독일의 물리학자의 이름입니다.

The current temperature is 100 degrees Fahrenheit.
현재 온도는 화씨 100도입니다.

• boycott

1800년대에 아일랜드의 소작인들은 심한 기근 때문에 지주에게 소작료를 내려줄 것을 요청했으나 거부당합니다. 이에 분노한 그들은 소작료를 징수하는 지배인인 Boycott을 배척하고 음식조차 주지 않는 방법으로 저항했는데, 여기서 '불매운동' 또는 '불매운동하다'를 의미하는 표현 boycott이 유래되었습니다.

A boycott is not a solution. 불매운동은 해결책이 아니다.

We've decided to boycott goods from the company.
우리는 그 회사의 상품을 불매하기로 결심했다.

• C-section, Caesarean section

제왕절개 수술을 의미하는 C-section 또는 Caesarean section은 로마의 Julius Caesar(줄리어스 시저)의 이름에서 비롯되었습니다. 전설에 의하면 그가 바로 제왕절개로 태어났다고 해요.

Julius Caesar was born by caesarean section according to legend.
전설에 의하면 줄리어스 시저는 제왕절개로 태어났다.

• Caesar salad

양상추, 계란, 치즈, 튀긴 빵조각 등이 드레싱 오일과 식초, 허브와 곁들여져 나오는 시저 샐러드가 로마 황제 Julius Caesar에서 온 것으로 오해하는 사람들이 많습니다. 하지만 사실 시저 샐러드는 이것을 최초로 개발한 멕시코 식당 주인 Caesar Cardini(시저 칼디니)의 이름에서 유래되었어요.

• mesmerize

Franz Mesmer(프란츠 메스머)는 최면 치료로 유명했던 독일의 의사였습니다. 그의 이름에서 온 mesmerize는 '최면을 걸 듯 홀리다', '마음을 사로잡다'라는 의미의 동사입니다.

The singer mesmerized the audience with her beautiful voice.
그 가수는 아름다운 목소리로 청중을 사로잡았다.

• sideburns

sideburns는 귀 앞쪽의 머리를 콧수염까지 연결하여 독특한 스타일을 했던 남북전쟁 시대의 미국 장군 Ambrose Everett Burnside에서 유래된 표현입니다. 현재는 '구레나룻'을 뜻하며, 꼭 콧수염까지 이어져야 하는 스타일은 아닙니다. 구레나룻는 얼굴 양쪽에 있으므로 항상 복수 형태로 쓰인다는 점에 유의하세요.

• lynch

lynch는 '린치를 가하다'라고 할 때의 바로 그 린치입니다. '두들겨 패거나 폭력을 가하다'라는 정도의 의미로 많이 알려져 있는데, 영어에서는 군중들이 '재판 없이 죄를 지었다고 생각하는 사람을 교수형에 처하다'라는 좀 더 '쎈' 의미예요. 미국 독립혁명 당시에 반혁명분자들을 즉결재판으로 처형했던 판사 Charles Lynch(찰스 린치)의 이름에서 유래되었어요.

• hooligan

hooligan은 공공장소에서 떼지어 난동 부리는 젊은이를 뜻하는데, 특히 축구와 관련해서 자주 오르내리는 단어죠. 이 표현은 Patrick Hooligan이라는 이름의 아일랜드인 좀도둑에서 유래했다는 설이 있습니다.

• blurb

'책 표지에 적힌 짤막한 광고 또는 안내문'을 의미하는 단어 blurb는 Gelett Burgess라는 사람이 자신의 책 표지에 게재한 Belinda Blurb라는 캐릭터에서 시작되었습니다.

The blurb on the back of the book says, "It will mesmerize you."
그 책의 뒤에 쓰인 문구는 이랬다. "이 책은 당신의 마음을 사로잡을 것이다."

• cardigan

우리가 보통 '가디건'이라고 하는 cardigan은 단추나 지퍼 등으로 앞을 여밀 수 있게 한 스웨터를 말합니다. 이 단어는 크림 전쟁에 참여했던 James Brudenell이라는 사람의 귀족 칭호인 Earl of Cardigan에서 유래했습니다. 병영의 추위를 견디기 위해 그가 뜨개질한 스웨터를 입었다고 하여 상인들이 이런 스타일의 스웨터에 cardigan이란 이름을 붙여서 판매했다고 하네요.

• Peeping Tom

Peeping Tom은 '엿보기 좋아하는 사람' 또는 '관음증 환자'를 일컫는 표현으로, 여기에는 재미있는 전설이 연관되어 있습니다. 과도한 세금에 시달리는 시민의 편에 선 시장 부인 **Lady Godiva** (레이디 고다이바)는 알몸으로 말을 타고 시내를 돌면 세금을 감해 주겠다는 남편의 말에 기꺼이 그렇게 합니다. 그러자 **Lady Godiva**의 수치심을 덜어주기 위해 시민들은 그녀가 시내를 돌 때 모두 집 안에서 커튼을 치고 머물러 있기로 했는데, 양복장이 톰(Tom)만 호기심을 이기지 못하고 그만 커튼 사이로 그녀를 엿보았다가 눈이 멀었다고 합니다. **peep**은 작은 틈 등으로 '훔쳐보다', '엿보다' 또는 그런 행위를 말하는 표현으로, **peephole**이라고 하면 문에서 밖을 볼 수 있게 만든 작은 구멍을 의미하지요.

Victoria police are looking for a Peeping Tom who tried to look at a woman while she was in the shower.
빅토리아 경찰은 샤워실에 있는 여성을 보려고 한 관음증 환자를 찾고 있다.

11-4 인터넷 시대의 신조어 newly coined words

사회 변화와 시대의 흐름에 따라 새롭게 만들어지는 신조어도 끝없이 등장하고 있습니다. 특히 페이스북(Facebook)이나 트위터(Twitter) 같은 소셜 미디어(social media)의 발달 때문에 이에 관련된 표현도 급격하게 늘어나고 있습니다. 자, 그러면 이런 표현 중에서 대표적인 것들을 익혀 볼까요?

• friend, unfriend

'일촌 맺다' 또는 '일촌을 끊다' 정도로 이해할 수 있는 동사 표현입니다.

John and I broke up. So, I unfriended him.
존과 나는 헤어졌어. 그래서 그와 일촌도 끊었어.

• follow, unfollow

우리말로도 '팔로우하다' 또는 '언팔하다'라고 많이 표현하죠? 누군가의 포스팅을 꾸준히 접할 수 있도록 그의 계정을 follow하거나 반대로 unfollow, 즉 취소하여 더 이상 소식을 보지 않을 수도 있지요.

A: How do you know he's moved to a new apartment?
그가 새 아파트로 이사한 걸 네가 어떻게 알아?

B: I follow him, and he posted about it last week.
내가 그 애 팔로우하거든. 지난 주에 이사에 대해 글을 올렸더라고.

• go viral

social media (소셜 미디어)에서 한 번 화제가 되면 엄청나게 확산되곤 하지요? 마치 '바이러스(virus)'가 번지는 것과 같다고 하여 go viral이란 표현이 나왔습니다. 우리말의 '입소문 나다' 또는 '대박 나다'와 비슷합니다.

Psy's 'Gangnam Style' went viral in 2012.
싸이의 '강남스타일'은 2012년에 대박 났죠.

• troll

troll은 원래는 스칸디나비아의 신화에 나오는 괴물인데, 요즘은 인터넷에서 '다른 사람들을 불쾌하게 만드는 메시지나 이미지 등을 올리다'라는 동사나 그런 행동을 하는 사람을 말하는 명사로 쓰입니다.

Strop trolling or I'll report you.
트롤짓을 멈추지 않으면 신고할 거야.

• flamer

flamer는 우리말의 '악플러'에 해당하는 표현입니다. 악플을 다는 행동은 flaming이라고 할 수 있습니다.

Just ignore those flamers and internet trolls.
저런 악플러들과 트롤들은 무시해버려.

• hater

소셜 미디어 등에서 다른 사람에 대해 타당한 이유 없이 과도하게 적대적이거나, 부정적인 반응을 보이거나, 안 좋은 글을 남기는 사람들을 말합니다.

• selfie

selfie는 우리말의 '셀카'에 해당하는 표현입니다.

Her Instagram is full of her selfies. 그녀의 인스타그램은 셀카로 가득하다.

셀카봉은 selfie stick이라고 해요.

Selfie sticks are not allowed to use here.
셀카봉은 여기서 사용하는 것이 허락되지 않는다.

• meme

인터넷에서 재미있는 사진이나 그림을 자주 보나요? 보통 재치 있거나 엉뚱한 글이 함께 있는데, 이런 것들을 meme라고 합니다. 우리말의 '짤'과 비슷해요.

• clickbait

인터넷을 하다 보면 종종 제목에 끌려 클릭했다가 별거 없거나 관련 없는 내용에 실망하거나 김빠지는 경우가 많죠. 이렇게 사람들의 클릭을 유도하는 게시물들을 clickbait라고 합니다. 우리말로는 '낚시'라고 해요. 명사로 더 많이 쓰이는데, '낚였다'라고 말하고 싶다면 get clickbaited라고 합니다.

• upvote, downvote

페이스북(Facebook) 등의 '좋아요'와 '싫어요'에 해당하는 표현이라고 보면 됩니다.

'좋아요'를 그냥 like라고도 말합니다. 그럼 '싫어요'는 dislike겠죠?
예 How many likes did you get? (좋아요'를 몇 개나 받았니?)

The best way to get more upvotes is to maximize the number of people that get notifications for content that you produce.

좋아요를 더 많이 받는 가장 좋은 방법은 당신이 만든 콘텐츠의 알림을 받는 사람의 숫자를 최대로 만드는 것이다.

11-5 '돌려 까기'와 '브로맨스' - 그 외 다양한 합성 신조어
other new words

시간이 흐르면서 영어 단어에 새로운 신조어가 많이 생기고 있습니다. 특히 현대에는 휴대폰 사용 증가로 인한 문자 메시지(text)나 메신저(messenger) 등의 발달로 여러 가지 표현이 등장하고 있지요. 이런 표현 중에서도 단어의 머리글자를 따서 만들어진 줄임말(acronym)과 두 단어 이상이 합쳐져서 한 단어를 이루는 합성어(compound words) 또는 혼성어(portmanteau words)들을 익혀 보죠.

먼저 많이 사용하는 줄임말 신조어입니다.

• bae

bae는 소셜 미디어 등에서 많이 보이는 단어입니다. '애인', '남자친구', '여자친구'를 의미하며, 'before anyone else'의 줄임말이라고 해요. 하지만 보통은 풀어서 쓰지 않습니다.

Is she your bae? 그 여자가 네 여친이야?

• aka

aka는 'also known as'의 머리글자를 딴 표현으로, 별칭 등을 말할 때 쓰입니다.

In Germany, a cell phone, aka mobile phone, is called a Handy.
독일에서는 mobile phone이라고도 알려진 cell phone을 Handy라고 부른다.

• YOLO

YOLO는 'You Only Live Once'의 줄임말로, 단 한 번뿐인 인생이니 원하는 대로 살라는 의미를 담고 있습니다.

YOLO, so don't miss a thing.
인생 한 번뿐이니 하나도 놓치지 말아라.

• FOMO

FOMO는 재미있는 것을 본인만 모르고 놓칠까봐 두려워하는 것을 의미하는 표현이에요. 'Fear Of Missing Out'의 줄임말이에요.

My social media feed is all about the new TV series. I don't watch TV, but now I feel FOMO.
내 소셜 미디어에 올라오는 글은 모두 새 TV 시리즈에 대한 것들이다. 나는 TV를 보지 않는데, 이제 나만 모르고 사는 건가 싶어 두렵다.

이번에는 두 단어 이상 합쳐서 만든 새로운 표현을 통해 영어 단어의 감각을 늘려 볼까요?

• brunch

brunch는 대표적인 합성 신조어라고 할 수 있죠. breakfast (아침식사)에 lunch (점심식사)가 더해진 표현으로, 이 둘 사이 시간에 먹는 아침 겸 점심을 의미합니다. 우리말로 보통 '아점'이라고 하죠.

I usually sleep in and have brunch on Sundays.
나는 일요일에는 보통 늦잠을 자고 브런치를 먹는다.

> lunch와 dinner 사이의 식사는 뭐라고 할까요? 'linner'라는 신조어가 있답니다. brunch보다는 덜 쓰이는 표현이에요. 그리고 영국에서는 늦은 오후에 차와 다과를 즐기는 afternoon tea 시간을 갖기도 해요. tea time에 하는 일종의 이른 저녁 식사를 'high-tea'라고도 합니다.

• bromance

bromance는 영화나 드라마에 대해 말하면서 많이 사용하는 단어입니다. 남자들 사이의 매우 끈끈한 우정을 말합니다.

The bromance between the two is real.
그들 둘 사이의 브로맨스는 진짜이다.

• hangry

배가 고프면 매우 날카로워지고 화를 내는 사람들이 있죠. 이런 사람들의 상태를 말하는 단어가 hungry와 angry가 더해진 hangry입니다.

She's hangry. Don't even try talking to her.
그녀는 지금 배고파서 화난 상태야. 말도 걸지 마.

• mic drop

mic drop은 미국의 전 대통령 Barak Obama (버락 오바마)가 즐겨 하던 행동이기도 하고 BTS(방탄소년단)의 노래 제목이기도 하죠. 연설이나 공연을 마치고 마이크를 떨어뜨리는 동작을 말하는데, 성공적으로 마쳤다는 의미 또는 자신감의 표현으로 사용됩니다.

Obama ended his final Correspondent's Dinner with a mic drop.
오바마는 그의 마지막 기자 만찬을 마이크 드롭으로 마쳤다.

• complisult

complisult는 우리말의 '돌려 까기'와 비슷한 표현입니다. 칭찬을 의미하는 compliment에 모욕을 뜻하는 insult를 추가했어요. 즉, 칭찬하는 듯하면서 사실은 욕하는 것을 의미합니다.

I look nice because this top covers my belly? Did you just complisult me?
이 윗도리가 배를 가려줘서 멋져 보인다고? 너 나 돌려 깐 거니?

• humblebrag, explanibrag

brag은 '자랑하다', '떠벌리다' 등의 의미를 가진 동사입니다. brag이 추가된 재미있는 두 가지 합성 표현이 humblebrag과 explanibrag이에요.

humblebrag은 '겸손한'이란 의미의 humble과 brag이 추가된 표현으로, 겸손한 척하지만 사실은 자랑한다는 뜻이에요.

Social media is full of people who humblebrag their wealth.
소셜 미디어는 자신들의 부유함을 겸손한 척 자랑하는 사람들로 가득하다.

explanibrag은 설명하는 척하지만 사실은 자신의 지식을 자랑하는 것을 말합니다. 우리말의 '설명충'과 살짝 비슷하다고 할까요? 예상했듯이 explain(설명하다)과 brag이 합쳐진 표현이죠.

His long post was nothing but an explanibrag.
그의 긴 게시물은 그저 설명을 가장한 자랑이었다.

English Vocabulary Concert

박상효의
영단어 콘서트

2020. 10. 16. 초 판 1쇄 인쇄
2020. 10. 22. 초 판 1쇄 발행

지은이 | 박상효
펴낸이 | 이종춘
펴낸곳 | BM (주)도서출판 성안당

주소 | 04032 서울시 마포구 양화로 127 첨단빌딩 3층(출판기획 R&D 센터)
　　　10881 경기도 파주시 문발로 112 파주 출판 문화도시(제작 및 물류)
전화 | 02) 3142-0036
　　　031) 950-6300
팩스 | 031) 955-0510
등록 | 1973. 2. 1. 제406-2005-000046호
출판사 홈페이지 | www.cyber.co.kr
ISBN | 978-89-315-8999-3 (13740)
정가 | 18,000원

이 책을 만든 사람들
책임 | 최옥현
진행 | 김해영
교정 · 교열 | 안혜희, 이지혜
본문 · 표지 디자인 | design86
홍보 | 김계향, 유미나
국제부 | 이선민, 조혜란, 김혜숙
마케팅 | 구본철, 차정욱, 나진호, 이동후, 강호묵
마케팅 지원 | 장상범, 조광환
제작 | 김유석

이 책의 어느 부분도 저작권자나 BM (주)도서출판 성안당 발행인의 승인 문서 없이 일부 또는 전부를 사진 복사나 디스크 복사 및 기타 정보 재생 시스템을 비롯하여 현재 알려지거나 향후 발명될 어떤 전기적, 기계적 또는 다른 수단을 통해 복사하거나 재생하거나 이용할 수 없음.

■ 도서 A/S 안내

성안당에서 발행하는 모든 도서는 저자와 출판사, 그리고 독자가 함께 만들어 나갑니다.
좋은 책을 펴내기 위해 많은 노력을 기울이고 있습니다. 혹시라도 내용상의 오류나 오탈자 등이 발견되면 **"좋은 책은 나라의 보배"**로서 우리 모두가 함께 만들어 간다는 마음으로 연락주시기 바랍니다. 수정 보완하여 더 나은 책이 되도록 최선을 다하겠습니다.
성안당은 늘 독자 여러분들의 소중한 의견을 기다리고 있습니다. 좋은 의견을 보내주시는 분께는 성안당 쇼핑몰의 포인트(3,000포인트)를 적립해 드립니다.

잘못 만들어진 책이나 부록 등이 파손된 경우에는 교환해 드립니다.